다국연표

多國歷史年表

단군왕검檀君王儉

박혁거세朴赫居世)

동명성왕東明聖王

온조왕溫祚王

수로왕首露王

고왕高王

태조왕건太祖王建)

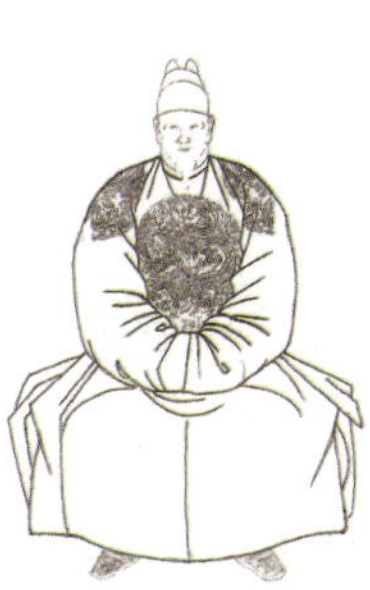

태조이성계太祖李成桂

어린이와 함께 보는 다국연표

丹云 金漢玉 꾸밈

격려사激勵辭)

김 동 현 선생

단운 김한옥 丹云 金漢玉)선생이 누구나 옆에 놓고 참고할 수 있는 <다국역사연표>를 출간하여 고맙게 생각하며 축하한다.
이런 책은 아무나 낼 수 없는 책이다.
자기희생이 따르지 않으면 낼 수 없다.
수고한 것에 비하면 자기에게는 큰 소득이 없다.
그러나 많은 사람들에게 큰 혜택을 준다.
특히 젊은 학생에게는 더없이 큰 도움을 줄 것으로 생각된다.
단운선생은 본래 단청을 전공한 분이다. 이 책 내용과는 거리가 있는 분이다.
나는 단운 선생이 왜 이런 것을 만들 생각을 하였는지 궁금하였는데 손자 손녀를 위해 만들었다는 말을 듣고 또 한 번 놀랐다.
나 같으면 그랬을까 반문하면서....
이 책에는 단기, 유기, 불기, 서기 등이 기록되고 매해의 간지를 넣고 우리나라를 위시, 중국 일본 위주로 왕조를 기본으로 중요역사 사실과 미국 역대 대통령, 유럽 등 다국의 역사도 포함 시켰으며 우리나라 근대 격동기 중요인물을 망라하여 좋은 자료를 제공하고 있다.
이들 자료를 수집하고 정리하는 일이 얼마나 어려운지는 보지 않아도 알듯하다.
아마 긴 세월이 걸렸을 것으로 짐작된다.
단운선생은 1942년 충남 계룡시에서 출생, 1959년 18세 때 혜각스님을 처음 만나 서울 성북동 팔정사에서 단청을 시작하여 오늘에 이르니 금년이 60여년이 되었다. 한평생을 바쳐 우리나라 단청을 위해 일해 왔다.
그리 쉬운 여정이 아니었을 것이다.
1970년 단청기능자, 1974년 단청기술자 자격증을 획득하고 활발한 활동을 시작하였으며 2005년에는 한국 단청기술자협회 회장, 2007년 문화재전문위원<단청도감>, 2008년 이후에는 단청기술자 선발위원과 무형문화재 단청장 선발위원, 2008년, 2018년 중국 북경 유네스코대회 東亞地區木結構彩畵保護國傺對會 참가하여 "한국의 단청 기법과 문양"에 대하여 강연하였다.

2013년에는 <한 · 중 고대건축불화>를 출판하여 문화재계에 놀라움을 주기도 하였다.

요즘은 단청 분야의 중요한 자문회의에 빠짐없이 참석하여, 후학들이 모르는 단청전통기법 등에 놀라운 의견을 제시하여 우리나라 단청 발전에 크게 기여하고 있어 마음이 든든하다.

앞으로도 늘 건강하셔서 더 좋은 일 많이 하시기를 바란다.

이 책이 젊은 학생들에게 좋은 역사와 연표를 아는데 길잡이가 되기를 바라는 마음 간절하다,

전 국립문화재연구소장 김 동 현

김동현 선생 관련자료

학력

1959 - 66 한양대학교 공과대학 건축공학과(공학사)
1977 - 79 홍익대학교 대학원 건축공학과(공학석사)
1980 - 81 동경대학교 대학원 건축학과(공학과)

경력

1976 - 80 경주지구 공과대학 건축공학과(공학사)
1995 - 07 문화재청 문화재위원
1996 - 98 국립문화재 연구소장
1998 - 99 연세대학교 공과대학 건축공학과 특임교수(정년퇴임)

이 책 만든이의 말

책 만든이 김한옥

평소 상식적으로 역사 이야기나 역사적인 인물을 이야기할 때, 어느 연대인지 모르고 이야기할 때가 많다. 저자는 역사연대를 동양 연표에서 찾아보면서 이용하다가 한자漢字)로만 되어서 불편함을 느꼈다.

한자를 모르는 세대인 우리 손녀, 손자 아이들도 쉽게 볼 수 있는 책을 만들어 보자고 다국연표를 시작하고, 보기 쉽도록 한자로 된 연표에 토를 달아 주면 더 좋을 것 같아서 이 책을 만들게 된 것이다.

처음에는 간지干支) 줄 선과 연대 표시선表示線)을 세로 칸으로 내려 하다가, 가로 칸으로 하면 어린이에게 더 익숙할 것으로 생각되어 가로 방향으로 만들기 시작하였다.

컴퓨터도 제대로 배우지 못하고 어깨너머로 배워서 좌판 이름도 모르고 표줄을 몇 번을 고쳐서 하다 보니 오랜 시일이 지났다.

시작은 쉽게 생각하여 1년 정도 하면 될 것으로 생각을 하였는데, 다른 일도 하면서 틈틈이 하다 보니, 몇 년의 세월이 걸려서 손자 손녀들이 청년으로 자랐다. 아주 복잡하여 년도年度)를 넣고 틀리는 경우가 많아 다시 수정하는 시간이 지루하여 포기하려고도 하였으나 오뚝이 근성으로 끝을 내야 할 것을 다짐하게 되었다.

인터넷 세상은 극락이나 천당보다도 더 광활한 세상인 것 같다. 극락이나 천당을 안 가봐서 잘은 모르지만, 지금의 현실 세상에 이렇게 많은 정보를 가진 세상이 아마도 종교에서 얘기하는 세계보다 더 많고 더 현실적이고 더 실질적이고 정확하고 믿을만한 세상 같다.

저자는 인터넷을 열고 모든 정보를 찾아서 여러 나라 연표를 우리 민족이 사용하던 단기檀紀)와 중국과 동양인들의 오랜 사상가思想家) 공자의 연대를 기준

하여 유기儒記)와 불교인佛敎人)이 많이 사용하는 불기佛記), 회교인들의 회기回記), 세계인들이 가장 많이 사용하는 서기西紀)와 4기四記)연대를 한번에 비교 할 수 있도록 하였다. 어느 시기 무슨 띠인지 간지까지 서술하다가 동물 그림을 넣으면 어린이도 바로 무슨 띠인지 알 수 있도록 만들었다.
세계역사의 내용은 저자가 지어서 만들지 못하니 여러 곳에서 자료를 찾아서 참고하였다. 여러 나라 연표를 만들면서 글씨 칸이 작아서 한글로 표기를못한 곳이 있다. 한글로만 표시될 때는 원문인 한자를 적지 않으면 이해하기 힘든 글자뜻이 생길 것을 우려하여 한자로만 표기標記) 하였다. 한글로 표현하려면 옥편을 이용利用)하여 필요한 곳에 사용하면 될 것이다.
중복된 장수張數)가 많이 들어간 곳이 있는 것은 그 연대 역사적 사건들이 많아서 내용을 설명하다 보니 같은 쪽수가 중복되었다. 지혜경험노인지요, 청년첨단지식세상 사정지청智慧經驗老人之要 青年尖端知識世上 事情之聽) "지혜는 경험이 많은 노인에게서 구하고, 첨단지식 세상 돌아가는 일은 젊은이에게서 구하라," 나는 이런 마음을 가지고 현시대를 바라보고 살아간다.
저자가 꾸민 이 책은 여러 내용을 한곳으로 모아서 정리하여 한 번에 볼 수 있도록 한 것이다.
초등학생들이나 역사를 공부하는 이들이 책에서 역사를 찾을 때 조금이라도 도움이 되면 좋을 것 같아서 간단히 찾을 수 있게 책에 넣은 것이다. 부족한 내용이 많을 것으로 생각한다. 역사를 깊이 공부하는 분들은 다른 훌륭한 책으로 탐독耽讀) 하기 바란다. 그러나 이 책을 한 권씩 가정에 두고 필요할 때 이용하면 아주 편리하게 역사연대를 알 수 있을 것이다. 죽은 자는 역사에 남기고 산자는 역사를 만든다.
역사는 과거 시대의 산물産物)이다. 역사를 이야기할 때는 실제 있었던 일을 사실적으로 정확하게 이야기해야 할 것이다. 그러나 나라마다 자기 나라에 유리하도록 쓰는 것도 눈여겨보아야 할 것이다.
선미화 선생이 우연 중 저자의 집에 놀러 왔다가 교정 작업을 도와주어 고마움을 전한다.
저자의 책 출판을 허락하여 준 태학원 이무형 사장님께 감사드린다.

다국연표多國年表) 목 차 目 次)

까마득한 옛날BC색	춘색春色) 민족성장색	중화의 烈光色	백황색 白黃色	탐탐색 耽耽色	추곡색 秋穀色	천색天色) 하늘색	억압색 抑壓色	흰색白色 가장약한 색	희망색 希望色

세계5대교주世界五大敎主)
단기,유기,불기,서기檀紀,儒記,佛紀,西紀)와 교주敎主)

⑤ 무함마드 ③ 석가모니불 **①단군왕검** ② 공자 ④ 예수

① 단군檀君)

우리나라 역사와 설화說話)에서 처음 나라를 세운 첫 번 임금으로 모시는 단군이다. 기원전 24세기世紀) 아사달阿斯達) (지금은 평양부근의 백악산白岳山)에 수도를 정하고 고조선高朝鮮)을 건국하였다. 환인(桓因). 환웅(桓雄)과 함께 삼신(三神)중 한분으로 추앙推仰) 받고 있다. 우리민족의 조상祖上)으로 높이 추앙을 받다가 박정희가 군사 쿠테타(프 coup d' État)5.16을 일으키고 우리 민족의 연호年號)를 폐기廢棄)하였다. 이유는 다른 여러 나라에서 서기를 많이 쓰니 우리도 따라 하자는 것이었다. 지금도 일본이나 중동지방 등에서는 자기 나라 연호를 사용하고 있다.

단기4295년 서기1962년 1월 1일을 맞이하여 민족의 연호를 못 쓰도록 강제強制)하였다.

단기2333년을 서기1년으로 계산하였다. 일부종교에서는 우리연호를 사용하는 대종교 등이 있다. 우리나라 국력이 더 높아지고 국민의 애국심이 열렬熱烈-·烈烈-)하게 되면 민족의 자존심을 살려 단기로 사용할 날도 올 수 있을 것이다. 당시 우리나라 단기 1년은 근접국인 요堯)의 즉위 50년인 무진년戊辰年)에 해당한다.

② 공자孔子)

BC551~479년

중국춘추시대中國春秋時代)(기원전 770~403)의 대철학자大哲學者), 사상가思想家), 유교儒敎)의 비조鼻祖), 노나라魯)의 곡부曲阜)에서 태어났다. 성은 공孔) 이름은 구丘) 자는 중니仲尼) 노나라사람이다. 여러 나라를 두루 돌아다니며 치국治國)의 도道)를 설說)하기 30년, 육경六經) 곧 중국의 여섯 경서 역경易經·서경書經·시경時經·춘추春秋·예기禮記·예락禮樂을 산술刪述)하고 요순舜) 문왕文王) 무武)왕 주공周公) 등을 존숭尊崇)하여 고래古來)의 사상을 대성大聖)하였다. 그의 학파는 유가儒家)라 불리며 그의 사상은 맹자孟子)와 순자荀子)에 의하여 계승 되였다. 인仁)을 이상理想)의 도덕으로 하고 효제孝悌)와 충서로써 이상을 이르는 근거로 삼았다. 사후 그의 제자들이 그의 언행을 기록하여 논어7권이 전해지고 있다.공자의 묘=문묘 공자교 유교는 전국시대(기원전 403~221)에는 제자백가의 하나인 유가儒家)로 등장했지만, 전한의 무제(재위 기원전 141~87) 때 국가 정통의 학문이 된 후로는 중국의 학문과 사상계를 대표하게 되어 현대의 중국에 이르기까지 중국의 정치와 국민생활에 영향을 주었다. 유교儒敎) 옛날 중국 공자孔子)가 주장한 유학儒學)을 받드는 교. 사서四書) 삼경三經)을 경전으로 한다. 공교孔敎),명교名敎),유교(儒敎)는 중국 춘추시대(기원전 770~403) 말기에 공자(孔子)가 체계화한 사상인 유학儒學)을 종교적 관점에서 이르는 말이다.

③ 석가모니불

불교의 개조. 세계 사성의 한사람 중 인도 히말라의 남쪽 기슭 가비라성迦毘羅城)에서 성주城主)정반왕淨飯王)과 왕비 마야摩耶)의 아들로 태어났다. 처음 실달다悉達多)로 생사해탈 生死海脫)의 법을 구하러 집을 나와 35세에 정각正覺)을 얻어 부처가 되었다.

갠지즈강에 있는 녹야원鹿野苑)에서 사제司祭), 십이인연十二因緣), 팔정도八定道)등의 법을 가르치고 이후45년 동안 인도각지를 다니며 포교하다가 기원전 586년 2월15일 80세로 구시나라拘尸那羅)의 사라쌍수娑羅雙樹)아래서 입멸入滅)하였다. 능인적묵能仁寂默) 석가모니釋迦牟尼) 가문불迦文佛)부처 모니불 기원전 5세기 초엽에 인도의 갠지즈강 중류지방에서 일어난 것으로 불타 석가모니의 설법에 의하여, 인간의 고뇌를 해결하는 길을 가르쳤다. 수행에 전심하는 출가出家) 교단 외에 집에 있는 신자들도 많았으며, 아소카왕이 믿게 되자 인도에서 국외로 확장되어, 1세기경부터 동아시아의 여러 지방에 퍼졌고, 최근에는 구미歐美)에도 알려져 있다. 이미 인도에서 대승大乘). 소승小乘)의 구분이 생겼으며, 중국이나 우리나라에서는 풍토적인 특색을 가미한 여러 가지의 종파宗派)가 나와 발전하였다. 불교佛敎). 상교象敎). 석교釋敎) 서기西紀) 전(前) 5세기世紀) 경(頃)인도印度)의 석가모니釋迦牟尼)가 창시創始)한 종교宗敎)이다. 이 세상世上)의 고통苦痛)과 번뇌煩惱)를 벗어나 부처가 됨을 종지宗旨)로 하며, 죽어서 극락세계極理)에 따라 대승大乘)인 북방北方) 불교佛敎)와 소승인 남방南方) 불교佛敎)로 갈리어 동양東洋) 여러 나라에 퍼졌다. 극락세계極樂世界)에 감을 이상理想)으로 하였다.

④ 예수

그리스도의 선교宣敎)와 그의 생애를 통하여 비롯된 종교. 유대교를 모체로 한 유일신唯一神)을 하나님으로 하고, 독생자 그리스도를 구세주救世主)로 믿으며, 그리스도의 속죄贖罪)와 신앙과 사랑의 모범에 추종하여 영혼의 구혼을 따른다. 팔레스티나에서 일어나 이교異敎)와의 싸움. 박해를 겪으면서 한편 헬레니즘 세계의 문화. 사상. 풍습을 섭취하면서 성장하여 4세기 초에 로마 제국의 국교로 되었다.

다시 페르시아. 인도. 중국 등지에 전하여 졌는데, 8세기에 동방 고대 헬레니즘의 전통 위에서는 그리스도 정교회 (正敎會)가 갈려 나간 후 로마 가톨릭 교회는 다시 16세기 종교개혁에 의하여 구교(舊敎), 곧 천주교(天主敎)와 신교(新敎)로 분리되어 현재 이 세 교회가 대립 되어 있다.

우리나라에서는 특히 신교를 기독교라고도 한다. 2차 대전 후 특히 성해진 세계교회 운동世界敎會運動)은 교회 전체의 일치를 강조하는 것이다. 그리스도교, 기독교基督敎), 천주교天主敎) ①세계世界) 3대 종교宗敎)의 하나. 하나님을 천지天地) 만물萬物)을 창조創造)한 유일신으로, 그리스도를 이 세상世上)의 구세주로 믿으며, 그의 신앙信仰)과 사랑을 따르는 것을 목적目的)으로 한다. 그리스도교. 야소교. 예수교 ②우리나라에서 특히 개신교(改新敎)를 이르는 말이다.

⑤ 무함마드

이슬람교(아랍어: الإسلام al-islām)또는 회교(回敎)는 무함마드를 예언자로 하며 '알라'를 단일 신으로 하는 종교이다. 알라는 아랍어로 '하나님', '신'이라는 뜻이며, 불교와 그리스도 신앙과 함께 세계 3대 종교의 하나이다.

"이슬람"이란 뜻은 "복종 · 순종"이란 뜻이다. 이슬람을 믿는 신자는 남자일 경우에는 무슬림이라고 하고 여자일 경우에는 무슬리마라고 한다. 이슬람교의 경전은 쿠란(코란)이며, 이는 예언자 무함마드가 천사 지브릴(아랍어: جبريل)로부터 받은 알라의 말을 기록한 것이라고 한다. 이슬람의 대표적인 종파로는 사우디아라비아가 대표하는 수니파와 이란이 대표하는 시아파가 있다. 수니파는 전체 무슬림 인구의 80-90%를 차지하며 시아파는 10-20%를 차지한다. 발칸 반도, 중앙아시아, 동남아시아의 무슬림들은 수피 무슬림들이 많다. 수니파 내에서 무슬림 모두는 동질 의식을 가지나, 타 종파 간에는 보이지 않는 불신이 있다.

1	춘추전국시대春秋戰國時代)	

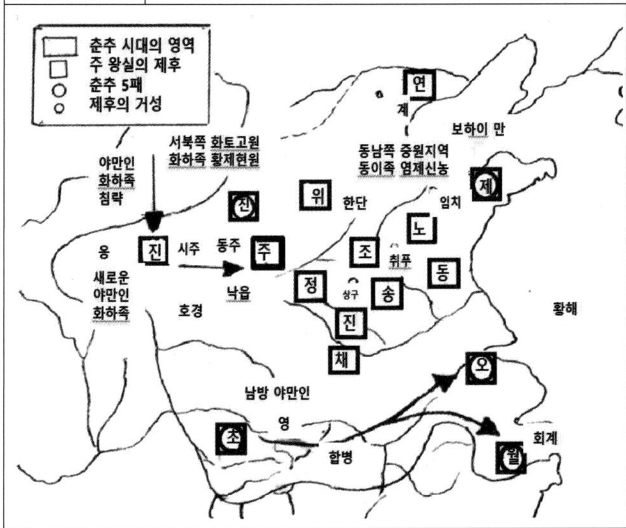

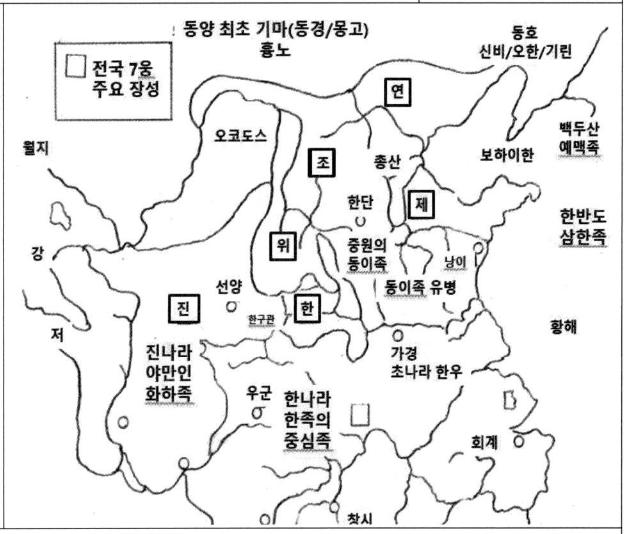

춘추전국시대春秋戰國時代)

춘추 전국시대는 춘추시대와 전국시대란 말이 합쳐진 것으로 춘추는 공자가 지은 노나라 역사서 춘추에서 유래한 것이고, 전국은 전국책이란 책 이름에서 유래한 것이다.

①춘추시대 : 주 왕조가 수도를 옮긴 B.C. 770년~B.C. 403년.

②전국시대 : B.C. 403년~B.C. 221년.

진나라가 중국을 통일. 춘추 전국 시대는 춘추시대와 전국시대를 합쳐서 부르는 것인데 주나라 이후의 대분열기로 춘추시대와 전국시대를 합치면 약 550년간이 된다,

"주"는 봉건 제후의 세력 확장에 따라 왕권이 약화 되고, 직할지가 너무 서쪽에 치우쳐 있어서 이민족의 침입을 받기 쉬웠다. 이러던 중 견융의 침입을 받아 수도를 동쪽의 낙읍(지금의 뤄양)으로 옮기니(기원전 770), 전자를 서주, 후자를 동주라고 한다.

동주 시대에는 왕권이 쇠약하여 제후 회의에서 뽑힌 강력한 제후가 정치를 사실상 맡게 되니 이를 패자라고 하며, 이 시대를 춘추시대(기원전 770~403)라고 한다.

그 뒤 기원전 5세기에 이르러 춘추시대에는 100여 개가 훨씬 넘었던 제후국이 차차 10여 개로 통합되었는데, 이때를 전국시대(기원전 403~221)라고 하며, 그 중 대표적인 제후국을 '전국 칠웅'이라고 한다.

이러한 군웅할거群雄割據) 시대가 오래 계속되다가, 기원전 3세기에 이르러 관중 평야에 있던 진이 6국을 차례로 정복하여 전국을 통일하니, 마침내 중국 최초의 통일 국가가 이룩 되었다.

2	고대한반도지도古代韓半島地圖

3	고대한반도지도古代韓半島地圖

4	고대한반도지도古代韓半島地圖

5 다국지도多國地圖

北아시아(Asia)地圖

세계지도世界地圖

6	제1장 기원전시대紀元前時代)												짐작斟酌)의 시대時代)							
간지 干支	신유 辛酉	임술 壬戌	계해 癸亥	갑자 甲子	을축 乙丑	병인 丙寅	정축 丁丑	무진 戊辰	기사 己巳	경오 庚午	신미 辛未	임신 壬申	계유 癸酉	갑술 甲戌	을해 乙亥	병자 丙子	정축 丁丑	무인 戊寅	기묘 癸卯	신사 辛巳
띠 동물																				
단기																				
유기																				
불기																				
西紀 BC	2340	2339	2338	2337	2336	2335	2334	2333	2332	2331	2330	2329	2328	2327	2326	2325	2324	2323	2322	2321
한국								단군檀君)												
								1	2	3	4	5	6	7	8	9	10	11	12	13
중국	요堯)가 도당陶唐)을 세우고 갑진년甲辰年) 서기 기원전紀元前) 2357년에 즉위卽位)하였다.																			
	18	19	20	21	22	23	24	25	26	27	28	29	30	31	32	33	34	35	36	37
일본								1	2	3	4	5	6	7	8	9	10	11	12	13

여러나라 명인들

사울 이스라엘 초대왕
재위기간B.C.1020~1010

맹자 (孟子)
B.C. 372~289

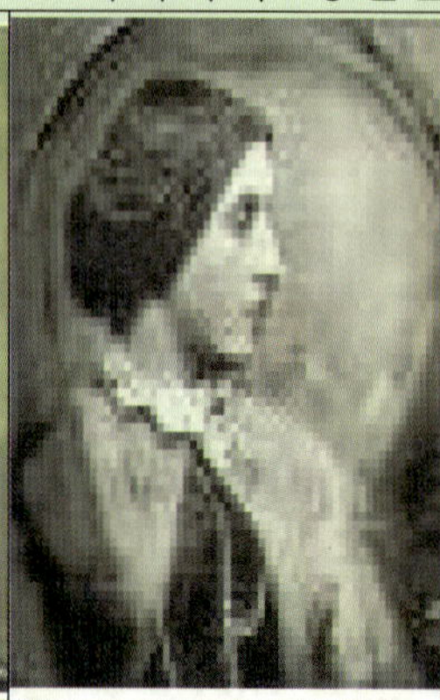

쿠푸-이집트의 파라오
재위기간B.C.2589~2566

서양 클레오파트라)
B.C. 69~30

동양 양귀비楊貴妃)
기원후719~756

1	짐작斟酌)의 시대時代)	
	약70만년전	구석기 문화 시작(공주 석장리 유적)
B.C.	약50만년전	검은모루 동굴 유적 형성
B.C.	4만~5만년전	현생 인류 출현
B.C	1만년전	농경과 목축시작
B.C.	8000년경	신석기 문화 시작(부산 동삼동 유적)
B.C.	5000년경	서울 암사동 유적 형성
B.C.	3000년경	메소포타미아 문명과 이집트 문명 성립
B.C.	2500년경	황허 문명 · 인더스 문명 성립
B.C.	1240년경	아시리아, 바빌로니아 정복
B.C.	2000년	후기 신석기 문화형성회령오동유적 만주지역 부분 청동기 문화발견
B.C.	2333	단군왕검, 고조선 건국(《삼국유사》)
B.C.	1500년경	청동기 문화 시작
B.C.	1100년경	은 멸망, 주의 황허 유역 지배
B.C.	1100	1100년-고조선, 8조 금법 시행
B.C.	1020년경	헤브라이 왕국 성립
B.C.	1010	최초통일왕권 수립
B.C.	1000년경	인도, 아리아인이 갠지스강 유역으로 이주 시작
B.C.	800년경	인도, 브라만교와 카스트 제도 성립
B.C.	671년경	아시리아, 오리엔트 통일
B.C.	6세기경	인도, 불교 성립
B.C.	525	아케메네스 왕조 페르시아,오리엔트통일
B.C.	492년경	그리스 - 페르시아 전쟁

2	기원전시대紀元前時代)	
B.C	431	펠로폰네소스 전쟁(~404)
B.C	403	중국, 전국 시대 돌입
B.C	330	아케메네스 왕조 페르시아 멸망
B.C	264	로마, 카르타고와 포에니 전쟁(~146)
B.C	221	진(秦), 중국 통일, 만리장성 축조
B.C	202	중국, 한 건국
B.C	194	위만, 준왕을 몰아내고 고조선 왕이 됨. 준왕은 남쪽으로 내려와 한韓)의 왕이 됨
B.C	108	한나라 침략으로 고조선 멸망 · 한 군현 설치
B.C	82	한나라가 설치한 임둔, 진번군 몰아냄
B.C	69	신라에서 박혁거세 탄생
B.C	59	해모수, 북부여 건국
B.C	58	동부여에서 주몽 탄생
B.C	57	신라 건국 박혁거세
B.C	37	고구려 건국 주몽, 졸본에서
B.C	27	로마, 제정 수립
	108	인도, 브라만교와 카스트 제도 성립
	202	중국, 한 건국
	221	진(秦), 중국 통일, 만리장성 축조
	264	로마, 카르타고와 포에니 전쟁(~146)
	330	아케메네스 왕조 페르시아 멸망
	431	펠로폰네소스 전쟁(~404)
	403	중국, 전국 시대 돌입

7	다국연표多國年表)	짐작斟酌)의 시대時代)
埤	즉위卽位)=줄인 말. 즉卽곧즉)=곧바로 왕위에 오르다. 바로자리를 차지하다.	

간지 干支	신유 辛酉	임술 壬戌	계해 癸亥	갑자 甲子	을축 乙丑	병인 丙寅	정묘 丁卯	무진 戊辰	기사 己巳	경오 庚午
띠동물 그림										
단기 B.C.	2034	2035	2036	2037	2038	2039	2040	2041	2042	2043
유기 B.C.	252	253	254	255	256	257	258	259	260	261
불기 B.C.	245	246	247	248	249	250	251	252	253	254
西紀B.C.	300	299	298	297	296	295	294	293	292	291
한국								단군檀君)		
								1	2	3

B,C,300, 중국의 연燕)이 요동에 장성을 축성하여 기자조선箕子朝鮮)과 국경을 삼음.
대동강 유역에 철기문화시작 한문자漢文字)전래. 원 삼국시대 시작.

중국

주周) 난왕赧王)
요堯) 요가 도당陶唐)을 세우고 갑진년甲辰年) 서기기원전西紀紀元前) 2357년에 즉위卽位)하였다.

신농씨神農氏	노자老子	주공周公	창힐倉頡	장량張良	
	B.C.571~471	추정 약B.C.1100~	B.C.4664~4596	B.C.250~186	
상고시대 전설적 인물.	춘추시대의 철학가.	주나라 창건에 기여한 정치가.	한자를 창제한 전설의인물. 눈이4개 눈동자가 2개씩 달린 영리하고 총명한 자라함.	서한의 개국공신. 한나라 건국에 공헌한 책사.	

본일	효안孝安)					1몰歿)				
	93	94	95	96	97	98	99	100	101	102

1	다국연표시작多國年表始作)								짐작斟酌)의 시대時代)	
埤	즉위卽位)=줄인 말. 즉卽곧즉)=곧바로 왕위에 오른다. 바로 자리를 차지하다.									
간지 干支	신유 辛酉	임술 壬戌	계해 癸亥	갑 자 甲子	을 축 乙丑	병 인 丙寅	정 묘 丁卯	무 진 戊辰	기 사 己巳	경오 庚午
띠동물 그림										
단기	2034	2035	2036	2037	2038	2039	2040	2041	2042	2043
유기	252	253	254	255	256	257	258	259	260	261
불기	245	246	247	248	249	250	251	252	253	254
西紀B.C.	300	299	298	297	296	295	294	293	292	291
한국										
	B.C.300. 중국의 연燕)이 요동에 장성을 축성하여 기자조선箕子朝鮮)과 국경을 삼음. 대동강 유역에 철기문화시작. 한문자漢文字)전래. 원 삼국시대 시작.									
중국	주周) 난왕赧王) 요堯) 요가 도당陶唐)을 세우고 갑진년甲辰年) 서기기원전西紀紀元前) 2357년에 즉위卽位) 하였다.									
일본	효안孝安)					1몰歿)				
	93	94	95	96	97	98	99	100	101	102

2	다국연표多國年表)								B.C.300~281 기원전 3세기	
埤										
간지 干支	신 미 辛 未	임 신 壬 申	계 유 癸 酉	갑 술 甲 戌	을 해 乙 亥	병 자 丙 子	정 축 丁 丑	무 인 戊 寅	기 묘 己 卯	경 진 庚 辰
띠동물 그림										
檀紀	2044	2045	2046	2047	2048	2049	2050	2051	2052	2053
儒紀	262	263	264	265	266	267	268	269	270	271
佛紀	255	256	257	258	259	260	261	262	263	264
西紀 B.C.	290	289	288	287	286	285	284	283	282	281
韓國										
	4	5	6	7	8	9	10	11	12	13
B.C.										
미국										
B.C.										
중국	요堯) 요가 도당陶唐)을 세우고 갑진년甲辰年) 서기기원전西紀紀元前) 2,357년에 즉위卽位)하였다.									
B.C.										
B.C.										
일본	1즉卽) 효영孝靈)									
	1	2	3	4	5	6	7	8	9	10
B.C.										
B.C.										

3	다국연표多國年表)								B.C.280~261 기원전 3세기	
埤										
간지 干支	신사 辛巳	임오 壬午	계미 癸未	갑신 甲申	을유 乙酉	병술 丙戌	정해 丁亥	무자 戊子	기축 己丑	경인 庚寅
띠동물 그림										
단기	2054	2055	2056	2057	2058	2059	2060	2061	2062	2063
유기	272	273	274	275	276	277	278	279	280	281
불기	265	266	267	268	269	270	271	272	273	274
서기 B.C.	280	279	278	277	276	275	274	273	272	271
한국										
B.C.										
중국	주周) 난왕赧王)									
	36	36	37	38	39	40	41	42	43	44
B.C.										
일본	효 영 孝 靈)									
	11	12	13	14	15	16	17	18	19	20
B.C.										
B.C.										

4	다국연표多國年表)							B,C 180~160 기원전 2세기		
埤										
간지 干支	신묘 辛卯	임진 壬辰	계사 癸巳	갑오 甲午	을미 乙未	병신 丙申	정유 丁酉	무술 戊戌	기해 己亥	경자 庚子
띠동물 그림										
檀紀	2064	2065	2066	2067	2068	2069	2070	2071	2072	2073
儒紀	282	283	284	285	286	287	288	289	290	291
佛紀	275	276	277	278	279	280	281	282	283	284
西紀 B.C.	270	269	268	267	266	265	264	263	262	261
韓國	위만조선衛滿朝鮮)									
B.C.										
B.C.										
중국										
	10	11	12	13	14	15	16	후원 後元 1	2	3
B.C.										
B.C.										
일본	효원孝元)									
	45	46	47	48	49	50	51	52	53	54
기타 B.C.										
기타 B.C.										

5	다국연표多國年表)							B,C 160~141 기원전 2세기		
埤										
간지 干支	신축 辛丑	임인 壬寅	계묘 癸卯	갑진 甲辰	을사 乙巳	병오 丙午	정미 丁未	무신 戊申	기유 己酉	경술 庚戌
지지地支) 상징동물										
단기 BC	2074	2075	2076	2077	2078	2079	2080	2081	2082	2083
유기 BC	292	293	294	295	296	297	298	299	300	301
불기 BC	285	286	287	288	289	390	291	292	293	294
서기 BC	260	259	258	257	256	255	254	253	252	251
한국	위만조선衛滿朝鮮)								가륵嘉勒)	
BC										
미국										
BC										
중국	문제6몰한)文帝6歿漢)				경제景帝) 1몰歿)					
	4	5	6	7	1	2	3	4	5	6
BC										
일본	효원몰孝元歿			11즉卽) 개화 開化)						
	55	56	57	1	2	3	4	5	6	7
기타 BC										
기타 BC										

6	다국연표多國年表)								B,C 160~141 기원전 2세기	
埤										
간지 干支	신해 辛亥	임자 壬子	계축 癸丑	갑인 甲寅	을묘 乙卯	병진 丙辰	정사 丁巳	무오 戊午	기미 己未	경신 庚申
띠동물 그림										
檀紀	2084	2085	2086	2087	2088	2089	2090	2091	2092	2093
儒紀	302	303	304	305	306	307	308	309	310	311
佛紀	295	296	297	298	299	300	301	302	303	304
西紀 BC	250	249	248	247	246	245	244	243	242	241
韓國	위만조선衛滿朝鮮)									
BC										
BC										
중국		경제景帝) 1몰歿)								
	7	1중원 中元	2	3	4	5	6	1후원 後元	2	3
BC										
일본	11즉卽) 개화開化)									
	8	9	10	11	12	13	14	15	16	17
기타 BC										
BC										

							사마천司馬遷			
							BC145~135			
							서한시대의 사상가.			
							산시성한청			

7 다국연표多國年表) B,C. 240~221 기원전 3세기

埤											
간지 干支		신유 辛酉	임술 壬戌	계해 癸亥	갑 자 甲子	을 축 乙丑	병 인 丙寅	정 묘 丁卯	무 진 戊辰	기 사 己巳	경오 庚午
지지地支) 상징동물											
단기		2094	2095	2096	2097	2098	2099	2100	2101	2102	2103
유기		312	313	314	315	316	317	318	319	320	321
불기		305	306	307	308	309	310	311	312	313	314
서기	B.C.	240	239	238	237	236	235	234	233	232	231
한국											
	B.C.										
미국											
중국		진秦) 시황제始皇帝)									
		7	8	9	10	11	12	13	14	15	16
	B.C.										
	B.C.										
일본		효 령 孝 靈)									
		51	52	53	54	55	56	57	58	59	60
기타	B.C.										
	B.C.										

8		다국연표多國年表)						B,C. 240~221 기원전 3세기		
埤										
간지 干支	신 미 辛未	임 신 壬申	계 유 癸酉	갑 술 甲戌	을 해 乙亥	병 자 丙子	정 축 丁丑	무 인 戊寅	기 묘 己卯	경진 庚辰
띠동물 그림										
檀紀	2104	2105	2106	2107	2108	2109	2110	2111	2112	2113
儒紀	322	323	324	325	326	327	328	329	330	331
佛紀	315	316	317	318	319	320	321	322	323	324
西紀 B.C.	230	229	228	227	226	225	224	223	222	221
韓國										
B.C.										
미국										
B.C.										
중국	진秦) 시황제始皇帝)									
	17	18	19	20	21	22	23	24	25	26
B.C.										
B.C.										
일본	효령孝靈)									
	61	62	63	64	65	66	67	68	69	70
기타 B.C.										
B.C.										

9	다국연표多國年表)							B.C.220~201 기원전 3세기		
埤										
간지 干支	신사 辛巳	임오 壬午	계미 癸未	갑신 甲申	을유 乙酉	병술 丙戌	정해 丁亥	무자 戊子	기축 己丑	경인 庚寅
지지地支) 상징동물										
단기 BC	2114	2115	2116	2117	2118	2119	2120	2121	2122	2123
유기 BC	332	333	334	335	336	337	338	339	340	341
불기 BC	325	326	327	328	329	330	331	332	333	334
서기 BC	220	219	218	217	216	215	214	213	212	211
한국	고조선왕 부(否)즉위									
B.C. 214	고조선 왕. 부(否) 즉위. 진의 장성 공사가 요동에 이름.				B.C.					
B.C. 209	고조선의 준왕에게 연燕) 제齊)수 만호가 피난해 왔다.				B.C.					
B.C.										
미국										
BC										
중국	진秦) 시황제始皇帝)									
	27	28	29	30	31	32	33	34	35	36
BC										
일본	효령2몰孝靈二歿)						1즉효원一卽孝元)			
	71	72	73	74	75	76	1	2	3	4
기타 BC										
BC										

10	다국연표多國年表)							B,C.220~201 기원전 3세기		
埤										
간지 干支	신묘 辛卯	임진 壬辰	계사 癸巳	갑오 甲午	을미 乙未	병신 丙申	정유 丁酉	무술 戊戌	기해 己亥	경자 庚子
띠동물 그림										
檀紀	2124	2125	2126	2127	2128	2129	2130	2131	2132	2133
儒紀	342	343	344	345	346	347	348	349	350	351
佛紀	335	336	337	338	339	340	341	342	343	344
西紀 BC	210	209	208	207	206	205	204	203	202	201
韓國	고조선의 준왕에게 연燕), 제齊) 수만호가 피난해 왔다.									
BC										
BC										
중국		이세二世)		3세	한漢)고조高祖)					
	37	1	2	1	1	2	3	4	5	6
						BC 202	중국, 한) 건국			
BC						BC				
일본										
	5	6	7	8	9	10	11	12	13	14
기타 BC										
기타 BC										

11	다국연표多國年表)							B,C. 200~181 기원전 2세기		
埻	몰歿죽을몰)=목숨을 다하다. 죽어서 끝내다.									
간지 干支	신축 辛丑	임인 壬寅	계묘 癸卯	갑진 甲辰	을사 乙巳	병오 丙午	정미 丁未	무신 戊申	기유 己酉	경술 庚戌
띠동물 그림					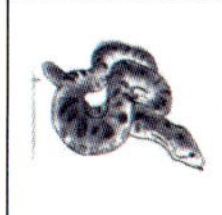					
단기	2134	2135	2136	2137	2138	2139	2140	2141	2142	2143
유기	352	353	354	355	356	357	358	359	360	361
불기	345	346	347	348	349	350	351	352	353	354
서기 BC	200	199	198	197	196	195	194	193	192	191
한국						준왕 準王)	위만조선衛滿朝鮮)			
BC 200	해모수解慕漱) 설화. 금와金蛙)설화 성립.				BC 194	위만이 왕검성 공략. 위만 조선을 건국. 기자조선의 준왕이 남하하여 한왕韓王)이 됨.				
BC					BC 190	위만 왕이 진번眞番), 임둔臨屯)을 복속 시킴.				
BC										
중국	한漢)고조4몰 高歿祖四)						혜제8몰惠帝8歿)			
	7	8	9	10	11	12	1	2	3	4
BC										
일본	효원孝元)									
	15	16	17	18	19	20	21	22	23	24
BC										
기타 BC										
BC										

12	다국연표多國年表)									B,C.200~181 기원전 2세기
埤										
간지 干支	신해 辛亥	임자 壬子	계축 癸丑	갑인 甲寅	을묘 乙卯	병진 丙辰	정사 丁巳	무오 戊午	기미 己未	경신 庚申
띠동물 그림										
檀紀	2144	2145	2146	2147	2148	2149	2150	2151	2152	2153
儒紀	362	363	364	365	366	367	368	369	370	371
佛紀	355	356	357	358	359	360	361	362	363	364
西紀 BC	190	189	188	187	186	185	184	183	182	181
韓國	위만조선衛滿朝鮮)									
BC										
BC										
BC										
중국	혜제8몰惠帝8歿)			소제진4몰小帝秦4歿				소제홍小帝弘		
	5	6	7	1	2	3	4	1	2	3
BC										
일본	효원孝元)									
	25	26	27	27	29	30	31	32	33	34
기타 BC										
기타 BC										
기타 BC										

13		다국연표多國年表)						B,C.280~261 기원전 3세기			
埤											
간지 干支		신 유 辛 酉	임 술 壬 戌	계 해 癸 亥	갑 자 甲 子	을 축 乙 丑	병 인 丙 寅	정 묘 丁 卯	무 진 戊 辰	기 사 己 巳	경 오 庚 午
띠동물 그림											
단기		2154	2155	2156	2157	2158	2159	2160	2161	2162	2163
유기		372	373	374	375	376	377	378	379	380	381
불기		365	366	367	368	369	370	371	372	373	374
서기	BC	180	179	178	177	176	175	174	173	172	171
한국											
	BC										
중국		주周) 난왕赧王)									
		36	36	37	38	39	40	41	42	43	44
	BC										
일본		효 영 孝 靈)									
		11	12	13	14	15	16	17	18	19	20
	BC										
	BC										

14		다국연표多國年表)						B,C.180~160 기원전 2세기		
埤										
간지 干支		신미 辛未	임신 壬申	계유 癸酉	갑술 甲戌	을해 乙亥	병자 丙子	정축 丁丑	무인 戊寅	기묘 己卯	경진 庚辰
띠동물 그림											
檀紀		2164	2165	2166	2167	2168	2169	2170	2171	2172	2173
儒紀		382	383	384	385	386	387	388	389	390	391
佛紀		375	376	377	378	379	380	381	382	383	384
西紀	BC	170	169	168	167	166	165	164	163	162	161
韓國		위만조선衛滿朝鮮)									
	BC										
	BC										
중국											
		10	11	12	13	14	15	16	후원 後元 1	2	3
	BC										
	BC										
일본		효원　孝元)									
		45	46	47	48	49	50	51	52	53	54
기타	BC										
	BC										

15		다국연표多國年表)							B,C.160~141 기원전 2세기		
坤											
간지 干支		신사 辛巳	임오 壬午	계미 癸未	갑신 甲申	을유 乙酉	병술 丙戌	정해 丁亥	무자 戊子	기축 己丑	경인 庚寅
띠동물 그림											
단기	BC	2174	2175	2176	2177	2178	2179	2180	2181	2182	2183
유기	BC	392	393	394	395	396	397	398	399	400	401
불기	BC	385	386	387	388	389	390	391	392	393	394
서기	BC	160	159	158	157	156	155	154	153	152	151
한국		위만조선衛滿朝鮮)								가륵嘉勒)	
	BC										
미국											
	BC										
중국		문제6몰한)文帝6歿漢)				경제景帝)　1몰歿)					
		4	5	6	7	1	2	3	4	5	6
	BC										
일본		효원몰孝元歿)			11즉卽)　　개화 開化)						
		55	56	57	1	2	3	4	5	6	7
기타	BC										
	BC										

16	다국연표多國年表)							B,C 260~241 기원전 3세기		
埤										
간지 干支	신묘 辛卯	임진 壬辰	계사 癸巳	갑오 甲午	을미 乙未	병신 丙申	정유 丁酉	무술 戊戌	기해 己亥	경자 庚子
띠동물 그림										
檀紀	2184	2185	2186	2187	2188	2189	2190	2191	2192	2193
儒紀	402	403	404	405	406	407	408	409	410	411
佛紀	395	396	397	398	399	400	401	402	403	404
西紀 BC	250	249	248	247	246	245	244	243	242	241
韓國										
BC										
BC										
BC										
중국		진秦) 장상왕莊襄王)			시황제始皇帝)					
	6	1	2	3	1	2	3	4	5	6
BC										
일본		효	영		孝	靈)				
	41	42	43	44	45	46	47	48	49	50
기타 BC										
기타 BC						상				
기타 BC										

17	다국연표多國年表)								B,C.140~121 기원전 2세기	
埤										
간지 干支	신축 辛丑	임인 壬寅	계묘 癸卯	갑진 甲辰	을사 乙巳	병오 丙午	정미 丁未	무신 戊申	기유 己酉	경술 庚戌
지지地支) 상징동물										
단기	2194	2195	2196	2197	2198	2199	2200	2201	2202	2203
유기	412	413	414	415	416	417	418	419	420	421
불기	405	406	407	408	409	410	411	412	413	414
서기 BC	140	139	138	137	136	135	134	133	132	131
한국	위만조선 衛滿朝鮮)									

125	황주 금석리 유적의 동기銅器), 철기, 목관묘 문화의 형성.		
BC			

중국	건원 建元	2	3	4	5	6	원광 元光	2	3	4
	한 漢) 무 제 武帝)									

128 BC	예군濊君) 남려南閭)가 호구戶口) 28만을 데리고 한漢)의 요동군에 귀부歸附). 그 땅에 창해군滄海郡을 설치.	126 BC	창해군滄海郡)폐지.

일본	개화 開化)									
	18	19	20	21	22	23	24	25	26	27
BC										

기타			
BC			
BC			

18	다국연표多國年表)							B,C.140~121 기원전 2세기		
埤										
간지 干支	신해 辛亥	임자 壬子	계축 癸丑	갑인 甲寅	을묘 乙卯	병진 丙辰	정사 丁巳	무오 戊午	기미 己未	경신 庚申
띠동물 그림							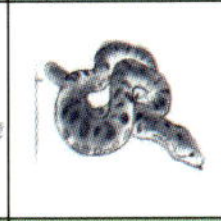			
檀紀	2204	2205	2206	2207	2208	2209	2210	2211	2212	2213
儒紀	422	423	424	425	426	427	428	429	430	431
佛紀	415	416	417	418	419	420	421	422	423	424
西紀 BC	130	129	128	127	126	125	124	123	122	121
韓國	위만조선衛滿朝鮮)									
BC										
BC										
중국	5	6	원조 元朝	2	3	4	5	6	원자 元狩	2
	한 漢) 무제武帝)									
BC 128	예군濊君) 남려南閭)가 호구戶口) 28만을 데리고 한漢)의 요동군에 귀부歸附). 그 땅에 창해군滄海郡을 설치.				BC 126	창해군滄海郡) 폐지.				
일본	개화 開化)									
	28	29	30	31	32	33	34	35	36	37
기타 BC										
BC										
BC										

19	다국연표多國年表)	B,C.120~101 기원전 2세기
埤		

간지 干支	신유 辛酉	임술 壬戌	계해 癸亥	갑 자 甲子	을 축 乙丑	병 인 丙寅	정 묘 丁卯	무 진 戊辰	기 사 己巳	경오 庚午
지지地支) 상징동물									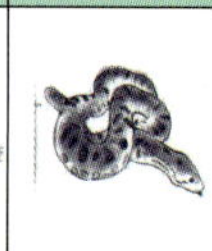	
단기	2214	2215	2216	2217	2218	2219	2220	2221	2222	2223
유기	432	433	434	435	436	437	438	439	440	441
불기	425	426	427	428	429	430	431	432	433	434
서기 BC	120	119	118	117	116	115	114	113	112	111
한국	위만조선衛滿朝鮮)									

108	위만조선衛滿朝鮮) 멸망. 한漢)의 비단으로 위만조선 중계무역.	BC 107	철기 문화 전래.
BC	한漢) 무제 침공하여 위만조선을 멸하고 ①낙랑樂浪).②임둔臨屯).	BC	
BC	③진번眞番). ④현도玄菟). 한4군漢四郡)을 설치.	BC	

중국	한漢)무제武帝)									
	1	2	3	4	5	6	1	2	3	4
BC										
BC										
일본	개화開化)									
	38	39	40	41	42	43	44	45	46	47
BC										
기타 BC										

20	다국연표多國年表)							B,C.120~101 기원전 2세기		
埤										
간지 干支	신 미 辛未	임 신 壬申	계 유 癸酉	갑 술 甲戌	을 해 乙亥	병 자 丙子	정 축 丁丑	무 인 戊寅	기 묘 己卯	경진 庚辰
띠동물 그림										
檀紀	2224	2225	2226	2227	2228	2229	2230	2231	2232	2233
儒紀	442	443	444	445	446	447	448	449	450	451
佛紀	435	436	437	438	439	440	441	442	443	444
西紀 BC	110	109	108	107	106	105	104	103	102	101
韓國	위만조선衛滿朝鮮)									
	석거왕石渠王									
108 BC BC	위씨조선衛氏朝鮮) 멸망. 한漢)의 고조高祖)조선을 침공. 위만의 고조선을 멸하고 낙랑樂浪). 임둔臨屯). 진번眞番). 현도玄菟) 4개군을 설치.				BC 107	철기 문화 전래				
					BC					
					BC					
BC										
중국										
	1	2	3	4	5	6	1	2	3	4
BC	원봉元封						태초太初			
BC										
일본	개화 開化)									
	48	49	50	51	52	53	54	55	56	57
BC										
기타 BC										

21	다국연표多國年表)							B,C.100~81 기원전 1세기		
埤										
간지 干支	신사 辛巳	임오 壬午	계미 癸未	갑신 甲申	을유 乙酉	병술 丙戌	정해 丁亥	무자 戊子	기축 己丑	경인 庚寅
지지地支) 상징동물										
단기	2234	2235	2236	2237	2238	2239	2240	2241	2242	2243
유기	452	453	454	455	456	457	458	459	460	461
불기	445	446	447	448	449	450	451	452	453	454
서기 BC	100	99	98	97	96	95	94	93	92	91
한국										
BC										
BC										
중국	한漢) 무제몰武帝歿) 2歿몰)									
	1	2	3	4	1	2	3	4	1	2
	천한天漢				태시 太始				정화 政和	
BC										
일본	개화開化) 四歿			1즉 숭신1卽崇神)						
	58	59	60	1	2	3	4	5	6	7
BC										
기타 BC										

22	다국연표多國年表)							B,C 100~81 기원전 1세기		
埤										
간지 干支	신묘 辛卯	임진 壬辰	계사 癸巳	갑오 甲午	을미 乙未	병신 丙申	정유 丁酉	무술 戊戌	기해 己亥	경자 庚子
띠동물 그림										
檀紀	2244	2245	2246	2247	2248	2249	2250	2251	2252	2253
儒紀	462	463	464	465	466	467	468	469	470	471
佛紀	455	456	457	458	459	460	461	462	463	464
西紀 BC	90	89	88	87	86	85	84	83	82	81
韓國										
BC										
BC										
중국	한漢) 무제2몰武帝2歿몰)				소제昭帝)					
	3	4	1	2	1	2	3	4	5	6
			후원 後元		시원 始元					
BC										
일본	즉숭신卽崇神)									
	8	9	10	11	12	13	14	15	16	17
기타 BC										
기타 BC										

23		다국연표多國年表)							B,C. 80~61 기원전 1세기		
埤											
간지 干支		신축 辛丑	임인 壬寅	계묘 癸卯	갑진 甲辰	을사 乙巳	병오 丙午	정미 丁未	무신 戊申	기유 己酉	경술 庚戌
지지地支) 상징동물											
단기		2254	2255	2256	2257	2258	2259	2260	2261	2262	2263
유기		472	473	474	475	476	477	478	479	480	481
불기		465	466	467	468	469	470	471	472	473	474
서기	BC	80	79	78	77	76	75	74	73	72	71
한국											
	BC										
	BC										
중국		한漢) 소제昭帝) 4몰歿)						七즉卽) 선제宣帝)			
		1	2	3	4	5	6	1	1	2	3
		원봉 元鳳						원평 院平	본시 本始		
	BC										
일본		숭신 崇神)									
		18	19	20	21	22	23	24	25	26	27
	BC										
기타	BC										
	BC										

24	다국연표多國年表)								B,C.80~61 기원전 1세기	
埤										
간지 干支	신해 辛亥	임자 壬子	계축 癸丑	갑인 甲寅	을묘 乙卯	병진 丙辰	정사 丁巳	무오 戊午	기미 己未	경신 庚申
띠동물 그림						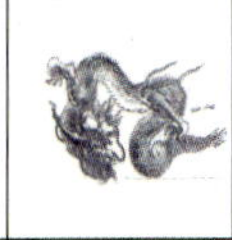				
檀紀	2264	2265	2266	2267	2268	2269	2270	2271	2272	2273
儒紀	482	483	484	485	486	487	488	489	490	491
佛紀	475	476	477	478	479	480	481	482	483	484
西紀 BC	70	69	68	67	66	65	64	63	62	61
韓國										
BC										
69	박혁거세 임자년 쥐띠해에 태어남.									
BC										
BC										
중국										
	4	1	2	3	4	1	2	3	4	1
		지절 地節				원광 元廣				신순 神舜
BC										
일본	숭신 崇神)									
	28	29	30	31	32	33	34	35	36	37
기타 BC										
BC										
BC										

25	다국연표多國年表)	B.C.60~41 기원전 1세기
坤	신라 B.C. 57년 개국하여 A.D. 935년 망하여 992년간 존속한 나라.	

간지 干支	신유 辛酉	임술 壬戌	계해 癸亥	갑자 甲子	을축 乙丑	병인 丙寅	정묘 丁卯	무진 戊辰	기사 己巳	경오 庚午
지지地支) 상징동물										
단기	2274	2275	2276	2277	2278	2279	2280	2281	2282	2283
유기	492	493	494	495	496	497	498	499	500	501
불기	485	486	487	488	489	490	491	492	493	494
서기 BC	60	59	58	57	56	55	54	53	52	51
한국				신라新羅) ① 혁거세朴赫居世)						
				1	2	3	4	5	6	7
B.C.58	주몽朱蒙)이 계해 돼지 띠로 태어났다. 이후 고구려를 세운 인물.									
B.C.57	박혁거세. 신라 건국. 왕호 거서간 사용.									
중국	한漢) 선제12몰 宣帝十二歿)									
	2	3	4	1	2	3	4	1	2	3
BC				오봉 五鳳				감로 甘露		
BC										
일본	숭신崇神)									
	38	39	40	41	42	43	44	45	46	47

B.C.			
기타 BC			

박혁거세朴赫居世)

26		다국연표多國年表)							B,C,60~41 기원전 1세기		
埤		그 나라 그 시대 이 숫자①은 왕의 계보를 말함.									
간지 干支		신미 辛未	임신 壬申	계유 癸酉	갑술 甲戌	을해 乙亥	병자 丙子	정축 丁丑	무인 戊寅	기묘 己卯	경진 庚辰
띠동물 그림											
檀紀		2284	2285	2286	2287	2288	2289	2290	2291	2292	2293
儒紀		502	503	504	505	506	507	508	509	510	511
佛紀		495	496	497	498	499	500	501	502	503	504
西紀	BC	50	49	48	47	46	45	44	43	42	41
韓國		신라新羅) ① 혁거세朴赫居世)									
		8	9	10	11	12	13	14	15	16	17
	BC										
	BC										
중국			원제元帝)								
		4	1	1	2	3	4	5	1	2	3
	BC	황용 黃龍	초원 初元						영광永光		
	BC										
일본		숭신崇神)									
		48	49	50	51	52	53	54	55	56	57
BC											
기타	BC										

박혁거세
朴赫居世

27	다국연표多國年表)							B,C,40~21 기원전 1세기		
埤	고구려 B.C. 37년~A.D. 668 년 망하여 709년간 존속한 나라.									
간지 干支	신사 辛巳	임오 壬午	계미 癸未	갑신 甲申	을유 乙酉	병술 丙戌	정해 丁亥	무자 戊子	기축 己丑	경인 庚寅
지지地支) 상징동물										
단기	2294	2295	2296	2297	2298	2299	2300	2301	2302	2303
유기	512	513	514	515	516	517	518	519	520	521
불기	505	506	507	508	509	510	511	512	513	514
서기 BC	40	39	38	37	36	35	34	33	32	31
한국	신라新羅) ①혁거세赫居世)									
	18	19	20	21	22	23	24	25	26	27
				고구려高句麗) ① 동명왕(東明王)고구려시존						
				1	2	3	4	5	6	7
B.C 37	주몽, 졸본에서 고구려 건국.									
BC										
중국	한漢)) 원제元帝) 5몰歿)							성제成帝)		
	4	5	1	2	3	4	5	1	1	2
			건소 建昭					경영 竟寧	건시 建始	
BC										
일본	숭신12몰崇神十二歿)									
	68	59	60	61	62	63	64	65	66	67
B.C.										
기타 B.C										

				동명왕 東明王						
				B.C.37~19						

이름은 주몽朱蒙). 추모鄒牟). 상해象解). 도모都慕). 일명 동명왕東明王). 아버지는 동부여 왕 금와 金蛙). 어머니는 하백의 딸 유화柳花). 삼국사기에 의하면 동부여 왕東扶餘王) 해부루解夫婁)가 죽고 금와金蛙)가 즉위 하였는데, 금와왕은 태백산太白山) 남쪽 우발수優渤水)에서 하백의 딸 유화柳花)를 만났다. [출처] 동명왕(고구려의 시조)|작성자

埤										
간지 干支	신묘 辛卯	임진 壬辰	계사 癸巳	갑오 甲午	을미 乙未	병신 丙申	정유 丁酉	무술 戊戌	기해 己亥	경자 庚子
띠동물 그림										
檀紀	2304	2305	2306	2307	2308	2309	2310	2311	2312	2313
儒紀	522	523	524	525	526	527	528	529	530	531
佛紀	515	516	517	518	519	520	521	522	523	524
西紀 BC	30	29	28	27	26	25	24	23	22	21
韓國	신라新羅) ①혁거세赫居世)									
	28	29	30	31	32	33	34	35	36	37
	고구려高句麗) ①동명왕東明王)									
	8	9	10	11	12	13	14	15	16	17
BC										
BC										
중국	원제元帝) 5몰歿)		성제成帝)							
	3	4	1	2	3	4	1	2	3	4
			하평 河平				양삭 陽朔			
BC										
일본	즉수인卽垂仁)									
	68	1	2	3	4	5	6	7	8	9
기타 BC										
기타 BC										

29	다국연표多國年表)								B,C, 20~1 기원전 1세기	
埤	백제 B.C. 18년~A.D. 678년 망하여 678년간 존속한 나라.									
간지 干支	신축 辛丑	임인 壬寅	계묘 癸卯	갑진 甲辰	을사 乙巳	병오 丙午	정미 丁未	무신 戊申	기유 己酉	경술 庚戌
지지地支) 상징동물										
단기	2314	2315	2316	2317	2318	2319	2320	2321	2322	2323
유기	532	533	534	535	536	537	538	539	540	541
불기	525	526	527	528	529	530	531	532	533	534
서기 BC	20	19	18	17	16	15	14	13	12	11
한국	신라新羅) ①혁거세 赫居世)									
	38	39	40	41	42	43	44	45	46	47
	고구려 동명왕		②유리왕琉璃王)							
	18	1	2	3	4	5	6	7	8	9
				백제百濟) ①온조왕溫祚王)						
				1	2	3	4	5	6	7
BC18	온조, 위례성에서 백제 건국.				BC					
중국	한漢) 성제成帝) 3몰3歿)									
	1	2	3	4	1	2	3	4	1	2
	홍수 鴻壽				영시 永始				원연 元延	
일본	수인(垂 仁)									
	10	11	12	13	14	15	16	17	18	19
BC										
기타 BC										
기타 BC										

고구려 고분벽화

30	다국연표多國年表)								B,C, 20~1 기원전 1세기	
埤										
간지 干支	신해 辛亥	임자 壬子	계축 癸丑	갑인 甲寅	을묘 乙卯	병진 丙辰	정사 丁巳	무오 戊午	기미 己未	경신 庚申
띠동물 그림							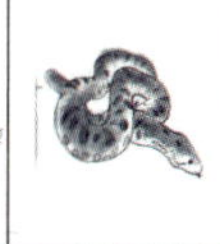			
檀紀	2324	2325	2326	2327	2328	2329	2330	2331	2332	2333
儒紀	542	543	544	545	546	547	548	549	550	551
佛紀	535	536	537	538	539	540	541	542	543	544
西紀 BC	10	9	8	7	6	5	4	3	2	1
韓國	신라新羅) ①혁거세赫居世)									
	48	49	50	51	52	53	54	55	56	57
	고구려高句麗) ②유리왕 琉璃王)									
	10	11	12	13	14	15	16	17	18	19
	백제百濟) ①온조왕溫祚王)									
	8	9	10	11	12	13	14	15	16	17
BC18	온조, 위례성에서 백제 건국.				BC					
BC										
중국			한漢) 성제成帝) 3몰3歿)				애제 哀帝) 6몰六歿)			
	3	4	1	2	1	2	3	4	1	2
			수화 綏和		건평 建平				원수 元壽	
BC										
일본	수인垂仁)									
	20	21	22	23	24	25	26	27	28	29
기타 BC										
기타 BC										
기타 BC										
다2										

31	제2장 다국연표多國年表) 기원후시대								1~20, 1세기	
중요사										
간지 干支	신유 辛酉	임술 壬戌	계해 癸亥	갑자 甲子	을축 乙丑	병인 丙寅	정묘 丁卯	무진 戊辰	기사 己巳	경오 庚午
간지地支) 상징동물										
단기	2334	2335	2336	2337	2338	2339	2340	2341	2342	2343
유기	552	553	554	555	556	557	558	559	560	561
불기	545	546	547	548	549	550	551	552	553	554
서기	1	2	3	4	5	6	7	8	9	10
한국韓國	신라) ①혁거세			신라) ②남해왕南解王)						
	58	59	60	1	2	3	4	5	6	7
	고구려) ②유리왕儒理王)									
	20	21	22	23	24	25	26	27	28	29
	백제) ①온조왕溫祚王)									
	19	20	21	22	23	24	25	26	27	28
중국中國	한漢) 평제平帝)12몰歿)					유자영孺子嬰) 전한前漢)망함		신新) 왕개王芥)		
	1	2	3	4	5	1	2	1	1	2
	원시 元始					거섭 居攝		초시 初始	시건국 始建國	
일본日本	수인垂仁)									
	30	31	32	33	34	35	36	37	38	39
多國										
기타其他										

32	다국연표多國年表)								1~20, 1세기	
중요사										
간지 干支	신 미 辛未	임 신 壬申	계 유 癸酉	갑 술 甲戌	을 해 乙亥	병 자 丙子	정 축 丁丑	무 인 戊寅	기 묘 己卯	경 진 庚辰
띠동물 그림										
檀紀	2344	2345	2346	2347	2348	2349	2350	2351	2352	2353
儒紀	562	563	564	565	566	567	568	569	570	571
佛紀	555	556	557	558	559	560	561	562	563	564
西紀	11	12	13	14	15	16	17	18	19	20
한국韓國	신라) ②남해왕南解王)									
	8	9	10	11	12	13	14	15	16	17
	고구려) ②유리왕儒理王)							③대무신왕		
	30	31	32	33	34	35	36	1	2	3
	백제) ①온조왕溫祚王)									
	29	30	31	32	33	34	35	36	37	38
중국中國	신新) 왕개王芥)									
	3	4	5	1	2	3	4	5	6	1
				천봉 天鳳						지황 地皇
일본日本	수인垂 仁)									
	40	41	42	43	44	45	46	47	48	49
多國										
기타其他										

33	다국연표多國年表)								21~40, 1세기	
중요사										
간지 干支	신사 辛巳	임오 壬午	계미 癸未	갑신 甲申	을유 乙酉	병술 丙戌	정해 丁亥	무자 戊子	기축 己丑	경인 庚寅
지지地支) 상징동물										
단기	2354	2355	2356	2357	2358	2359	2360	2361	2362	2363
유기	572	573	574	575	576	577	578	579	580	581
불기	565	566	567	568	569	570	571	572	573	574
서기	21	22	23	24	25	26	27	28	29	30
한국 韓國	신라) ②남해왕南解王)			③유리왕儒理王)						
	18	19	20	1	2	3	4	5	6	7
	고구려高句麗) ③대무신왕大武神王)									
	4	5	6	7	8	9	10	11	12	13
	백제) ①온조왕溫祚王)							②다루왕多婁王)		
	39	40	41	42	43	44	45	1	2	3
24	신라 유리 이사금 즉위.									
28	백제 다루왕 즉위.									
28	백제 다루왕 말갈족 격퇴, 백성에게 농사장려 생활안정.									
32	고구려, 낙랑군 정벌.									
중국 中國	신新)왕망9몰王莽9歿			한漢)준양왕准陽王			후한 後漢)광무제光武帝)			
	2	3	10) 更始	2	(1) 建式	2	3	4	5	6
37	후한의 낙랑군 멸망.									
일본 日本	수인垂 仁)									
	50	51	52	53	54	55	56	57	58	59
其他	30	헤브라이에서 크리스트교 성립.								

34	다국연표多國年表)								21~40, 1세기	
중요사										
간지 干支	신묘 辛卯	임진 壬辰	계사 癸巳	갑오 甲午	을미 乙未	병신 丙申	정유 丁酉	무술 戊戌	기해 己亥	경자 庚子
띠동물 그림										
檀紀	2364	2365	2366	2367	2368	2369	2370	2371	2372	2373
儒紀	582	583	584	585	586	587	588	589	590	591
佛紀	575	576	577	578	579	580	581	582	583	584
西紀	31	32	33	34	35	36	37	38	39	40
한국 韓國	신라) 왕 ③유리왕儒理王)									
	8	9	10	11	12	13	14	15	16	17
	고구려高句麗) ③대무신왕大武神王)									
	14	15	16	17	18	19	20	21	22	23
	백제 ②다루왕 多婁王)									
	4	5	6	7	8	9	10	11	12	13
37	후한의 낙랑군 멸망.									
40	안남의 쫑 자매가 중국 한나라에 항거.									
중국 中國	후한後漢) 광무제光武帝)									
	7	8	9	10	11	12	13	14	15	16
37	후한의 낙랑군 멸망.									
40	안남의 쫑 자매가 중국 한나라에 항거.									
일본 日本	수인垂仁)									
	60	61	62	63	64	65	66	67	68	69

35	다국연표多國年表)									41~60, 1세기
중요사										
간지 干支	신축 辛丑	임인 壬寅	계묘 癸卯	갑진 甲辰	을사 乙巳	병오 丙午	정미 丁未	무신 戊申	기유 己酉	경술 庚戌
지지地支) 상징동물										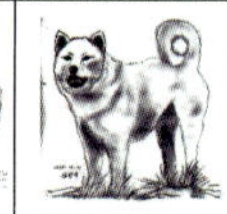
단기	2374	2375	2376	2377	2378	2379	2380	2381	2382	2383
유기	592	593	594	595	596	597	598	599	600	601
불기	585	586	587	588	589	590	591	592	593	594
서기	41	42	43	44	45	46	47	48	49	50
한국韓國	신라新羅) ③유리왕儒理王)									
	18	19	20	21	22	23	24	25	26	27
	고구려)③大武神王)			④민중왕閔中王)				⑤모본왕慕本王)		
	24	25	26	1	2	3	4	1	2	3
	백제百濟)		②다루왕多婁王)							
	14	15	16	17	18	19	20	21	22	23
중국中國	후한後漢) ①광무제光武帝) 二몰二歿)									
	17	18	19	20	21	22	23	24	25	26
일본日本	수인垂仁)									
	70	71	72	73	74	75	76	77	78	79

			가락국 시조. 김수로왕.	허황후						
			①가락국	인도의 공주						

36	다국연표多國年表)								41~60, 1세기	
중요사										
간지 干支	신해 辛亥	임자 壬子	계축 癸丑	갑인 甲寅	을묘 乙卯	병진 丙辰	정사 丁巳	무오 戊午	기미 己未	경신 庚申
띠동물 그림										
檀紀	2384	2385	2386	2387	2388	2389	2390	2391	2392	2393
儒紀	602	603	604	605	606	607	608	609	610	611
佛紀	595	596	597	598	599	600	601	602	603	604
西紀	51	52	53	54	55	56	57	58	59	60
한국韓國	신라新羅) ③유리왕 儒理王)						④탈해왕脫解王)			
	28	29	30	31	32	33	5.1	2	3	4
	⑤모본왕慕本王)		⑥태조왕太祖王)							
	4	5	1	2	3	4	5	6	7	8
	백제百濟) ②다루왕多婁王)									
	24	25	26	27	28	29	30	31	32	33
42	김수로, 금관가야 건국									
53	고구려, 태조왕 즉위(～146)									
중국中國	후한後漢) ①광무제光武帝) 二몰二歿)							②명제明帝)		
	27	28	29	30	31	1 중원中元	2	1 영평永平	2	3
일본日本	수인垂仁)									
	80	81	82	83	84	85	86	87	88	89

37	다국연표多國年表) 기원후시대								61~80, 1세기	
중요사										
간지 干支	신유 辛酉	임술 壬戌	계해 癸亥	갑자 甲子	을축 乙丑	병인 丙寅	정묘 丁卯	무진 戊辰	기사 己巳	경오 庚午
지지地支) 상징동물										
단기	2394	2395	2396	2397	2398	2399	2400	2401	2402	2403
유기	612	613	614	615	616	617	618	619	620	621
불기	605	606	607	608	609	610	611	612	613	614
서기	61	62	63	64	65	66	67	68	69	70
한국韓國	신라新羅) ④탈해왕脫解王)									
	5	6	7	8	9	10	11	12	13	14
	고구려高句麗) ⑥태조왕太祖王)									
	9	10	11	12	13	14	15	16	17	18
	백제百濟) ②다루왕多婁王)									
	34	35	36	37	38	39	40	41	42	43
중국中國	후한後漢) ②명제明帝)									
	4	5	6	7	8	9	10	11	12	13
일본日本	수인垂仁) 7몰歿									
	90	91	92	93	94	95	96	97	98	99

38	다국연표多國年表)								61~80, 1세기	
중요사	몰歿죽을몰)이 몰자는 왕이 죽었다는 글자이다.									
간지 干支	신미 辛未	임신 壬申	계유 癸酉	갑술 甲戌	을해 乙亥	병자 丙子	정축 丁丑	무인 戊寅	기묘 己卯	경진 庚辰
띠동물 그림										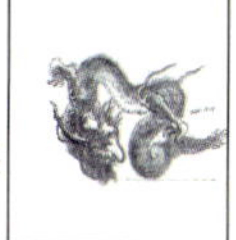
檀紀	2404	2405	2406	2407	2408	2409	2410	2411	2412	2413
儒紀	622	623	624	625	626	627	628	629	630	631
佛紀	615	616	617	618	619	620	621	622	623	624
西紀	71	72	73	74	75	76	77	78	79	80
한국韓國	신라新羅) ⑤파사왕婆娑王)									
	15	16	17	18	19	20	21	22	23	1
	고구려高句麗) ⑥태조왕太祖王)									
	19	20	21	22	23	24	25	16	27	28
	백제百濟) ②다루왕多婁王)						③기루왕己婁王)			③기루왕
	44	45	46	47	48	49	1	2	3	4
중국中國	후한後漢)명제明帝 8몰8歿)					장제章帝				
	14	15	16	17	18	건초1	2	3	4	5
일본	7즉7卽) 경행景行									
	1	2	3	4	5	6	7	8	9	10

39	다국연표多國年表)							81~100, 1세기		
중요사										
간지 干支	신사 辛巳	임오 壬午	계미 癸未	갑신 甲申	을유 乙酉	병술 丙戌	정해 丁亥	무자 戊子	기축 己丑	경인 庚寅
지지地支) 상징동물										
단기	2414	2415	2416	2417	2418	2419	2420	2421	2422	2423
유기	632	633	634	635	636	637	638	639	640	641
불기	625	626	627	628	629	630	631	632	633	634
서기	81	82	83	84	85	86	87	88	89	90
한국韓國	신라新羅) ⑤파사왕婆娑王)									
	2	3	4	5	6	7	8	9	10	11
	고구려高句麗) ⑥태조왕太祖王)									
	29	30	31	32	33	34	35	36	37	38
	백제百濟) ③기루왕己婁王)									
	5	6	7	8	9	10	11	12	13	14
중국中國	후한後漢) ③장제章帝12歿)							④화제化帝)		
	6	7	8	1	2	3	1	2	1	2
				원화 元和			장화 章和		영원 永元	
일본日本	경행景行)									
	11	12	13	14	15	16	17	18	19	20

40	다국연표多國年表)							81~100, 1세기		
중요사										
간지 干支	신묘 辛卯	임진 壬辰	계사 癸巳	갑오 甲午	을미 乙未	병신 丙申	정유 丁酉	무술 戊戌	기해 己亥	경자 庚子
띠동물 그림										
檀紀	2424	2425	2426	2427	2428	2429	2430	2431	2432	2433
儒紀	642	643	644	645	646	647	648	649	650	651
佛紀	635	636	637	638	639	640	641	642	643	644
西紀	91	92	93	94	95	96	97	98	99	100
한국韓國	신라新羅) ⑤파사왕婆娑王)									
	12	13	14	15	16	16	18	19	20	21
	고구려高句麗) ⑥태조왕太祖王)									
	39	40	41	42	43	44	45	46	47	48
	백제百濟) ③기루왕己婁王)									
	15	16	17	18	19	20	21	22	23	24
	백제3대왕은 어느 서적에서는 기루왕 또는 가루왕이라 표기되어 있다.									
100	112년 신라 지마 이사금 즉위.									
중국中國	④화 제 化 帝)									
	3	4	5	6	7	8	9	10	11	12
일본日本	경행景行)									
	21	22	23	24	25	26	27	28	29	30

41	다국연표多國年表)								101~120, 2세기	
중요사										
간지 干支	신축 辛丑	임인 壬寅	계묘 癸卯	갑진 甲辰	을사 乙巳	병오 丙午	정미 丁未	무신 戊申	기유 己酉	경술 庚戌
지지地支) 상징동물										
단기	2434	2435	2436	2437	2438	2439	2440	2441	2442	2443
유기	652	653	654	655	656	657	658	659	660	661
불기	645	646	647	648	649	650	651	652	653	654
서기	101	102	103	104	105	106	107	108	109	110
한국韓國	신라新羅) ⑤파사왕婆娑王)									
	22	23	24	25	26	27	28	29	30	31
	고구려高句麗) ⑥태조왕太祖王)									
	49	50	51	52	53	54	55	56	57	58
	백제百濟) ③기루왕己婁王)									
	25	26	27	28	29	30	31	32	33	34
중국中國	후한後漢) ④화제化帝)몰12歿				⑤상제8몰 殤帝8歿		⑥안제安帝)			
	13	14	15	16	1	1	1	2	3	4
					원흥 元興	연평 延平	영초 永初			
일본日本	경행景行)									
	31	32	33	34	35	36	37	38	39	40
	[출처] *** 가야 년표/신라년표|작성자 김충식 시인									

42	다국연표多國年表)								101~120, 2세기	
중요사										
간지 干支	신해 辛亥	임자 壬子	계축 癸丑	갑인 甲寅	을묘 乙卯	병진 丙辰	정사 丁巳	무오 戊午	기미 己未	경신 庚申
띠동물 그림										
檀紀	2444	2445	2446	2447	2448	2449	2450	2451	2452	2453
儒紀	662	663	664	665	666	667	668	669	670	671
佛紀	655	656	657	658	659	660	661	662	663	664
西紀	111	112	113	114	115	116	117	118	119	120
한국韓國		⑥지마왕祇摩王)								
	32	1	2	3	4	5	6	7	8	9
	고구려高句麗) ⑥태조왕太祖王)									
	59	60	61	62	63	64	65	66	67	68
	백제百濟) ③기루왕己婁王)									
	35	36	37	38	39	40	41	42	43	44
중국中國	⑥안제安帝)									
	5	6	7	1元初	2	3	4	5	6	1(40永寧
일본日本	경행景行)									
	41	42	43	44	45	46	47	48	49	50

43	다국연표多國年表) 기원후시대								121~140, 2세기	
중요사										
간지 干支	신유 辛酉	임술 壬戌	계해 癸亥	갑자 甲子	을축 乙丑	병인 丙寅	정묘 丁卯	무진 戊辰	기사 己巳	경오 庚午
지지地支) 상징동물										
단기	2454	2455	2456	2457	2458	2459	2460	2461	2462	2463
유기	672	673	674	675	676	677	678	679	680	681
불기	665	666	667	668	669	670	671	672	673	674
서기	121	122	123	124	125	126	127	128	129	130
한국 韓國	신라新羅) ⑥기마왕祇麻王)									
	10	11	12	13	14	15	16	17	18	19
	고구려高句麗) ⑥태조왕太祖王)									
	69	70	71	72	73	74	75	76	77	78
	백제百濟) ③기루왕己婁王)							④개 루 왕 蓋 婁 王)		
	45	46	47	48	49	50	51	1	2	3
128	개루왕 기루왕의자(子)									
128	백제 개루왕 즉위									
중국 中國	후한後漢) ⑥안제安帝)3몰歿)				⑦북향후 北鄕候) 10歿	⑧순제順帝)				
	1	1	2	3	4	1	2	3	4	5
	(7) 건광 建光	(7) 연가 延光				영건 永建				
일본 日本	경행景行) 11몰歿)						1즉卽) 성무成務)			
	51	52	53	54	55	56	57	58	59	60

44	다국연표多國年表)							121~140, 2세기		
중요사										
간지 干支	신미 辛未	임신 壬申	계유 癸酉	갑술 甲戌	을해 乙亥	병자 丙子	정축 丁丑	무인 戊寅	기묘 己卯	경진 庚辰
띠동물 그림										
檀紀	2464	2465	2466	2467	2468	2469	2470	2471	2472	2473
儒紀	682	683	684	685	686	687	688	689	690	691
佛紀	675	676	677	678	679	680	681	682	683	684
西紀	131	132	133	134	135	136	137	138	139	140
한국 韓國	신라) ⑦일성왕逸聖王)									
	20	21	22	1	2	3	4	5	6	7
	고구려高句麗) ⑥태조왕太祖王)									
	79	80	81	82	83	84	85	86	87	88
	백제) ④개 루 왕 蓋 婁 王)									
	4	5	6	7	8	9	10	11	12	13
132	북한산성 조성造成)									
134	신라 일성 이사금 즉위									
136	고구려 차대왕 즉위									
중국 中國	⑧순제順帝)									
	6	1	2	3	4	1	2	3	4	5
		양가 陽嘉				영화 永和				
	1즉卽) 성 무 成 務)									
	1	2	3	4	5	6	7	8	9	10
									후한말기군사정치가	
								동탁董卓		
								139~192		
								린타오		

45	다국연표多國年表)								141~160, 2세기	
중요사	고구려 태조왕은 99년간 왕으로 보냈는지?									
간지 干支	신사 辛巳	임오 壬午	계미 癸未	갑신 甲申	을유 乙酉	병술 丙戌	정해 丁亥	무자 戊子	기축 己丑	경인 庚寅
지지地支) 상징동물										
단기	2474	2475	2476	2477	2478	2479	2480	2481	2482	2483
유기	692	693	694	695	696	697	698	699	700	701
불기	685	686	687	688	689	690	691	692	693	694
서기	141	142	143	144	145	146	147	148	149	150
한국 韓國	신라) ⑦일성왕(逸聖王)									
	8	9	10	11	12	13	14	15	16	17
	고구려) ⑥태조왕太祖王)					⑦차대왕次大王)				
	89	90	91	92	93	1	2	3	4	5
	백제) ④개루왕蓋婁王)									
	14	15	16	17	18	19	20	21	22	23
중국 中國	⑧순제順帝) 8몰8歿)			⑨ 충제 1몰 冲帝 一歿	⑩ 질제 6몰 質帝 六歿	⑪환제桓帝)				
	6	1	2	1	1	1	1	2	3	1
		한안 漢安		건강 建康	영가 永嘉	본초 本初	건화 建和			화평 和平
	성무成務)									
	11	12	13	14	15	16	17	18	19	20
			백제개루왕 때 도미의 부인 열부							
	도미부인都彌婦人									

다국연표多國年表)

141~160, 2세기

중요사										
간지 干支	신묘 辛卯	임진 壬辰	계사 癸巳	갑오 甲午	을미 乙未	병신 丙申	정유 丁酉	무술 戊戌	기해 己亥	경자 庚子
띠동물 그림										
檀紀	2484	2485	2486	2487	2488	2489	2490	2491	2492	2493
儒紀	702	703	704	705	706	707	708	709	710	711
佛紀	695	696	697	698	699	700	701	702	703	704
西紀	151	152	153	154	155	156	157	158	159	160
한국韓國	⑦일성왕逸聖王)		⑧아달나왕阿達羅王)							
	18	19	20	1	2	3	4	5	6	7
	고구려) ⑦차대왕次大王)									
	6	7	8	9	10	11	12	13	14	15
	백제) ④개루왕蓋婁王)									
	24	25	26	27	28	29	30	31	32	33
150	154년 신라 아달라 이사금 즉위									
157	신라의 연오랑, 세오녀가 왜국으로 건너감									
중국中國	⑪환제桓帝)									
	1	2	1	2	1	2	3	1	2	3
	원가 元嘉		영흥 永興		영가 永嘉			연희 延熙		
	성 무 成 務)									
	21	22	23	24	25	26	27	28	29	30

47	다국연표多國年表)								161~180, 2세기	
중요사										
간지 干支	신축 辛丑	임인 壬寅	계묘 癸卯	갑진 甲辰	을사 乙巳	병오 丙午	정미 丁未	무신 戊申	기유 己酉	경술 庚戌
지지地支) 상징동물										
단기	2494	2495	2496	2497	2498	2499	2500	2501	2502	2503
유기	712	713	714	715	716	717	718	719	720	721
불기	705	706	707	708	709	710	711	112	713	714
서기	161	162	163	164	165	166	167	168	169	170
한국韓國	신라) ⑧ 아달나왕阿達羅 王)									
	8	9	10	11	12	13	14	15	16	17
	⑦ 차대왕次大王)				⑧ 신대왕新大王)					
	16	17	18	19	1	2	3	4	5	6
	백제) ④ 개루왕蓋婁王)					⑤ 초고왕肖古王)				
	34	35	36	37	38	1	2	3	4	5
중국中國	후한後漢) ⑪환제桓帝)							⑫영제靈帝)		
	4	5	6	7	8	9	1	1	2	3
							(6) 영강 永康	건녕 建寧		
	성무成務)									
	31	32	33	34	35	36	37	38	39	40

48	다국연표多國年表)								161~180, 2세기	
중요사										
간지 干支	신해 辛亥	임자 壬子	계축 癸丑	갑인 甲寅	을묘 乙卯	병진 丙辰	정사 丁巳	무오 戊午	기미 己未	경신 庚申
띠동물 그림										
檀紀	2504	2505	2506	2507	2508	2509	2510	2511	2512	2513
儒紀	722	723	724	725	726	727	728	729	730	731
佛紀	715	716	717	718	719	720	721	722	723	724
西紀	171	172	173	174	175	176	177	178	179	180
한국韓國	신라) ⑧아달나왕阿達羅王)									
	18	19	20	21	22	23	24	25	26	27
	고구려 ⑧신대왕新大王)								⑨고국천왕	
	7	8	9	10	11	12	13	14	1	2
	백제 ⑤초고왕肖古王)									
	6	7	8	9	10	11	12	13	14	15
중국中國	⑫영제靈帝)									
	4	1	2	3	4	5	6	1	2	3
		(5) 희평 熹平						(3) 광화 光和		
	성무成務)									
	41	42	43	44	45	46	47	48	49	50
				王 允 137~192) 의수양딸						
				산서) 흔주忻州)						
			초선貂蟬		마초馬超					
			생사175~199		175~222					
					삼국시대명장					

49	다국연표多國年表) 기원후시대								181~200, 2세기	
중요사	거년去年) 지난해 작년.									
간지 干支	신유 辛酉	임술 壬戌	계해 癸亥	갑자 甲子	을축 乙丑	병인 丙寅	정묘 丁卯	무진 戊辰	기사 己巳	경오 庚午
지지地支) 상징동물										
단기	2514	2515	2516	2517	2518	2519	2520	2521	2522	2523
유기	732	733	734	735	736	737	738	739	740	741
불기	725	726	727	728	729	730	731	732	733	734
서기	181	182	183	184	185	186	187	188	189	190
한국 韓國	⑧아달나왕 阿達羅王)		⑨벌휴왕伐休王)							
	28	29	30	1	2	3	4	5	6	7
	고구려高句麗) ⑨고국천왕故國川王)									
	3	4	5	6	7	8	9	10	11	12
	백제百濟) ⑤초고왕肖古王)									
	16	17	18	19	20	21	22	23	24	25
중국 中國	후한後漢) ⑫영제靈帝) 四몰歿)								⑬홍농왕 弘農王 1歿	거년去年) 9즉卽)
	4	5	6	1	2	3	4	5	1	1
				중평 中平					4광희8 소영9영 한12중 평 4光熹8 昭寧9永 漢12中 平	
	성무成務)									
	51	52	53	54	55	56	57	48	49	60

	제갈량諸葛亮									
	181~234									
	서주낭야徐州琅琊									

50	다국연표多國年表)								181~200, 2세기	
중요사										
간지 干支	신미 辛未	임신 壬申	계유 癸酉	갑술 甲戌	을해 乙亥	병자 丙子	정축 丁丑	무인 戊寅	기묘 己卯	경진 庚辰
띠동물 그림										
檀紀	2524	2525	2526	2527	2528	2529	2530	2531	2532	2533
儒紀	742	743	744	745	746	747	748	749	750	751
佛紀	735	736	737	738	739	740	741	742	743	744
西紀	191	192	193	194	195	196	197	198	199	200
한국韓國	⑨벌휴왕伐休王)		⑩내해왕(奈解王)							
	8	9	10	11	12	1	2	3	4	5
	고구려高句麗) ⑨고국천왕故國川王)						⑩산상왕山上王)			
	13	14	15	16	17	18	1	2	3	4
	백제百濟) ⑤초고왕肖古王)									
	26	27	28	29	30	31	32	33	34	35
194	고구려, 진대법 실시									
중국中國	거년去年9卽) ⑭헌제獻帝)									
	2	3	4	1	2	1	2	3	4	5
	1즉卽) 중애仲哀)							2몰歿)		
		1	2	3	4	5	6	7	8	9

51	다국연표多國年表)								201~220, 3세기	
중요사										
간지 干支	신사 辛巳	임오 壬午	계미 癸未	갑신 甲申	을유 乙酉	병술 丙戌	정해 丁亥	무자 戊子	기축 己丑	경인 庚寅
지지地支) 상징동물										
단기	2534	2535	2536	2537	2538	2539	2540	2541	2542	2543
유기	752	753	754	755	756	757	758	759	760	761
불기	745	746	747	748	749	750	751	752	753	754
서기	201	202	203	204	205	206	207	208	209	210
한국韓國	신라新羅) ⑩내해왕奈解王)									
	6	7	8	9	10	11	12	13	14	15
	고구려高句麗) ⑩산상왕山上王)									
	5	6	7	8	9	10	11	12	13	14
	백제百濟) ⑤초고왕肖古王)									
	36	37	38	39	40	41	42	43	44	45
중국中國	후한後漢) ⑭헌제獻 帝) 十후한後漢) 망亡)									
	6	7	8	9	10	11	12	13	14	15
	섭정攝政) 신공神功)									
	1,1	2	3	4	5	6	7	8	9	10

52	다국연표多國年表)								201~220, 3세기	
중요사										
간지 干支	신묘 辛卯	임진 壬辰	계사 癸巳	갑오 甲午	을미 乙未	병신 丙申	정유 丁酉	무술 戊戌	기해 己亥	경자 庚子
띠동물 그림										
檀紀	2544	2545	2546	2547	2548	2549	2550	2551	2552	2553
儒紀	762	763	764	765	766	767	768	769	770	771
佛紀	755	756	757	758	759	760	761	762	763	764
西紀	211	212	213	214	215	216	217	218	219	220
한국 韓國	신라新羅) ⑩내해왕奈解王)									
	16	17	18	19	20	21	22	23	24	25
	고구려高句麗) ⑩산상왕山上王)									
	15	16	17	18	19	20	21	22	23	24
	백제) ⑤초고왕肖古王)				⑥구수왕仇首王)					
	46	47	48	1	2	3	4	5	6	7
중국 中國	후한後漢) ⑭헌제獻 帝) 十후한後漢) 망亡)									
	16	17	18	19	20	21	22	23	24	1
										3 연 강 延康1
	섭정攝 政) 신공(神功)									
	11	12	13	14	15	16	17	18	19	20

53	다국연표多國年表)								221~240, 3세기	
중요사										
간지 干支	신축 辛丑	임인 壬寅	계묘 癸卯	갑진 甲辰	을사 乙巳	병오 丙午	정미 丁未	무신 戊申	기유 己酉	경술 庚戌
지지地支) 상징동물										
단기	2554	2555	2556	2557	2558	2559	2560	2561	2562	2563
유기	772	773	774	775	776	777	778	779	780	781
불기	765	766	767	768	769	770	771	772	773	774
서기	221	222	223	224	225	226	227	228	229	230
한국韓國	신라新羅) ⑩내해왕奈解王)									⑪조분왕
	26	27	28	29	30	31	32	33	34	1
	고구려高句麗) ⑩산상왕山上王)						⑪동천왕(東川王)			
	25	26	27	28	29	30	1	2	3	4
	⑥구수왕仇首王			⑦사반왕沙伴王)						
	8	9	10	11	12	13	14	15	16	17
중국中國	촉제消蜀)소열熱劑)4몰歿		후 주後主)							
	1	2	1	2	3	4	5	6	7	8
	장무 章武		건흥 建興							
	위魏)									
	오吳)	3	4	5	6	7		2	3	4
							태화 太和		(4) 황용 黃龍	
		황무 黃武	2	3	4	5	6	7		2
	섭정攝政) 신공神功)									
	21	22	23	24	25	26	27	28	29	30

	유비劉備		관우關羽)		장비장비		제갈량諸葛亮		여포呂布	
	재위 221~223		?~219		생사?~221		생사181~234			
	촉한蜀漢)의1대황제묘호 소열제		촉한蜀漢)장군		촉蜀)나라명장		촉蜀)정치전략가			
					출생 탁군		산둥성			
	유주幽州)탁군涿郡)									

54	다국연표多國年表)								221~240, 3세기
중요사									

간지 干支	신해 辛亥	임자 壬子	계축 癸丑	갑인 甲寅	을묘 乙卯	병진 丙辰	정사 丁巳	무오 戊午	기미 己未	경신 庚申
띠동물 그림										
檀紀	2564	2565	2566	2567	2568	2569	2570	2571	2572	2573
儒紀	782	783	784	785	786	787	788	789	790	791
佛紀	775	776	777	778	779	780	781	782	783	784
西紀	231	232	233	234	235	236	237	238	239	240
한국 韓國	신라 ⑪조분왕助賁 王)									
	2	3	4	5	6	7	8	9	10	11
	고구려 ⑪동천왕東川王)									
	5	6	7	8	9	10	11	12	13	14
	백제 ⑦사반왕沙伴王)			⑦사반왕 沙伴王 ⑧ 고이왕 古爾王	⑧고이왕古爾王)					
	18	19	20	1	2	3	4	5	6	7
중국 中國										
	9	10	11	12	13	14	15	1	2	3
								연희 延熙		
	5			2	3	4	가화 嘉禾	(2) 青龍	3	
	3		2	3	4	5	6		2	3
	성무成務)									
	21	22	23	24	25	26	27	28	29	30

사마염司馬炎생사236~290

진나라 건 개국남북조시대사람

55		다국연표多國年表)							241~260, 3세기	
埤										
간지 干支	신유 辛酉	임술 壬戌	계해 癸亥	갑자 甲子	을축 乙丑	병인 丙寅	정묘 丁卯	무진 戊辰	기사 己巳	경오 庚午
지지地支) 상징동물										
단기	2574	2575	2576	2577	2578	2579	2580	2581	2582	2583
유기	792	793	794	795	796	797	798	799	800	801
불기	785	786	787	788	789	790	791	792	793	794
서기	241	242	243	244	245	246	247	248	249	250
한국韓國	신라) ⑪조분왕助賁王)						⑫첨해왕沾解王)			
	12	13	14	15	16	17	1	2	3	4
	고구려) ⑪동천왕東川王)							⑫중천왕中川王)		
	15	16	17	18	19	20	21	1	2	3
	백 제) ⑧고이왕古爾王)									
	8	9	10	11	12	13	14	15	16	17
244	위나라의 관구검이 고구려를 침공									
247	신라 첨해 이사금 즉위									
248	고구려 중천왕 즉위									
250										
중국中國	촉蜀) 후 주 後 主)									
	4	5	6	7	8	9	10	11	12	13
	위魏) 제 왕 薺 王)九몰歿)									
	2	3	4	5	6	7	8	9	가평 嘉平	2
	오吳) 대 제 大 帝) 4몰四歿)									
	4	5	6	7	8	9	10	11	12	13
일본日本	신공神功)									
	41	42	43	44	45	46	47	48	49	50

56	다국연표多國年表)								241~260, 3세기	
埤	260년 에데사 전투									
간지 干支	신미 辛未	임신 壬申	계유 癸酉	갑술 甲戌	을해 乙亥	병자 丙子	정축 丁丑	무인 戊寅	기묘 己卯	경진 庚辰
띠동물 그림										
檀紀	2584	2585	2586	2587	2588	2589	2590	2591	2592	2593
儒紀	802	803	804	805	806	807	808	809	810	811
佛紀	795	796	797	798	799	800	801	802	803	804
西紀	251	252	253	254	255	256	257	258	259	260
한국 韓國	⑫첨해왕(沾解王)									
	5	6	7	8	9	10	11	12	13	14
	⑫중천왕中川王)									
	4	5	6	7	8	9	10	11	12	13
	백 제) ⑧고이왕古爾王)									
	18	19	20	21	22	23	24	25	26	27
260년	백제에서 율령이 반포됨.									
중국 中國	촉蜀) 후 주 後 主)									
	14	15	16	17	18	19	20	1	2	3
	위魏) 제왕齊王) 九몰歿)			고귀향공高貴鄉公) 五몰歿)			경요 景耀			
	3	4	5	정원 正元		감로 甘露	2	3	4	경원 景元
	태원5 太元5	신봉2 神鳳	건흥 建興	1	2	태평 太平10		영안10 永安		
일본 日本	신공神功)									
	51	52	53	54	55	56	57	58	59	60

57	다국연표多國年表)								261~280, 3세기	
埤										
간지 干支	신사 辛巳	임오 壬午	계미 癸未	갑신 甲申	을유 乙酉	병술 丙戌	정해 丁亥	무자 戊子	기축 己丑	경인 庚寅
지지地支) 상징동물										
단기	2594	2595	2596	2597	2598	2599	2600	2601	2602	2603
유기	812	813	814	815	816	817	818	819	820	821
불기	805	806	807	808	809	810	811	812	813	814
서기	261	262	263	264	265	266	267	268	269	270
한국韓國	⑫ 沾解王	신라新羅) ⑬미정왕味鄒王)								
	15	1	2	3	4	5	6	7	8	9
	고구려高句麗) ⑫중천왕									⑬ 서 천 왕
	14	15	16	17	18	19	20	21	22	1
	백제百濟) ⑧고이왕古彌王)									
	28	29	30	31	32	33	34	35	36	37
262	김씨 최초의 왕 미추 이사금 즉위									
270	고구려 서천왕 즉위									
중국中國	촉蜀)후주後主)10몰歿)					촉蜀망		12즉卽)진晋)무제武帝)		
	4	5	1		1	2	3	4	5	6
	위魏) 원제元帝)12					위魏)망亡)				
	2	3	4	1	2					
	오吳) 경제景帝 7몰(歿) 조 정 공 烏 程 公)									
	4	5	6	7	1	1	1	2	3	1
일본	신공神功)									
	61	62	73	64	65	66	67	68	69	70

58		다국연표多國年表)							261~280, 3세기	
埤										
간지 干支	신묘 辛卯	임진 壬辰	계사 癸巳	갑오 甲午	을미 乙未	병신 丙申	정유 丁酉	무술 戊戌	기해 己亥	경자 庚子
띠동물 그림										
檀紀	2604	2605	2606	2607	2608	2609	2610	2611	2612	2613
儒紀	822	823	824	825	826	827	828	829	830	831
佛紀	815	816	817	818	819	820	821	822	823	824
西紀	271	272	273	274	275	276	277	278	279	280
한국 韓國	신라新羅) ⑬미추왕味鄒王)									
	10	11	12	13	14	15	16	17	18	19
	고구려⑬서천왕西川王)									
	2	3	4	5	6	7	8	9	10	11
	백제百濟) ⑧고미왕古彌王)									
	38	39	40	41	42	43	44	45	46	47
중국 中國	12즉卽) 진晋) 무제武帝)									
	7	8	9	10	1	2	3	4	5	1
										오吳 4亡
	2	3	1	2	3	1	1	2	3	4
일본 日本	신공神功)									
	71	72	73	74	75	76	77	78	79	80

59	다국연표多國年表)								281~300, 3세기世紀)	
埤										
간지 干支	신축 辛丑	임인 壬寅	계묘 癸卯	갑진 甲辰	을사 乙巳	병오 丙午	정미 丁未	무신 戊申	기유 己酉	경술 庚戌
지지地支) 상징동물										
단기	2614	2615	2616	2617	2618	2619	2620	2621	2622	2623
유기	832	833	834	835	836	837	838	839	840	841
불기	825	826	827	828	829	830	831	832	833	834
서기	281	282	283	284	285	286	287	288	289	290
한국韓國	⑬미추왕味鄒王)				신라) ⑭유례왕儒禮王)					
	20	21	22	1	2	3	4	5	6	7
	고구려) ⑬서천왕西川王)									
	12	13	14	15	16	17	18	19	20	21
	백제) ⑧고이왕古爾王)					⑨책계왕責稽王)				
	48	49	50	51	52	1	2	3	4	5
중국中國										
	진晋) 무제武帝) 4몰歿)									
	2	3	4	5	6	7	8	9	10	
일본日本	응신應神)									
	81	82	83	84	85	86	87	88	89	90
다1										

60	다국연표多國年表)							281~300, 3세기世紀)		
埤										
간지 干支	신해 辛亥	임자 壬子	계축 癸丑	갑인 甲寅	을묘 乙卯	병진 丙辰	정사 丁巳	무오 戊午	기미 己未	경신 庚申
띠동물 그림										
檀紀	2624	2625	2626	2627	2628	2629	2630	2631	2632	2633
儒紀	842	843	844	845	846	847	848	849	850	851
佛紀	835	836	837	838	839	840	841	842	843	844
西紀	291	292	293	294	295	296	297	298	299	300
한국韓國	신라) ⑭유례왕儒禮王)							⑮기림왕基臨王)		
	8	9	10	11	12	13	14	1	2	3
	고구려	⑭봉상왕烽上王)								⑮美川王
	22	1	2	3	4	5	6	7	8	1
	⑨책계왕責稽王)							⑩분서왕汾西王)		
	6	7	8	9	10	11	12	1	2	3
중국中國	1,1 4 태희 太熙 영희 永熙	1,1 1 영평 永平 3 원강 元康								
	1	2	3	4	5	6	7	8	9	1
일본日本	응신應神)									
	91	92	93	94	94	96	97	98	99	100

61		다국연표多國年表) 기원후시대							301~320, 4세기	
埤										
간지 干支	신유 辛酉	임술 壬戌	계해 癸亥	갑자 甲子	을축 乙丑	병인 丙寅	정묘 丁卯	무진 戊辰	기사 己巳	경오 庚午
지지地支) 상징동물										
단기	2634	2635	2636	2637	2638	2639	2640	2641	2642	2643
유기	852	853	854	855	856	857	858	859	860	861
불기	845	846	847	848	849	850	851	852	853	854
서기	301	302	303	304	305	306	307	308	309	310
한국韓國	신라新羅) ⑮기림왕基臨王)									⑯흘해왕
	4	5	6	7	8	9	10	11	12	1
	고구려) ⑮ 미천왕美川王)									
	2	3	4	5	6	7	8	9	10	11
	백제 ⑩분서왕			⑪비류왕比流王)						
	4	5	6	1	2	3	4	5	6	7
313	백제와 고구려의 협공으로 낙랑군 멸망									
중국中國	진晋) 혜제惠帝) 11몰歿)				민제愍帝) 6몰廢)					
	4	5	6	7	8	9	10	11	12	1
	4) 영녕 永寧 1	12) 태안 太安 1	2	영안건무영안 영흥 永安建武永安 永興	2	(6) 광희 光熙 1	1 영가 永嘉	2	3	4
		성成) 이지 李特)	건초 建初) 2	이웅 건흥 李雄 建興1	2	안평 晏平 1	2	3	5	5
		전조 前趙 유연 劉淵	원희 元熙	3	4	영봉 永鳳	하서 河瑞	청흥 유광 聽	가평 嘉平	2
일본日本	응 신 應 神) 2몰歿)									
	101	102	103	104	105	106	107	108	109	110

62	다국연표多國年表)								301~320, 4세기	
埤										
간지 干支	신미 辛未	임신 壬申	계유 癸酉	갑술 甲戌	을해 乙亥	병자 丙子	정축 丁丑	무인 戊寅	기묘 己卯	경진 庚辰
띠동물 그림										
檀紀	2644	2645	2646	2647	2648	2649	2650	2651	2652	2653
儒紀	862	863	864	865	866	867	868	869	870	871
佛紀	855	856	857	858	859	860	861	862	863	864
西紀	311	312	313	314	315	316	317	318	319	320
한국 韓國	⑯흘해왕訖解王)									
	2	3	4	5	6	7	8	9	10	11
	고구려) ⑮미천왕美川王)									
	2	3	4	5	6	7	8	9	10	11
	⑪비류왕比流王)									
	8	9	10	11	12	13	14	15	16	17
313	백제와 고구려의 협공으로 낙랑군 멸망									
중국 中國	4몰즉卽) 민제愍帝) 11몰歿)									
	2	3	4	5	6	7	8	9	10	11
	5	6	4) 건흥 建興1	2	3	4	건무 建武1	태흥 太興 1	2	3
	2	3	4	5	6	7	8	9	10	
	3	4	건원 建元	1린가 麟嘉	2	유요광 劉曜光初	2	3	무원茂元 장영張永	
			후 조 後 趙)							
			1 궤홍軌興 장건張建		3 4	5	6	7		
			2 장식張寔 건흥建興							
本 일 본 日	1즉卽) 인덕仁德)									
			1	2	3	4	5	6	7	8

63	다국연표多國年表)								321~340,4세기世紀)	
埤										
간지 干支	신사 辛巳	임오 壬午	계미 癸未	갑신 甲申	을유 乙酉	병술 丙戌	정해 丁亥	무자 戊子	기축 己丑	경인 庚寅
지지地支) 상징동물										
단기	2654	2655	2656	2657	2658	2659	2660	2661	2662	2663
유기	872	873	874	875	876	877	878	879	880	881
불기	865	866	867	868	869	870	871	872	873	874
서기	321	322	323	324	325	326	327	328	329	330
한국韓國	신라新羅) ⑯흘해왕訖解王)									
	12	13	14	15	16	17	18	19	20	21
	고구려高句麗) ⑮미천왕*美川王)									
	22	23	24	25	26	27	28	29	30	31
	백제百濟) ⑪비류왕比流王)									
	18	19	20	21	22	23	24	25	26	27
중국中國	원제元帝) 11몰歿)		명제明帝) 8몰歿)			성제成帝)				
	4	영창 永昌	태영 太寧	2	3	1함화 咸和	2	3	4	5
	성成) 11	12	13	14	15	16	17	18	19	20
	전조 前趙 4	5	6	7	8	9	10	11	12	
	후조 後趙 3	4	5	6	7	8	9	태화 太和	2	
	전양 前涼 2	3	4	장준 태원 張駿 太元	2	3	4	5	6	
일본	인덕仁德)									
	9	10	11	12	13	14	15	16	17	18

64	다국연표多國年表)							321~340, 4세기世紀)		
埤										
간지 干支	신묘 辛卯	임진 壬辰	계사 癸巳	갑오 甲午	을미 乙未	병신 丙申	정유 丁酉	무술 戊戌	기해 己亥	경자 庚子
띠동물 그림										
檀紀	2664	2665	2666	2667	2668	2669	2670	2671	2672	2673
儒紀	882	883	884	885	886	887	888	889	890	891
佛紀	875	876	877	878	879	880	881	882	883	884
西紀	331	332	333	334	335	336	337	338	339	340
한국 韓國	신라新羅) ⑯흘해왕訖解王)									
	22	23	24	25	26	27	28	29	30	31
	고구려高句麗) ⑯고국원왕故國元王)									
	1	2	3	4	5	6	7	8	9	10
	백제百濟) ⑪비류왕比流王)									
	28	29	30	31	32	33	34	35	36	37
중국 中國	성제成帝)									
	6	7	8	9	함강 咸康	2	3	4	5	6
	21	22	23	이반 李期	옥항玉 恒	2	3	李壽 漢興	2	3
	망亡									
	건평 建平	2	3	석홍 정희 石弘 延熙	석호 정희 石虎 延熙	건무 建武	2	3	4	5
	7	8	9	10	11	12	13	14	15	16
일본 日本	인덕仁德)									
	19	20	21	22	23	24	25	26	27	28

65	다국연표多國年表)								341~360, 4세기世紀)	
埤										
간지 干支	신축 辛丑	임인 壬寅	계묘 癸卯	갑진 甲辰	을사 乙巳	병오 丙午	정미 丁未	무신 戊申	기유 己酉	경술 庚戌
지지地支) 상징동물										
단기	2674	2675	2676	2677	2678	2679	2680	2681	2682	2683
유기	892	893	894	895	896	897	898	899	900	901
불기	885	886	887	888	889	890	891	892	893	894
서기	341	342	343	344	345	346	347	348	349	350
한국韓國	신라新羅) ⑯흘 해 왕 訖 解 王)									
	32	33	34	35	36	37	38	39	40	41
	고구려高句麗) ⑯고 국 원 왕 故 國 元 王)									
	11	12	13	14	15	16	17	18	19	20
	백제百제) ⑪비류왕比流王)			⑫계왕契王)		⑬근초고왕近肖古王)				
	38	39	40	1	2	1	2	3	4	5
중국中國	성재成帝)六歿)			동보東普) 목제穆帝)						
	7	8	건원 建元	2	영화 永和	2	3	4	5	6
	4	5	6	이세 태화 李勢 太和	2	가영 嘉寧	2	亡망 전진前秦)		
	後趙)	8	9	10	11	12	13	14	석세石世석준石遵 석감石鑑석용青龍	
	前凉)	19	20	21	22	장중 영악 張重 永樂	2	3	4	5
일본日本	인덕仁德)									
	29	30	31	32	33	34	35	36	37	38

66	다국연표多國年表)							341~360, 4세기世紀)		
埤										
간지 干支	신해 辛亥	임자 壬子	계축 癸丑	갑인 甲寅	을묘 乙卯	병진 丙辰	정사 丁巳	무오 戊午	기미 己未	경신 庚申
띠동물 그림										
檀紀	2684	2685	2686	2687	2688	2689	2690	2691	2692	2693
儒紀	902	903	904	905	906	907	908	909	910	911
佛紀	895	896	897	898	899	900	901	902	903	904
西紀	351	352	353	354	355	356	357	358	359	360
한국韓國	신라新羅)⑯흘 해 왕 訖 解 王)						⑰내물왕奈勿王)			
	42	43	44	45	46	1	2	3	4	5
	고구려高句麗) ⑯고 국 원 왕 故 國 元 王)									
	21	22	23	24	25	26	27	28	29	30
	⑬근초고왕近肖古王)									
	6	7	8	9	10	11	12	13	14	15
중국中國	동보東普) 목제穆帝)									
	7	8	9	10	11	12	승평 升平	2	3	4
	符建皇始		2	3	4		부견영흥 符堅永興	2	감로甘露	2
		石祇永寧 冉閔永興		3	망亡					
	6	7	8	장조화평 張祚和平	장현정시 張靚太始	2	건원建元	2	3	4
일본日本	인덕仁德)									
	39	40	41	42	43	44	45	46	47	48

67	다국연표多國年表)							361~380, 4세기世紀)		
埤										
간지 干支	신유 辛酉	임술 壬戌	계해 癸亥	갑자 甲子	을축 乙丑	병인 丙寅	정묘 丁卯	무진 戊辰	기사 己巳	경오 庚午
지지地支) 상징동물										
단기	2694	2695	2696	2697	2698	2699	2700	2701	2702	2703
유기	912	913	914	915	916	917	918	919	920	921
불기	905	906	907	908	909	910	911	912	913	914
서기	361	362	363	364	365	366	367	368	369	370
한국韓國	신라新羅) ⑰내물왕奈勿王)									
	6	7	8	9	10	11	12	13	14	15
	고구려高句麗) ⑯고국원故國元王)									
	31	32	33	34	35	36	37	38	39	40
	백제百濟) ⑬근초고왕近肖古王)									
	16	17	18	19	20	21	22	23	24	25
중국中國	애제哀帝 2몰歿)					제폐혁帝廢奕) 11폐廢)				
	5	1 융화 隆和	2) 1 흥영 興寧	2	3	1 태화 太和	2	3	4	5
	전진 前秦	4	5	6	1	2	3	4	5	6
	전연 前燕	3	4	5	6	7	8	9	10	11
	전량 前凉	5 승평 升平	장천석 태창 張天錫 太淸 1	2	3	4	5	6	7	8
	도연명 陶淵明	365~427	무릉도원 노래한 가난한 시인. 심양시 상헌장 시성주장							
일본日本	인덕仁德)									
	49	50	51	52	53	54	55	56	57	58

68	다국연표多國年表)								361~380,4세기世紀)	
埤										
간지 干支	신미 辛未	임신 壬申	계유 癸酉	갑술 甲戌	을해 乙亥	병자 丙子	정축 丁丑	무인 戊寅	기묘 己卯	경진 庚辰
띠동물 그림										
檀紀	2704	2705	2706	2707	2708	2709	2710	2711	2712	2713
儒紀	922	923	924	925	926	927	928	929	930	931
佛紀	915	916	917	918	919	920	921	922	923	924
西紀	371	372	373	374	375	376	377	378	379	380
한국韓國	신라新羅)		⑰내물왕奈勿王)							
	16	17	18	19	20	21	22	23	24	25
		⑰소수림왕小獸林王)								
	1	2	3	4	5	6	7	8	9	10
	⑬근초고왕近肖古王)				⑭근구수왕近仇首王)					
	26	27	28	29	1	2	3	4	5	6
372	고구려, 불교 전래									
372	고구려, 태학 설치									
중국中國	간문제7몰簡文帝7歿)			효무제孝武帝)						
	11) 1 함 안 咸安.	2	1 영강 寧康	2	3	1 태원 太元	2	3	4	5
	7	8	9	10	11	12	13	14	15	16
	전연前燕)2망亡)2									
	9	10	11	12	13	14	전량前涼)5망亡)			
일본日本	인덕仁德)									
	59	60	61	62	63	64	65	66	67	68

69	다국연표多國年表)							381~400, 4세기世紀)		
埤										
간지 干支	신사 辛巳	임오 壬午	계미 癸未	갑신 甲申	을유 乙酉	병술 丙戌	정해 丁亥	무자 戊子	기축 己丑	경인 庚寅
지지地支) 상징동물										
단기	2714	2715	2716	2717	2718	2719	2720	2721	2722	2723
유기	932	933	934	935	936	937	938	939	940	941
불기	925	926	927	928	929	930	931	932	933	934
서기	381	382	383	384	385	386	387	388	389	390
한국韓國		신라新羅) ⑰내물왕奈勿王)								
	46	1	2	3	4	5	6	7	8	9
	高句麗)⑰소수림왕 小獸林王)				⑱고국양왕故國壤王)					
	11	12	13	14	15	16	17	18	19	20
	백제)⑭근구수왕近仇首王)				⑮침류왕 枕流王	⑯진왕辰斯王)				
	7	8	9	1	1	2	3	4	5	6
384	백제, 불교 전래									
중국中國	동보東普) 효무제孝武帝) 9몰歿)									
	5	元興 원흥	2	3	義熙 의희	2	3	4	5	6
	남연 南燕	3	4	5	太上 태산	2	3	4	5	6
	후연 後燕	귀웅 貴雄	3	4	5	6	건시 정시 建始 正始	2	3	망 하夏
	후진 後秦	4	5	6	7	8	9	10	11	12
	서진 西秦	15	16	17	18	19	의희 義熙	4	갱시 更始	2
	후양 後凉	3	4	서양 西凉	건초 建初	2	3	4	5	6
	북위 北魏)	5	6	천사 天賜	2	3	4	5	명원제 明元帝	영흥 永興
	남양 南凉	홍창 弘昌	2	3	4	5	6	1	가평 嘉平	3
	북량 北凉	영안 永安	3	4	5	6	7	8	9	10
일본	이중履中)三몰歿)			一즉卽)반정反正)一몰歿)						
	2	3	4	5	6	1	2	3	4	5

70		다국연표多國年表)						381~400,4 세기世紀)		
埤										
간지 干支	신묘 辛卯	임진 壬辰	계사 癸巳	갑오 甲午	을미 乙未	병신 丙申	정유 丁酉	무술 戊戌	기해 己亥	경자 更子
띠동물 그림										
檀紀	2724	2725	2726	2727	2728	2729	2730	2731	2732	2733
儒紀	942	943	944	945	946	947	948	949	950	951
佛紀	935	936	937	938	939	940	941	942	943	944
西紀	391	392	393	394	395	396	397	398	399	400
한국韓國	신라新羅)		⑰내물왕奈勿王)							
	10	11	13	13	14	15	1	2	3	4
	⑱고국양왕		⑲광개토왕廣開土王) 효태왕孝太王)							
	21	22	1	2	3	4	5	6	7	8
		⑰아신왕阿莘王)								
	7	1	2	3	4	5	6	7	8	9
중국中國	동보東普)효무제孝武帝)9몰歿)					안제安帝)				
	7	8	9	10	11	12	13	14	원희 元熙	1 영 초 永初
	北燕 북연	5		7	8	9	10	11	12	
		6	1	2	3	4	5	1	1	2
	13	14	15	16	17		2	망亡		
	3	영강 永康	2	3	4	5	6	7	8	건홍 建弘
	7	8	9	10	11	12	1	2	3	영건 永
	3	4	5	신서 神瑞	2	태상 泰常	2	3	4	5
	4	5	6	7	망					
	11	현시 玄始	2	3	4	5	6	7	8	9
일본日本		十二즉(卽) 윤공(允恭)								
		1	2	3	4	5	6	7	8	9

71			다국연표多國年表)						401~420, 5세기世紀)	
埤										
간지 干支	신축 辛丑	임인 壬寅	계묘 癸卯	갑진 甲辰	을사 乙巳	병오 丙午	정미 丁未	무신 戊申	기유 己酉	경술 庚戌
지지地支) 상징동물										
단기	2734	2735	2736	2737	2738	2739	2740	2741	2742	2743
유기	952	953	954	955	956	957	958	959	960	961
불기	945	946	947	948	949	950	951	952	953	954
서기	401	402	403	404	405	406	407	408	409	410
한국韓國	⑰奈勿王	신라新羅) ⑱실성왕(實聖王)								
	46	1	2	3	4	5	6	7	8	9
	고구려高句麗) ⑲ 광개토대왕廣開土大王)									
	11	12	13	14	15	16	17	18	19	20
	⑰아신왕阿莘王)				백제) ⑱전지왕腆支王)					
	10	11	12	13	1	2	3	4	5	6
405	제, 한학을 일본에 전함									
중국中國	동보東普) 안제安帝)12몰歿)									
	5	元興 원흥	2	3	義熙 의희	2	3	4	5	6
	5	元興 원흥	2	3	義熙 의희	2	3	4	5	6
	남연 南燕	3	4	5	太上 태산	2	3	4	5	6
	후연 後燕	귀웅 貴雄	3	4	5	6	건시 정시 建始 正始	2	3	망하夏
	후진 後秦	4	5	6	7	8	9	10	11	12
	서진 西秦	15	16	17	18	19	의희 義熙	4	갱시 更始	2
	후양 後凉	3	4	서양 西凉	건초 建初	2	3	4	5	6
	북위 北魏)	5	6	천사 天賜	2	3	4	5	明元帝 명원제	영흥 永興
	남양 南凉	홍창 弘昌	2	3	4	5	6	1	가평 嘉平	3
	북량 北凉	영안 永安	3	4	5	6	7	8	9	10
일본日本	이중(履中)三몰(歿)				一즉(卽)반정(反正)一몰(歿)					
	2	3	4	5	6	1	2	3	4	5

72		다국연표多國年表)						401~420, 5세기世紀)		
埤										
간지 干支	신해 辛亥	임자 壬子	계축 癸丑	갑인 甲寅	을묘 乙卯	병진 丙辰	정사 丁巳	무오 戊午	기미 己未	경신 庚申
띠동물 그림										
檀紀	2744	2745	2746	2747	2748	2749	2750	2751	2752	2753
儒紀	962	963	964	965	966	967	968	969	970	971
佛紀	955	956	957	958	959	960	961	962	963	964
西紀	411	412	413	414	415	416	417	418	419	420
한국韓國	신라新羅) ⑱실성왕(實聖王)						⑲눌지왕訥祇王)			
	10	11	13	13	14	15	1	2	3	4
			장수왕 ⑳長壽王)							
	21	22	1	2	3	4	5	6	7	8
	⑱전지왕腆支王)									⑲구이신왕久爾辛王
	7	8	9	10	11	12	13	14	15	1
중국中國	동보東普) 안제安帝)12몰歿)							공제恭帝)6		망亡
	7	8	9	10	11	12	13	14	원희 元熙	1 영초 永初
	北燕 북연	5		7	8	9	10	11	12	
	8	9	10	11	12	13	14	원희 元熙	1 영초 永初	
	5		7	8	9	10	11	12		
	6	1	2	3	4	5	1	1	2	
	14	15	16	17		2	망亡			
	영강 永康	2	3	4	5	6	7	8	건홍 建弘	
	8	9	10	11	12	1	2	3	영건 永	
	4	5	신서 神瑞	2	태상 泰常	2	3	4	5	
	5	6	7	망						
	현시 玄始	2	3	4	5	6	7	8	9	
일본日本		十二즉(卽) 윤공(允恭)								
		1	2	3	4	5	6	7	8	9

73	다국연표多國年表)							421~440, 5세기世紀)		
埤										
간지 干支	신유 辛酉	임술 壬戌	계해 癸亥	갑 자 甲子	을 축 乙丑	병 인 丙寅	정 묘 丁卯	무 진 戊辰	기 사 己巳	경오 庚午
지지地支) 상징동물										
단기	2754	2755	2756	2757	2758	2759	2760	2761	2762	2763
유기	972	973	974	975	976	977	978	979	980	981
불기	965	966	967	968	969	970	971	972	973	974
서기	421	422	423	424	425	426	427	428	429	430
한국 韓國	신라新羅) ⑲눌지왕訥祗王)									
	5	6	7	8	9	10	11	12	13	14
	고구려高句麗) ⑳장수왕長壽王)									
	9	10	11	12	13	14	15	16	17	18
	백제) ⑲구이신왕久爾辛王)							⑳비유왕毗有王)		
	2	3	4	5	6	7	1	2	3	4
427	고구려 장수왕, 평양 천도									
중국 中國	송宋)무제武帝 5 몰歿		소제少帝6몰歿		송宋) 문제文帝)					
	2	3	경평 景平1	원가 元嘉1	2	3	4	5	6	7
	북연 北燕 13		14	15	16	17	18	19	20	21
	하 夏 4	5	6	승강 承光1	2	3	승광 勝光	2	3	
	서 진 西秦	2	3	4	5	6	7	8 영 홍 永弘1	2	3
	서 량 西涼 2	4								
	북 위 北魏	7	8	대무 제大 武帝	시광 始光	3	4	신응 神鷹1	2	3
	북 량 北涼 10	11	12	13	14	15	16	승현 承玄1	2	3
일본 日本	윤공允恭)									
	10	11	12	13	14	15	16	17	18	19

74	다국연표多國年表)							421~440, 5세기世紀)		
埤										
간지 干支	신미 辛未	임신 壬申	계유 癸酉	갑술 甲戌	을해 乙亥	병자 丙子	정축 丁丑	무인 戊寅	기묘 己卯	경진 庚辰
띠동물 그림										
檀紀	2764	2765	2766	2767	2768	2769	2770	2771	2772	2773
儒紀	982	983	984	985	986	987	988	989	990	991
佛紀	975	976	977	978	979	980	981	982	983	984
西紀	431	432	433	434	435	436	437	438	439	440
한국韓國	신라新羅) ⑲눌지왕訥祇王)									
	15	16	17	18	19	20	21	22	23	24
	고구려高句麗) ⑳장수왕長壽王)									
	19	20	21	22	23	24	25	26	27	28
	⑳비유왕毗有王)									
	5	6	7	8	9	10	11	12	13	14
433	백제와 신라, 나제동맹을 맺음									
중국中國	송宋) 문제文帝)									
	8	9	10	11	12	13	14	15	16	17
	22	대흥 大興1	2	3	4	5	6			
	망									
	망									
	연화 延和1	2	3	대연 大延1	2	3	4	5	太平 眞君	
		2영화 永和1	2	3	4	5	6	7	망亡	
				3						
일본日本	윤공允恭)									
	20	21	22	23	24	25	26	27	28	29

75	다국연표多國年表)						441~460, 5세기世紀)			
埤										
간지 干支	신사 辛巳	임오 壬午	계미 癸未	갑신 甲申	을유 乙酉	병술 丙戌	정해 丁亥	무자 戊子	기축 己丑	경인 庚寅
지지地支) 상징동물										
단기	2774	2775	2776	2777	2778	2779	2780	2781	2782	2783
유기	992	993	994	995	996	997	998	999	1000	1001
불기	985	986	987	988	989	990	991	992	993	994
서기	441	442	443	444	445	446	447	448	449	450
한국韓國	신라) ⑲눌 지 왕 訥 祇 王)									
	25	26	27	28	29	30	31	32	33	34
	고구려) ⑳장 수 왕 長 壽 王)									
	29	30	31	32	33	34	35	36	37	38
	⑳비유왕 毗有王									
	15	16	17	18	19	20	21	22	23	24
중국中國	송宋) 문제文帝) 二몰歿)									
	18	19	20	21	22	23	24	25	26	27
	북위北魏) 태 무 제 太 武 帝) 三 몰 歿)									
	2	3	4	5	6	7	8	9	10	11
일본	윤 공 允 恭) 一몰歿)									
	30	31	32	33	34	35	36	37	38	39

76	다국연표多國年表)						441~460, 5세기世紀)			
埤										
간지 干支	신묘 辛卯	임진 壬辰	계사 癸巳	갑오 甲午	을미 乙未	병신 丙申	정유 丁酉	무술 戊戌	기해 己亥	경자 庚子
띠동물 그림										
檀紀	2784	2785	2786	2787	2788	2789	2790	2791	2792	2793
儒紀	1002	1003	1004	1005	1006	1007	1008	1009	1010	1011
佛紀	995	996	997	998	999	1000	1001	1002	1003	1004
西紀	451	452	453	454	455	456	457	458	459	460
한국 韓國	신라) ⑲눌 지 왕 訥 祇 王)							⑳자비왕慈悲王		
	35	36	37	38	39	40	41	1	2	3
	고구려) ⑳장 수 왕 長 壽 王)									
	39	40	41	42	43	44	45	46	47	48
	백제) ⑳비유왕毗有王)				㉑개로왕(蓋鹵王)					
	25	26	27	28	1	2	3	4	5	6
중국 中國	송宋) 문제文帝) 二몰歿)				효무제孝武帝)					
	28	29	30	효건 孝建	2	3	대명 大明	2	3	4
	남안왕 南安王	문성제文成帝)								
	1	1	2	1	1	2	3	4	5	1
일본 日本	윤공允恭) 一몰歿)			安康12卽8歿			十一즉웅략卽雄略)			
	40	41	42	1	2	3	1	2	3	4

77	다국연표多國年表)							461~480, 5세기世紀)		
埤										
간지 干支	신축 辛丑	임인 壬寅	계묘 癸卯	갑진 甲辰	을사 乙巳	병오 丙午	정미 丁未	무신 戊申	기유 己酉	경술 庚戌
지지地支) 상징동물										
단기	2794	2795	2796	2797	2798	2799	2800	2801	2802	2803
유기	1012	1013	1014	1015	1016	1017	1018	1019	1020	1021
불기	1005	1006	1007	1008	1009	1010	1011	1012	1013	1014
서기	461	462	463	464	465	466	467	468	469	470
한국韓國	신라) ⑳자비왕慈悲王)									
	4	5	6	7	8	9	10	11	12	13
	고구려) ⑳장수왕長壽王)									
	49	50	51	52	53	54	55	56	57	58
	백제) ㉑개로왕蓋鹵王)									
	7	8	9	10	11	12	13	14	15	16
중국中國	송宋)효무제孝武帝)五몰歿)				폐제廢帝) 11歿		명제明帝) 四몰歿)			
	5	6	7	8	1	2	3	4	5	6
	북위北魏)				헌문제獻文帝)八					
	2	3	4	5	6	1 천안 天安	8 황흥 皇興	2	3	4
일본日本	웅략雄略) 八몰歿)									
	5	6	7	8	9	10	11	12	13	14

78	다국연표多國年表)								461~480, 5세기世紀)
埤									

간지 干支	신해 辛亥	임자 壬子	계축 癸丑	갑인 甲寅	을묘 乙卯	병진 丙辰	정사 丁巳	무오 戊午	기미 己未	경신 庚申
띠동물 그림										
檀紀	2804	2805	2806	2807	2808	2809	2810	2811	2812	2813
儒紀	1022	1023	1024	1025	1026	1027	1028	1029	1030	1031
佛紀	1015	1916	1017	1018	1019	1020	1021	1022	1023	1024
西紀	471	472	473	474	475	476	477	478	479	480
한국韓國	신라) ⑳자비왕慈悲王)								㉑소지왕炤知王)	
	14	15	16	17	18	19	20	21	1	2
	고구려) ⑳장 수 왕 長壽王									
	59	60	61	62	63	64	65	66	67	68
	백제) ㉑개로왕蓋鹵王)				㉒ 文周王 문주왕		㉓ 三斤王 삼근왕		㉔ 東城王 동성왕	
	17	18	19	20	1	2	1	2	1	2
중국中國	후폐제七몰後廢帝)七歿						順帝 순제 5歿		재蕭) 고 제 高 帝	
	7	1	1	2	3	4	1	2	1	2
	효 문 제孝文帝)									
	8 연흥 延興	2	3	4	5	6 승명 承明	태화 太和	2	3	4
일본日本	웅 략 雄 略) 八몰歿)									
	15	16	17	18	19	20	21	22	23	1

79	다국연표多國年表)							481~500, 5세기世紀)		
埤										
간지 干支	신유 辛酉	임술 壬戌	계해 癸亥	갑자 甲子	을축 乙丑	병인 丙寅	정묘 丁卯	무진 戊辰	기사 己巳	경오 庚午
지지地支) 상징동물									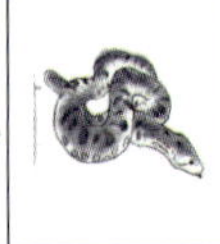	
단기	2814	2815	2816	2817	2818	2819	2820	2821	2822	2823
유기	1032	1033	1034	1035	1036	1037	1038	1039	1040	1041
불기	1025	1026	1027	1028	1029	1030	1031	1032	1033	1034
서기	481	482	483	484	485	486	487	488	489	490
한국韓國	신라) ㉑소 지 왕 炤 知 王)									
	3	4	5	6	7	8	9	10	11	12
	고구려) ⑳장 수 왕 長 壽 王)									
	69	70	71	72	73	74	75	76	77	78
	백제) ㉔동 성 왕 東 城 王)									
	3	4	5	6	7	8	9	10	11	12
중국中國	고제高帝) 3몰歿)		제齊) 무제武帝) 7몰歿)							
	3	4	영명 永明	2	3	4	5	6	7	8
	북위北魏) 효문제孝文帝) 4몰歿)									
	5	6	7	8	9	10	11	12	13	14
일본日本	청령淸寧)1몰歿)			1즉卽) 순종順宗) 4몰歿				1즉卽) 인현仁賢) 8몰歿)		
	2	3	4	5	1	2	3	1	2	3

80	다국연표多國年表)								481~500,5세기世紀)	
埤										
간지 干支	신미 辛未	임신 壬申	계유 癸酉	갑술 甲戌	을해 乙亥	병자 丙子	정축 丁丑	무인 戊寅	기묘 己卯	경진 庚辰
띠동물 그림										
檀紀	2824	2825	2826	2827	2828	2829	2830	2831	2832	2833
儒紀	1042	1043	1044	1045	1046	1047	1048	1049	1050	1051
佛紀	1035	1036	1037	1038	1039	1040	1041	1042	1043	1044
西紀	491	492	493	494	495	496	497	498	499	500
한국 韓國	신라) ㉑소지왕炤知王)									㉒智證王
	13	14	15	16	17	18	19	20	21	1
	고구려)	㉑문자명왕文咨明王)								
	79	1	2	3	4	5	6	7	8	9
	백제) ㉔동성왕東城王)									
	13	14	15	16	17	18	19	20	21	22
494	부여, 고구려에 의해 멸망									
중국 中國	제齊) 무제武帝) 7몰歿)		창임彭林) 해능海陵)		명제明帝) 7몰歿)				동혼후東昏後	
	9	10	11	융창 隆昌) 7연흥 延興) 10건무 建武2		3	4	4 영진 永秦	영명 永明	2
	북위北魏) 효문제孝文帝) 4몰歿)								선무제宣武帝	
	15	16	17	18	19	20	21	22	23	경명 景明
일본 日本	1즉卽) 인현仁賢) 8몰歿)						12즉卽) 무열武烈)			
	4	5	6	7	8	9	10	11	1	2

81	다국연표多國年表)							501~520, 6세기世紀)		
埤										
간지 干支	신사 辛巳	임오 壬午	계미 癸未	갑신 甲申	을유 乙酉	병술 丙戌	정해 丁亥	무자 戊子	기축 己丑	경인 庚寅
지지地支) 상징동물										
단기	2834	2835	2836	2837	2838	2839	2840	2841	2842	2843
유기	1052	1053	1054	1055	1056	1057	1058	1059	1060	1061
불기	1045	1046	1047	1048	1049	1050	1051	1052	1053	1054
서기	501	502	503	504	505	506	507	508	509	510
한국韓國	신라)㉒지증왕智證王)									
	12	13	14	1	2	3	4	5	6	7
	고구려) ㉑문자명왕文咨明王)								㉒安藏王 안장왕	
	20	21	22	23	24	25	26	27	1	2
	백제) ㉕무령왕武寧王)									
	11	12	13	14	15	16	17	18	19	20
512	신라, 우산국 정벌.									
520	신라, 율령 반포.									
중국中國	四卽) 양讓) 무제武帝)									
	19	11	12	13	14	15	16	17	18	보통 普通
	북위北魏) 선무제宣武帝)				효명제孝明帝)					
	4	4 연창 1 延昌	2	3	4	희평 熙平	2	신구 神龜	2	7 정광 1 正光
일본日本	2즉卽) 계체 繼體)									
	5	6	7	8	9	10	11	12	13	14

82	다국연표多國年表)							501~520,6세기世紀)		
埤										
간지 干支	신묘 辛卯	임진 壬辰	계사 癸巳	갑오 甲午	을미 乙未	병신 丙申	정유 丁酉	무술 戊戌	기해 己亥	경자 庚子
띠동물 그림										
檀紀	2844	2845	2846	2847	2848	2849	2850	2851	2852	2853
儒紀	1062	1063	1064	1065	1066	1067	1068	1069	1070	1071
佛紀	1055	1056	1057	1058	1059	1060	1061	1062	1063	1064
西紀	511	512	513	514	515	516	517	518	519	520
한국 韓國	신라) 지증왕智證王)			㉓법흥왕法興王)						
	12	13	14	1	2	3	4	5	6	7
	고구려) ㉑문자명왕文咨明王)								㉒안장왕 安臧王)	
	20	21	22	23	24	25	26	27	1	2
	백제) ㉕무령왕武寧王)									
	11	12	13	14	15	16	17	18	19	20
512	신라, 우산국 정벌									
520	신라, 율령 반포									
중국 中國	四卽) 양讓) 무제武帝)									
	19	11	12	13	14	15	16	17	18	보통 普通
	북위北魏) 선무제宣武帝)				효명제孝明帝)					
	4	4 연창 1 延昌	2	3	4	희평 熙平	2	신구 神龜	2	7 정광 1 正光
일본 日本	2즉卽) 계체 繼體)									
	5	6	7	8	9	10	11	12	13	14

83	다국연표多國年表)							521~540, 6세기世紀)		
埤										
간지 干支	신축 辛丑	임인 壬寅	계묘 癸卯	갑진 甲辰	을사 乙巳	병오 丙午	정미 丁未	무신 戊申	기유 己酉	경술 庚戌
지지地支) 상징동물										
단기	2854	2855	2856	2857	2858	2859	2860	2861	2862	2863
유기	1072	1073	1074	1075	1076	1077	1078	1079	1080	1081
불기	1065	1066	1067	1068	1069	1070	1071	1072	1073	1074
서기	521	522	523	524	525	526	527	528	529	530
한국韓國	신라) ㉓법흥왕法興王)									
	8	9	10	11	12	13	14	15	16	17
	고구려) ㉒안장왕安藏王)									
	3	4	5	6	7	8	9	10	11	12
	㉕무령왕武寧王		백제)성왕聖王)							
	21	22	1	2	3	4	5	6	7	8

이차돈異次頓)(506~527). '거차돈'居次頓) 또는 염촉이라고 한다. 속가에서의 성씨)는 박朴)씨, 또는 김씨. 지증왕 7년(506년), 법흥왕 14년(527년). 신라 법흥왕法興王)의 근신近信)이다.

중국中國	양梁) 무제武帝)									
	2	3	4	5	6	7	3 대 통 大通1	2	10중대 통中大 通 1	2
	북위北魏) 孝明帝 효명제二몰(歿)									
	2	3	4	5	효창孝昌	2	3	무진武 秦건의 建義영 안永安	2	건명建明
일본日本	계체 繼體)二몰歿)									
	15	16	17	18	19	20	21	22	23	24

	성왕聖王									
	백제제26대왕									

84	다국연표多國年表)							521~540, 6세기世紀)		
埤										
간지 干支	신해 辛亥	임자 壬子	계축 癸丑	갑인 甲寅	을묘 乙卯	병진 丙辰	정사 丁巳	무오 戊午	기미 己未	경신 庚申
띠동물 그림										
檀紀	2864	2865	2866	2867	2868	2869	2870	2871	2872	2873
儒紀	1082	1083	1084	1085	1086	1087	1088	1089	1090	1091
佛紀	1075	1076	1077	1078	1079	1080	1081	1082	1083	1084
西紀	531	532	533	534	535	536	537	538	539	540
한국韓國	신라) ㉓법흥왕法興王)									㉔ 진흥왕
	18	19	20	21	22	23	24	25	26	1
		㉓안원왕安原王)								
	1	2	3	4	5	6	7	8	9	10
	백제) ㉖성왕聖王)									
	9	10	11	12	13	14	15	16	17	18
532	-금관가야, 신라에 멸망									
538	-백제 성왕, 사비 천도									
중국中國	양梁) 무제武帝)									
	3	4	5	6	대동大同1	2	3	4	5	6
	보진普秦 중흥中興	태창太昌 영흥永興 영희永熙	3	4	동위東魏)효정제孝靜帝)					
	천평天平	3	4	원상元象	흥화興和	2				
일본日本	2즉안한十二몰2卽安閑十二歿				12즉선화二몰12卽宣化二歿				12흠명欽明	
	25			1	2	1	2	3	4	1

85	다국연표多國年表)							541~560, 6세기世紀)		
埤										
간지 干支	신유 辛酉	임술 壬戌	계해 癸亥	갑자 甲子	을축 乙丑	병인 丙寅	정묘 丁卯	무진 戊辰	기사 己巳	경오 庚午
지지地支) 상징동물										
단기	2874	2875	2876	2877	2878	2879	2880	2881	2882	2883
유기	1092	1093	1094	1095	1096	1097	1098	1099	1100	1101
불기	1085	1086	1087	1088	1089	1090	1091	1092	1093	1094
서기	541	542	543	544	545	546	547	548	549	550
한국 韓國	신라) ㉔진흥왕眞興王)									
	2	3	4	5	6	7	8	9	10	11
	㉓안원왕安原王)				고구려) ㉓양원왕陽原王)					
	11	12	13	14	1	2	3	4	5	6
	백제) ㉖성왕聖王)									
	19	20	21	22	23	24	25	26	27	28
545	신라, 《국사》 편찬									
중국 中國	양梁)무제武帝) 五몰歿)							간문제簡文帝8몰歿)		
	7	8	9	10	11	4中大同	4태청太清	2	3	대보 大寶
	7	8	9	10	11	4中大同	4태청太清	2	3	대보 大寶
	서위西魏)문제文帝)三몰歿)								폐제廢帝)	
	7	8	9	10	11	12	13	14	15	16
	동위東魏)효정제孝靜帝) 5몰歿)									북제北齊) 문선제文宣帝)10몰歿)
	3	4	무정 武定	2	3	4	5	6	7	5 천보 天保
	후양後梁)									
	후양 後梁7	천보 天保	2	3	4	5	6	7	8	9
일본	흠명欽明) 四몰歿)									
	22	23	24	25	26	27	28	29	30	31

86	다국연표多國年表)						541~560, 6세기世紀)			
埤										
간지 干支	신미 辛未	임신 壬申	계유 癸酉	갑술 甲戌	을해 乙亥	병자 丙子	정축 丁丑	무인 戊寅	기묘 己卯	경진 庚辰
띠동물 그림										
檀紀	2884	2885	2886	2887	2888	2889	2890	2891	2892	2893
儒紀	1102	1103	1104	1105	1106	1107	1108	1109	1110	1111
佛紀	1095	1096	1097	1098	1099	1100	1101	1102	1103	1104
西紀	551	552	553	554	555	556	557	558	559	560
한국韓國	신라) ㉔진흥왕眞興王)									
	12	13	14	15	16	17	18	19	20	21
	고구려) ㉓양원왕陽原王)									㉕평원왕
	7	8	9	10	11	12	13	14	1	2
	㉖성왕聖王)			㉗위덕왕威德王)						
	29	30	31	1	2	3	4	5	6	7
중국中國		예장왕 豫章王	원제10몰 元帝十歿	정양후 貞陽侯	경제10망 敬帝十亡	陈武帝六 몰	문제 文帝			
	천정 天正	10승성 承聖	2		3	4	4천성 天成 소진 紹秦	9 태평 太平	2	3
	廢帝	공제恭帝12망(亡)		북주효민제 北周孝閔帝		효명제몰 孝明帝歿				
		폐제廢帝)		공제恭帝 12망(亡)		북주효민제 北周孝閔帝		효명제몰 孝明帝歿		
	17	1	2	1	2	3	1	2	1	2
	북제北齊) 문선제文宣帝) 10몰歿)									
	2	3	4	5	6	7	8	9	10乾明皇建	
	후양後梁)			선대제정1 宣大帝政一		23	4	5	6	
	10	11	12	13	14	15	16	17	18	19
	四즉卽) 민달敏達)									
	32	1	2	3	4	5	6	7	8	9

87	다국연표多國年表)						561~580, 6세기世紀)			
埤										
간지 干支	신사 辛巳	임오 壬午	계미 癸未	갑신 甲申	을유 乙酉	병술 丙戌	정해 丁亥	무자 戊子	기축 己丑	경인 庚寅
지지地支) 상징동물										
단기	2894	2895	2896	2897	2898	2899	2900	2901	2902	2903
유기	1112	1113	1114	1115	1116	1117	1118	1119	1120	1121
불기	1105	1106	1107	1108	1109	1110	1111	1112	1113	1114
서기	561	562	563	564	565	566	467	568	569	570
한국韓國	신라) ㉔진흥왕眞興王)									
	22	23	24	25	26	27	28	29	30	31
	고구려) ㉕평원왕平原王)									
	3	4	5	6	7	8	9	10	11	12
	백제) ㉗위덕왕威德王)									
	8	9	10	11	12	13	14	15	16	17
562	신라, 대가야 병합									
중국中國	진陈) 문제文帝) 四몰歿)					임해왕臨海王) 十一폐廢			선제宣帝)	
	2	3	4	5	6	2천강 天康	1광대 光大	2	1태건 太建	2
	북주北周) 무제武帝) 六몰(歿)									
	보정 保定1	2	3	4	5	1천화 天和	2	3	4	5
	北齊) 孝昭帝	무성제武成) 四讓			후주後主) 1양讓)					
	11 태영 太寧	하청 河淸	2	3	천통 天統	2	3	4	5	천통 天統
일본	흠명欽明) 四몰歿)									
	22	23	24	25	26	27	28	29	30	31

88	다국연표多國年表)							561~580, 6세기世紀)		
埤										
간지 干支	신묘 辛卯	임진 壬辰	계사 癸巳	갑오 甲午	을미 乙未	병신 丙申	정유 丁酉	무술 戊戌	기해 己亥	경자 庚子
띠동물 그림										
檀紀	2904	2905	2906	2907	2908	2909	2910	2911	2912	2913
儒紀	1122	1123	1124	1125	1126	1127	1128	1129	1130	1131
佛紀	1115	1116	1117	1118	1119	1120	1121	1122	1123	1124
西紀	571	572	573	574	575	576	577	578	579	580
한국韓國	신라) ㉔진흥왕眞興王)					㉕진지왕眞智王)			㉖眞平王	
	32	33	34	35	36	1	2	3	1	2
	고구려) ㉕평원왕									
	13	14	15	16	17	18	19	20	21	22
	백제) ㉗위덕왕威德王)									
	18	19	20	21	22	23	24	25	26	27
중국中國	선제宣帝)									
	3	4	5	6	7	8	9	10	11	12
	북주北周) 무제武帝) 六몰(歿)									
	6	1 건덕 建德	2	3	4	5	6	선정 宣政	대성 大成 대상 大象	2
	후주後主) 1양讓)							유주 幼主	망亡	
	2	3	4	5	6	건화 乾化	승광 承光			
일본日本	4즉卽) 민달敏達)									
	32	1	2	3	4	5	6	7	8	9

									선화공주善化公主)	
									신라진평왕 셋째딸	

89	다국연표多國年表)								581~600, 6세기世紀)	
埤										
간지 干支	신축 辛丑	임인 壬寅	계묘 癸卯	갑진 甲辰	을사 乙巳	병오 丙午	정미 丁未	무신 戊申	기유 己酉	경술 庚戌
지지地支) 상징동물										
단기	2914	2915	2916	2917	2918	2919	2920	2921	2922	2923
유기	1132	1133	1134	1135	1136	1137	1138	1139	1140	1141
불기	1125	1126	1127	1128	1129	1130	1131	1132	1133	1134
서기	581	582	583	584	585	586	587	588	589	590
한국 韓國	신라) ㉖진평왕眞平王)									
	3	4	5	건복 建福	7	8	9	10	11	12
	고구려) ㉕평원왕平原王)									
	23	24	25	26	27	28	29	30	31	1
	백제) ㉗위덕왕威德王)									
	28	29	30	31	32	33	34	35	36	37
중국 中國	진陈) 帝一歿선제一몰	후주後主)							1진陈)망亡) 수隋) 문제文帝)	
	13	14	지덕 至德	2	3	4	정명 禎明	2		
	수隋) 문제文帝)									
	개황 開皇	2	3	4	5	6	7	8 망亡	개황 開皇	10
	20 후양 後梁	21	22	23	24	廣連 광연				
일본	민달敏達) 八몰歿)				八즉八卽숭준崇峻) 十一 몰歿)			十二 추고 推古)		
	10	11	12	13	14	1	2	1	2	3

坤										
간지 干支	신해 辛亥	임자 壬子	계축 癸丑	갑인 甲寅	을묘 乙卯	병진 丙辰	정사 丁巳	무오 戊午	기해 己亥	경신 庚申
띠동물 그림										
檀紀	2924	2925	2926	2927	2928	2929	2930	2931	2932	2933
儒紀	1142	1143	1144	1145	1146	1147	1148	1149	1150	1151
佛紀	1135	1136	1137	1138	1139	1140	1141	1142	1143	1144
西紀	591	592	593	594	595	596	597	598	599	600
한국韓國	신라) ㉖진평왕眞平王)									
	12	13	14	15	16	17	18	19	20	21
	고구려 ㉖영양왕 嬰陽王)									
	12	13	14	15	16	17	18	19	20	21
	백제) ㉗위덕왕威德王)							㉘혜왕 惠王	㉙법왕 法王	㉚무왕 武王
	38	39	40	41	42	43	44	1	1	1
598	수 문제, 고구려 침공									
중국	1진陈) 망亡) 수隋) 문제文帝)									
	수隋) 문제文帝)									
	11	12	13	14	15	16	17	18	19	20
일본日本	十二 추고 推古)									
	법흥 法興 4私	5	1	2	3	4 법흥6私 法興6私	5	6	7	8

김유신(金庾信, 595년 - 673년)

김유신(595-673) 뛰어난 용맹과 지략으로 고구려와 백제의 공격을 막아내고 삼국 통일을 이룩하는 데 큰 공을 세운 신라의 장군이다。 화랑 출신 소판(蘇判) 겸 대량주도독(大梁州都督)인 김서현(金舒玄)과 입종갈문왕(立宗葛文王)의 아들인 숙흘종(肅訖宗)의 딸이며 지증왕의 증손녀인 만명부인(萬明)의 아들로 가야의 시조 김수로왕의 12대 자손이며、 증조할아버지는 금관가야의 마지막 왕인 구해왕이다。 김유신의 증조할아버지 구해왕이 523년 신라에 항복하면서 신라의 귀족인 진골이 되었다。 김유신의 할아버지는 김무력으로 554년에 관산성 전투에서 백제군을 물리치고 성왕을 전사시킨 공을 세웠고、 아버지 김서현은 629년에 낭비성 전투에서 공을 세웠다。

91	다국연표多國年表)							601~620, 7세기世紀)		
埤										
간지 干支	신유 辛酉	임술 壬戌	계해 癸亥	갑 자 甲子	을 축 乙丑	병 인 丙寅	정 묘 丁卯	무 진 戊辰	기 사 己巳	경오 庚午
지지地支) 상징동물										
단기	2934	2935	2936	2937	2938	2939	2940	2941	2942	2943
유기	1152	1153	1154	1155	1156	1157	1158	1159	1160	1161
불기	1145	1146	1147	1148	1149	1150	1151	1152	1153	1154
서기	601	602	603	604	605	606	607	608	609	610
한국韓國	신라) ㉖진평왕 眞平王)									
	23	24	25	26	27	28	29	30	31	32
	고구려) ㉖영양왕嬰陽王)									
	12	13	14	15	16	17	18	19	20	21
	백제) ㉚무왕武王)									
	2	3	4	5	6	7	8	9	10	11
중국中國	수隋) 문제 文帝7몰歿)			양제 煬帝)						
	인수 仁壽	2	3	4	대락 大樂	2	3	4	5	6
일본日本	추고推古)									
	9	10	11	12	13	14	15	16	17	18

	서동薯童									
	백제법왕의 아들									

92	다국연표多國年表)							601~620, 7세기世紀)		
埤										
간지 干支	신미 辛未	임신 壬申	계유 癸酉	갑술 甲戌	을해 乙亥	병자 丙子	정축 丁丑	무인 戊寅	기묘 己卯	경진 庚辰
띠동물 그림										
檀紀	2944	2945	2946	2947	2948	2949	2950	2951	2952	2953
儒紀	1162	1163	1164	1165	1166	1167	1168	1169	1170	1171
佛紀	1155	1156	1157	1158	1159	1160	1161	1162	1163	1164
西紀	611	612	613	614	615	616	617	618	619	620
한국 韓國	신라) ㉖진평왕眞平王)									
	33	34	35	36	37	38	39	40	41	42
	고구려) ㉖영양왕嬰陽王)							영류왕榮留왕)		
	22	23	24	25	26	27	28	1	2	3
	백제) ㉚무왕武王)									
	12	13	14	15	16	17	18	19	20	21
중국 中國	양제煬帝)					공제5양 恭帝5讓		당)고조 唐)古祖		
	7	8	9	10	11	12	2의령 義寧	5무덕 武德	2	3
일본 日本	추고 推古)									
	19	20	21	22	23	24	25	26	27	28

93	다국연표多國年表)							621~640, 7세기世紀)		
埤	양讓사양할양)=자녀나 남에게 자리를 넘겨주는 것. 왕의 자리를 넘겨주다. 회기回紀)시작									
간지 干支	신사 辛巳	임오 壬午	계미 癸未	갑신 甲申	을유 乙酉	병술 丙戌	정해 丁亥	무자 戊子	기축 己丑	경인 庚寅
지지地支) 상징동물										
단기	2954	2955	2956	2957	2958	2959	2960	2961	2962	2963
유기	1172	1173	1174	1175	1176	1177	1178	1179	1180	1181
불기	1165	1166	1167	1168	1169	1170	1171	1172	1173	1174
회기	1	2	3	4	5	6	7	8	9	10
서기	621	622	623	624	625	726	627	628	629	630
한국 韓國	신라) ㉖진평왕眞平王)									
	43	44	45	46	47	48	49	50	51	52
	고구려) ㉗영류왕榮留王)									
	4	5	6	7	8	9	10	11	12	13
	백제) ㉚무왕武王)									
	22	23	24	25	26	27	28	29	30	31
중국 中國	당唐) 고조古祖) 양6讓)						태종太宗)			
	4	5	6	7	8	9	정관 貞觀	2	3	4
일본	추고推古) 여女) 3몰歿)여왕이 죽음								1즉卽) 서명舒明)	
	법흥 法興	30	31	32	33	34	35	36	1	2

94	다국연표多國年表)						621~640, 7세기世紀)			
埤	양讓사양할양)=자녀나 남에게 자리를 넘겨주는 것. 왕의 자리를 넘겨주다.									
간지 干支	신묘 辛卯	임진 壬辰	계사 癸巳	갑오 甲午	을미 乙未	병신 丙申	정유 丁酉	무술 戊戌	기해 己亥	경자 庚子
띠동물 그림										
檀紀	2964	2965	2966	2967	2968	2969	2970	2971	2972	2973
儒紀	1182	1183	1184	1185	1186	1187	1188	1189	1190	1191
佛紀	1175	1176	1177	1178	1179	1180	1181	1182	1183	1184
回紀	11	12	13	14	15	16	17	18	19	20
西紀	631	632	633	634	635	636	637	638	639	640
한국 韓國		㉗선덕여왕善德女王)여왕이 정사를 하다								
	53	1	2	3	4	5	6	7	8	9
	고구려) ㉗영류왕(榮留王)									
	14	15	16	17	18	19	20	21	22	23
	백제) ㉚무왕(武王)									
	32	33	34	35	36	37	38	39	40	41
632	신라, 경주 첨성대 건립									
중국 中國	태종太宗)									
	5	6	7	8	9	10	11	12	13	14
일본 日本	1즉卽) 서명舒明)									
	3	4	5	6	7	8	9	10	11	12

		 당나라를세운황제		
선덕여왕善德女王)		이연李淵	의상義湘)대사	
566~635			652~702	

95	다국연표多國年表)							641~660, 7세기世紀)		
간지 干支	신축 辛丑	임인 壬寅	계묘 癸卯	갑진 甲辰	을사 乙巳	병오 丙午	정미 丁未	무신 戊申	기유 己酉	경술 庚戌
지지地支) 상징동물										
단기	2974	2975	2976	2977	2978	2979	2980	2981	2982	2983
유기	1192	1193	1194	1195	1196	1197	1198	1199	1200	1201
불기	1185	1186	1187	1188	1189	1190	1191	1192	1193	1194
회기	21	22	23	24	25	26	27	28	29	30
서기	641	642	643	644	645	646	647	648	649	650
한국韓國	신라) ㉗선덕여왕(善德女						㉘진덕여왕眞德女王)			
	10	11	12	13	14	15	1	2	3	4
	㉗ 榮留王	고구려) ㉘보장왕寶藏王)								
	24	1	2	3	4	5	6	7	8	9
		백제) ㉛의자왕 義慈王)								
	1	2	3	4	5	6	7	8	9	10
642	고구려, 연개소문의 정변 발생									
645	고구려, 안시성싸움 승리									
646	고구려, 천리장성 완성									
중국	당唐) 태종太宗) 五몰歿)								高宗)	
	15	16	17	18	19	20	21	22	23	1 永徽
일본日本	서명10舒明歿		女)1卽皇極		6 즉卽) 효덕孝德) 10 몰歿)					
	18	1	2	3	1(6.19) 대화大化	2	3	4	5	1(2.15) 백치白雉

	백제 계백(階伯)장군		연개소문淵蓋蘇文) 양만춘楊萬春)		원효元曉	의상義湘)	태종무열왕 太宗武烈王			
	?~660		?~665		신라 황룡사 원효 648년 승려가 됨		604~661			

계백(堦伯)이라고도 표기한다。관등은 달솔(達率)이다。660년 김유신(金庾信)과 소정방(蘇定方)의 5만여 나·당 연합군이 백제의 요충지인 탄현(炭峴: 지금의 大田 동쪽 馬道嶺)과 백강(白江)으로 진격해오자, 결사대 5,000명을 뽑아 황산(黃山: 지금의 충청남도 連山)벌에 나가 맞이하였다。백제 말기 계백 장군이 김유신의 신라군을 맞아 최후의 일전을 벌였던 격전지에서 따온 이름으로 천호리、연산리、표정리、관동리、송정리 등 다섯 개 마을을 중심으로 펼쳐진 벌판을 나타낸다。

96	다국연표多國年表)						641~660, 7세기世紀)			
埤										
간지 干支	신해 辛亥	임자 壬子	계축 癸丑	갑인 甲寅	을묘 乙卯	병진 丙辰	정사 丁巳	무오 戊午	기미 己未	경신 庚申
띠동물 그림										
檀紀	2984	2985	2986	2987	2988	2989	2990	2991	2992	2993
儒紀	1202	1203	1204	1205	1206	1207	1208	1209	1210	1211
佛紀	1195	1196	1197	1198	1199	1200	1201	1202	1203	1204
回紀	31	32	33	34	35	36	37	38	39	40
西紀	651	652	653	654	655	656	657	658	659	660
한국韓國	신라) ㉘진덕여왕眞德女王)				㉙무열왕武烈王)					
	5	6	7	1	2	3	4	5	6	7
	고구려) ㉘보장왕寶藏王)									
	10	11	12	13	14	15	16	17	18	19
	백제) ㉛의자왕 義慈王)									
	11	12	13	14	15	16	17	18	19	20
660	백제 멸망									
중국中國	고종高宗)									
	2	3	4	5	6	1 순경 順慶	2	3	4	5
일본日本	6 즉卽 효덕孝德)10 몰歿)				1즉卽) 제명齊明) 황극중작皇極中作) 여(女)					
	2	3	4	5	1	2	3	4	5	6

흥수興首)

의자왕 때. 백제의 좌평

97	다국연표多國年表)								661~680, 7세기世紀)	
埤										
간지 干支	신유 辛酉	임술 壬戌	계해 癸亥	갑자 甲子	을축 乙丑	병인 丙寅	정묘 丁卯	무진 戊辰	기사 己巳	경오 庚午
지지地支) 상징동물										
단기	2994	2995	2996	2997	2998	2999	3000	3001	3002	3003
유기	1212	1213	1214	1215	1216	1217	1218	1219	1220	1221
불기	1205	1206	1207	1208	1209	1210	1211	1212	1213	1214
회기	41	42	43	44	45	46	47	48	49	50
서기	661	662	663	664	665	666	667	668	669	670
한국韓國	신라) ㉚문무왕文武王) 3국 통일을 시킨 문무왕									
	1	2	3	4	5	6	7	8	9	10
	고구려) ㉘보장왕寶藏王) 27년에망함								고구려高句麗) 망亡)	
	20	21	22	23	24	25	26	27		
	부여扶餘)망㉜풍왕豊王)			백제百濟)망亡). 3국중 가장 먼저 664년 망하였다. 풍왕3년에 라·당군羅唐軍)에 의하여 망하였다.						
	1	2	3							
중국	당唐) 고종高宗)									
	용삭2 龍朔	2	3	기덕 麒德	2	건봉1 乾封	2	1총장3 總章	2	1함정3 咸亭
일본日本	7몰7歿)	7즉卽) 천지天知) 12몰歿)						홍문7몰弘文7歿)		
	7	1	2	3	4	5	6	7	8	9
			 백제 의자왕에게 충언하다 옥에 갇힘. 전쟁 중 죽음.							
	계백階伯)(?~660)		성충成忠(?~656)							

김유신金庾信), (595년~673년 음력 7월 1일(양력 8월 18일))은 신라의 군인 겸 정치가이자 외척이었다. 신라에 귀순한 가야 왕족의 후손으로서 신라가 백제와 고구려를 무너뜨리고 삼한통일을 이루는 데에 중추적인 역할을 한 신라의 장군이며 정치가이다

태종무열왕(太宗武烈王)과 문무왕(文武王)을 도와 신라의 삼국 통일 전쟁을 보좌하였으며, 진평왕(眞平王)부터 문무왕에 이르는 다섯 명의 왕을 섬겨 신라 정권의 중추적 인물로 성장하였으며, 신하로서 왕으로 추봉된 유일한 인물이며, 무열왕의 즉위 및 삼국 통일 전쟁 등에 기여한 공적을 인정받아 왕족이 아님에도 불구하고 순충장렬흥무대왕(純忠壯烈興武大王)으로 추존되었다. 신라의 역사에서뿐 아니라 후대 고려와 조선에 이르기까지 성신(聖臣)·주석지신(柱石之臣)으로 추앙 받았다. 흥덕왕(興德王), 《삼국유사》는 경명왕) 10년(835년), '흥무대왕(興武大王)'으로 추존되어 사후 왕으로 지위가 격상되었다

98	다국연표多國年表)							661~680, 7세기世紀)		
埤										
간지 干支	신미 辛未	임신 壬申	계유 癸酉	갑술 甲戌	을해 乙亥	병자 丙子	정축 丁丑	무인 戊寅	기묘 己卯	경진 庚辰
띠동물 그림										
檀紀	3004	3005	3006	3007	3008	3009	3010	3011	3012	3013
儒紀	1222	1223	1224	1225	1226	1227	1228	1229	1230	1231
佛紀	1215	1216	1217	1218	1219	1220	1221	1222	1223	1224
回紀	51	52	53	54	55	56	57	58	59	60
西紀	671	672	673	674	675	676	677	678	679	680
한국	신라) ㉚문무왕文武王) 3국 통일을 시킨 문무왕									
	11	12	13	14	15	16	17	18	18	20
676	신라, 삼국통일 완성									
중국	당唐) 고종高宗)									
	2	3	4	1상원8 上元	2	1 의 봉 11儀鳳	2	3	1조로6 調露	1영융8 永隆
일본日本		천무天武) 九몰歿)								
	10	1주작1) 사 朱 雀 1)私	1백봉1) 사1白鳳 1)私	2	3	4	5	6	7	8

	김유신金庾信)		문무왕文武王)		이세민 唐太宗		이융기李隆基		도의국사道義國師)	
	595~673		재위년 661~681		599~649		713~741		781~861	
	신라통일장군		신라통일왕		당나라8대 황제		발해국왕		한국 선문의 초조	

99	다국연표多國年表)								681~700, 7세기世紀)	
埤										
간지 干支	신사 辛巳	임오 壬午	계미 癸未	갑신 甲申	을유 乙酉	병술 丙戌	정해 丁亥	무자 戊子	기축 己丑	경인 庚寅
지지地支) 상징동물										
단기	3014	3015	3016	3017	3018	3019	3020	3021	3022	3023
유기	1232	1233	1234	1235	1236	1237	1238	1239	1240	1241
불기	1225	1226	1227	1228	1229	1230	1231	1232	1233	1234
回紀	61	62	63	64	65	66	67	68	69	70
서기	681	682	683	684	685	686	687	688	689	690
한국 韓國	문무왕	㉛신문왕神文王)								
	1	2	3	4	5	6	7	8	9	10
682	-신라, 국학 세움									
685	-신라, 9주 5소경 설치									
중국 中國	당唐)고종高宗)12몰歿)			12즉卽) 중 종 中宗)						
				사성 嗣聖	2	3	4	5	6	7
	1	1	1	예종 睿宗	주周) 측천무후則天武后)					
	1 개웅 開雄 (10)	1 영순 永淳 (2)	1 홍도 弘道 (12)	1 문명 文明 (2) 광택 光宅 (9)1	1 수공 垂拱	2	3	4	1 영창 永昌	(1) 극초 戟初 (7) 천수 天授
일본	천무天武) 九몰歿)				九즉卽) 지통持統) 여女) 八양讓)					
	9	10	11	12	13	1(7.20 주조 朱鳥	1	2	3	4

100	다국연표多國年表)						681~700, 7세기世紀)			
埤										
간지 干支	신묘 辛卯	임진 壬辰	계사 癸巳	갑오 甲午	을미 乙未	병신 丙申	정유 丁酉	무술 戊戌	기해 己亥	경자 庚子
띠동물 그림										
檀紀	3024	3025	3026	3027	3028	3029	3030	3031	3032	3033
儒紀	1242	1243	1244	1245	1246	1247	1248	1249	1250	1251
佛紀	1235	1236	1237	1238	1239	1240	1241	1242	1243	1244
回紀	71	72	73	74	75	76	77	78	79	80
西紀	691	692	693	694	695	696	697	698	699	700
한국 韓國	신라) 신문왕 神文王	㉜효소왕孝昭王)								
								8	9	
								발해渤海) 고왕高王)		
	11	1	2	3	4	5	6	7	1	2
중국 中國	12즉卽) 중종中宗)									
	8	9	10	11	12	13	14	15	16	17
	주周) 측천무후則天武后)									
	2	(4)1 여의 如意 (9)1 장수 長壽	2	1(5) 연재 延載	(9) 증성 證聖 천책만세1 天冊萬歲1	(3) 만세등봉1 萬歲登封 만세통대1 萬歲統大1	1(3) 신공 神功	1 성력 聖歷	2	1(5) 구시 久視1
일본 日本	九즉卽) 지통持統)여女) 八양讓)					八즉卽) 문무文武)				
	5	6	7	8	9	10	1	2	3	4

101	다국연표多國年表)							701~720, 8세기世紀)		
埤	양讓)왕의 자리를 사양辭讓)한 것을 말함.									
간지 干支	신축 辛丑	임인 壬寅	계묘 癸卯	갑진 甲辰	을사 乙巳	병오 丙午	정미 丁未	무신 戊申	기유 己酉	경술 庚戌
지지地支) 상징동물										
단기	3034	3035	3036	3037	3038	3039	3040	3041	3042	3043
유기	1252	1253	1254	1255	1256	1257	1258	1259	1260	1261
불기	1245	1246	1247	1248	1249	1250	1251	1252	1253	1254
回紀	81	82	83	84	85	86	87	88	89	90
서기	701	702	703	704	705	706	707	708	709	710
한국韓國	孝昭王 효소왕	신라) ㉝성덕왕聖德王)								
	10	1	2	3	4	5	6	7	8	9
	발해 渤海) ①고왕高王					대조영大祚榮)				
	3	4	5	6	7	8	9	10	11	12
중국中國	당唐)				중종中宗) 6몰歿)			예종8양 睿宗8讓		현종 玄宗
	18	19	20	21						
	측천무후則天武后)				1	2	3	4	1 신 용 神龍	2
	1대족 10장안 1大足 10長安									
일본日本	문 무 文武) 六몰歿)						七즉卽)원명元明)여女)九양讓)			
	3.21 대보 大寶	2	3	5.10 경운 慶雲	2	3	4	1..11 화동 和銅	2	3

102	다국연표多國年表)							701~720, 8세기世紀)		
埤										
간지 干支	신해 辛亥	임자 壬子	계축 癸丑	갑인 甲寅	을묘 乙卯	병진 丙辰	정사 丁巳	무오 戊午	기미 己未	경신 庚申
띠동물 그림						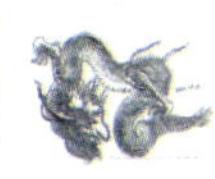	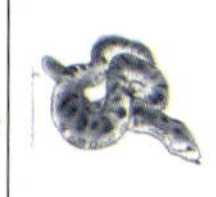			
檀紀	3044	3045	3046	3047	3048	3049	3050	3051	3052	3053
儒紀	1262	1263	1264	1265	1266	1267	1268	1269	1270	1271
佛紀	1255	1256	1257	1258	1259	1260	1261	1262	1263	1264
回紀	91	92	93	94	95	96	97	98	99	100
西紀	711	712	713	714	715	716	717	718	719	720
한국 韓國	신라) ㉝성덕왕聖德王)									
	10	11	12	13	14	15	16	17	18	19
	발해 渤海) ①고왕高王					대조영大祚榮)			②武王 무왕	
	13	14	15	16	17	18	19	20	1	2
중국 中國	1 경 용 景龍九	2	3	1당건 唐乾六 1경운 景雲七	2	1태극 太極五 1연화 延和	2선천 先天 十二 1개원 開元	2	3	4
일본 日本	七즉卽)원명元明) 여女)九양讓)			九즉卽)원정元正)						
	4	5	6	7	9.2 영구 靈龜	2	11,17 양로 養老	2	3	4

성덕왕聖德王)
재위702~737
신라왕제33대

측천무후則天武后)
재위690~705
주周)세운여황제

이백李白이태백
701~762
당나라 시인

무왕武王)

헌종憲宗)
재위805~820
당 6대왕헌종

양귀비楊貴妃)
生死719~756
중국4대미인

103	다국연표多國年表)							721~740, 8세기世紀)		
埤										
간지 干支	신유 辛酉	임술 壬戌	계해 癸亥	갑 자 甲子	을 축 乙丑	병 인 丙寅	정 묘 丁卯	무 진 戊辰	기 사 己巳	경오 庚午
지지地支) 상징동물										
단기	3054	3055	3056	3057	3058	3059	3060	3061	3062	3063
유기	1272	1273	1274	1275	1276	1277	1278	1279	1280	1281
불기	1265	1266	1267	1268	1269	1270	1271	1272	1273	1274
회기	101	102	103	104	105	106	107	108	109	110
서기	721	722	723	724	725	726	727	728	729	730
한국韓國	신라) ㉝성덕왕聖德王)									
	20	21	22	23	24	25	26	27	28	29
	발해渤海) ②무왕武王)									
	三인안 仁安)3	4	5	6	7	8	9	10	11	12
중국中國	당唐) 현 종 玄宗)									
	9	10	11	12	13	14	15	16	17	18
일본日本	원정元正) 여女) 2양讓				二즉卽) 성무聖武)					
	5양로 養老	6	7	1(2.4 신구 神龜)	2	3	4	5	1(8.5 천평 天平)	2

	양귀비楊貴妃	성덕왕聖德王)								
	生死719~756	재위702~737								
	중국의4대미여	신라왕제33대								

104	다국연표多國年表)							721~740, 8세기世紀)		
埤										
간지 干支	신미 辛未	임신 壬申	계유 癸酉	갑술 甲戌	을해 乙亥	병자 丙子	정축 丁丑	무인 戊寅	기묘 己卯	경진 庚辰
띠동물 그림										
檀紀	3064	3065	3066	3067	3068	3069	3070	3071	3072	3073
儒紀	1282	1283	1284	1285	1286	1287	1288	1289	1290	1291
佛紀	1275	1276	1277	1278	1279	1280	1281	1282	1283	1284
回紀	111	112	113	114	115	116	117	118	119	120
西紀	731	732	733	734	735	736	737	738	739	740
한국 韓國	신라) ㉝성덕왕聖德王)						㉞효성왕孝成王)			
	30	31	32	33	34	35	1	2	3	4
	발해渤海) ②무왕武王)						③문왕文王)			
	13	14	15	16	17	18	1대흥 大興	2	3	4
중국 中國	당唐) 현종玄宗)									
	19	20	21	22	23	24	25	26	27	28
日本 일본	二즉卽) 성무聖武)									
	3	4	5	6	7	8	9	10	11	12

제8장 741~940

105	다국연표多國年表)							741~760, 8세기世紀)		
埤										
간지 干支	신사 辛巳	임오 壬午	계미 癸未	갑신 甲申	을유 乙酉	병술 丙戌	정해 丁亥	무자 戊子	기축 己丑	경인 庚寅
지지地支) 상징동물	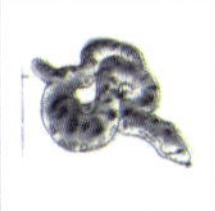									
단기	3074	3075	3076	3077	3078	3079	3080	3081	3082	3083
유기	1292	1293	1294	1295	1296	1297	1298	1299	1300	1301
불기	1285	1286	1287	1288	1289	1290	1291	1292	1293	1294
回紀	121	122	123	124	125	126	127	128	129	130
서기	741	742	743	744	745	746	747	748	749	750
한국韓國	신라) 효성왕	신라) ㉟경덕왕景德王)								
	5	1	2	3	4	5	6	7	8	9
	발해渤海) ③문왕文王)									
	5	6	7	8	9	10	11	12	13	14
중국中國	당唐) 현종玄宗)									
	29	1	2	3	4	5	6	7	8	9
일본	13	14	15	16	17	18	19	20	1(4.14 천평 감보1 天平 感寶	2

106	다국연표多國年表)							741~760, 8세기世紀)		
埤										
간지 干支	신묘 辛卯	임진 壬辰	계사 癸巳	갑오 甲午	을미 乙未	병신 丙申	정유 丁酉	무술 戊戌	기해 己亥	경자 庚子
띠동물 그림										
檀紀	3084	3085	3086	3087	3088	3089	3090	3091	3092	3093
儒紀	1302	1303	1304	1305	1306	1307	1308	1309	1310	1311
佛紀	1295	1296	1297	1298	1299	1300	1301	1302	1303	1304
回紀	131	132	133	134	135	136	137	138	139	140
西紀	751	752	753	754	755	756	757	758	759	760
한국 韓國	신라) ㉟경덕왕景德王)									
	10	11	12	13	14	15	16	17	18	19
	발해渤海) ③문왕文王)									
	15	16	17	18	19	20	21	22	23	24
751	-신라, 불국사·석굴암 창건									
중국 中國	당唐) 현종玄宗)					7즉卽) 숙종肅宗)				
	10	11	12	13	14	1至德	2	1建元	2	1上元
日本 일본	3	4	5	6	7	8	1(8.18 천평 보자 天平 寶字)	2	3 순인 淳仁)	4

김대성

700-774

신라 불국사,석굴암건축.

107		다국연표多國年表)							761~780, 8세기世紀)	
埤										
간지 干支	신축 辛丑	임인 壬寅	계묘 癸卯	갑진 甲辰	을사 乙巳	병오 丙午	정미 丁未	무신 戊申	기유 己酉	경술 庚戌
지지地支) 상징동물										
단기	3094	3095	3096	3097	3098	3099	3100	3101	3102	3103
유기	1312	1313	1314	1315	1316	1317	1318	1319	1320	1321
불기	1305	1306	1307	1308	1309	1310	1311	1312	1313	1314
回紀	141	142	143	144	145	146	147	148	149	150
서기	761	762	763	764	765	766	767	768	769	770
한국韓國	신라) ㉟경덕왕 景德王				㊱혜공왕惠恭王)					
	20	21	22	23	1	2	3	4	5	6
	발해渤海) ③문왕文王)									
	25 대흥 大興	26	27	28	29	30	31	32	33	34
중국中國	숙종4몰肅宗四歿)			당唐) 대종代宗) 五몰歿)						
	2	1보응4 寶應	1광덕7 廣德	2	1영진 永秦	1 대 력 11 大歷	2	3	4	5
일본日本	순인淳仁) 10폐廢			10卽 칭덕稱德) (효겸중조孝謙重祚)						10卽
	5	6	7	8 신덕 神德	1(1.7 천평 신양 天平 神讓	2	1(8.16 신양경 운 神讓 景雲	2	3	1(10.1 보구 寶龜

108	다국연표多國年表)							761~780, 8세기世紀)		
埤										
간지 干支	신해 辛亥	임자 壬子	계축 癸丑	갑인 甲寅	을묘 乙卯	병진 丙辰	정사 丁巳	무오 戊午	기미 己未	경신 庚申
띠동물 그림										
檀紀	3104	3105	3106	3107	3108	3109	3110	3111	3112	3113
儒紀	1322	1323	1324	1325	1326	1327	1328	1329	1330	1331
佛紀	1315	1316	1317	1318	1319	1320	1321	1322	1323	1324
回紀	151	152	153	154	155	156	157	158	159	160
西紀	771	772	773	774	775	776	777	778	779	780
한국 韓國	㊱혜공왕惠恭王)									
	7	8	9	10	11	12	13	14	15	1
	발해渤海) ③문왕文王)									
	35	36	37	38	39	40	41	42	43	44
2	3								4	
	6	7	8	9	10	11	12	13	14	1건중 建中
日本 일본	10卽 광인光仁)									
	2	3	4	5	6	7	8	9	10	11

109		다국연표多國年表)						781~800, 8세기世紀)		
埤										
간지 干支	신유 辛酉	임술 壬戌	계해 癸亥	갑자 甲子	을축 乙丑	병인 丙寅	정묘 丁卯	무진 戊辰	기사 己巳	경오 庚午
지지地支) 상징동물										
단기	3114	3115	3116	3117	3118	3119	3120	3121	3122	3123
유기	1332	1333	1334	1335	1336	1337	1338	1339	1340	1341
불기	1325	1326	1327	1328	1329	1330	1331	1332	1333	1334
회기	161	162	163	164	165	166	167	168	169	170
서기	781	782	783	784	785	786	787	788	789	790
한국 韓國	㊲선덕왕宣德王)					㊳원성왕元聖王)				
	2	3	4	5	1	2	3	4	5	6
	발해渤海) ③문왕文王)									
	45	46	47	48	49	50	51	52	53	54
788년	신라 원성왕, 독서삼품과 설치									
중국 中國	당唐) 덕종德宗)									
	2	3	4	1흥원 興元	1정원 貞元	2	3	4	5	6
일본 日本	四양讓)	4즉卽) 환무桓武)								
	(1.1 천응 天應	8.19 연력 延歷	2	3	4	5	6	7	8	9

	간무천황		**도의국사**		한유韓愈					
	781-806		784~861		786~824					

110	다국연표多國年表)							781~800, 8세기世紀)		
埤										
간지 干支	신미 辛未	임신 壬申	계유 癸酉	갑술 甲戌	을해 乙亥	병자 丙子	정축 丁丑	무인 戊寅	기묘 己卯	경진 庚辰
띠동물 그림										
檀紀	3124	3125	3126	3127	3128	3129	3130	3131	3132	3133
儒紀	1342	1343	1344	1345	1346	1347	1348	1349	1350	1351
佛紀	1335	1336	1337	1338	1339	1340	1341	1342	1343	1344
回紀	171	172	173	174	175	176	177	178	179	180
西紀	791	792	793	794	795	796	797	798	799	800
한국 韓國	㊳원성왕 元聖王)								㊴소성왕昭聖王)	㊵애장왕 哀莊王)
	7	8	9	10	11	12	13	14	1	1
			成王	강왕康王						
	55	56	1廢王	1中興	1正曆	2	3	4	5	6
788년	신라 원성왕, 독서삼품과 설치									
중국 中國	당唐) 덕종德宗)									
	7	8	9	10	11	12	13	14	16	16
日本 일본	4즉卽) 환무桓武)									
	10	11	12	13	14	15	16	17	18	19

111	다국연표多國年表)							801~820, 9세기世紀)		
埤										
간지 干支	신사 辛巳	임오 壬午	계미 癸未	갑신 甲申	을유 乙酉	병술 丙戌	정해 丁亥	무자 戊子	기축 己丑	경인 庚寅
지지地支) 상징동물										
단기	3134	3135	3136	3137	3138	3139	3140	3141	3142	3143
유기	1352	1353	1354	1355	1356	1357	1358	1359	1360	1361
불기	1345	1346	1347	1348	1349	1350	1351	1352	1353	1354
回紀	181	182	183	184	185	186	187	188	189	190
서기	801	802	803	804	805	806	807	808	809	810
한국韓國	신라) ⑩애장왕哀莊王)								㊶헌덕왕 憲德王)	
	2	3	4	5	6	7	8	9	1	2
	발해渤海) ⑥강왕康王)								⑦정왕定王)	
	7	8	9	10	11	12	13	14	1	2
중국中國	당唐) 덕종德宗)몰歿			순종順宗)		八즉卽) 헌종憲宗) 一몰歿)				
	17	18	19	20	1 八 영정 永貞	1 원화 元和	2	3	4	5
일본	환무桓武) 三몰歿)					五즉卽) 평성사양平城卽四讓)				
	20 연력 延歷	21	22	23	24	1(6.18) 대동 代同	2	3	4	1(9.19) 홍인 弘仁

	사가천황	범일국사								
	809-823	810 ~889								

112	다국연표多國年表)							801~820, 9세기世紀)		
埤										
간지 干支	신묘 辛卯	임진 壬辰	계사 癸巳	갑오 甲午	을미 乙未	병신 丙申	정유 丁酉	무술 戊戌	기해 己亥	경자 庚子
띠동물 그림										
檀紀	3144	3145	3146	3147	3148	3149	3150	3151	3152	3153
儒紀	1362	1363	1364	1365	1366	1367	1368	1369	1370	1371
佛紀	1355	1356	1357	1358	1359	1360	1361	1362	1363	1364
回紀	191	192	193	194	195	196	197	198	199	200
西紀	811	812	813	814	815	816	817	818	819	820
한국 韓國	신라 ㊶헌덕왕憲德王)									
	3	4	5	6	7	8	9	10	11	12
	⑦정왕定王)		발해渤海) ⑧희왕僖王)				⑨간왕簡王)		⑩선왕宣王)	
	3	4	1	2	3	4	5	1 태치太治)건흥建興	2	3
중국 中國	八즉卽) 헌종憲宗) 一몰歿)									
	6	7	8	9	10	11	12	13	14	15
日本 일본	四즉卽) 차아嵯峨)									
	2	3	4	5	6	7	8	9	10	11

113	다국연표多國年表)							821~840, 9세기世紀)		
埤										
간지 干支	신축 辛丑	임인 壬寅	계묘 癸卯	갑진 甲辰	을사 乙巳	병오 丙午	정미 丁未	무신 戊申	기유 己酉	경술 庚戌
지지地支) 상징동물					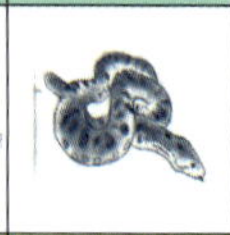					
단기	3154	3155	3156	3157	3158	3159	3160	3161	3162	3163
유기	1372	1373	1374	1375	1376	1377	1378	1379	1380	1381
불기	1365	1366	1367	1368	1369	1370	1371	1372	1373	1374
回紀	201	202	203	204	205	206	207	208	209	210
서기	821	822	823	824	825	826	827	828	829	830
한국韓國	신라) ㊶헌덕왕憲德王)					㊷흥덕왕興德王)				
	13	14	15	16	17	1	2	3	4	5
	발해渤海) ⑩선왕(宣王)							⑪대이진大彝震)		
	4 건흥 建興	5	6	7	8	9	10	11	12	咸和 함화
828년	신라, 장보고의 요청으로 청해진 설치									
중국中國	당唐)목종穆宗)1몰歿)		경종敬宗) 11몰歿)			12즉卽) 문종文宗) 1몰歿)				
	1 장경 長慶	2	3	4	1 보력 寶歷	2	1(2) 태화 太和	2	3	4
일본日本	차아嵯峨) 4양讓		4즉卽) 순화淳和) 2양讓)							
	12 홍인 弘仁	13	14	1,5 천장 天長	2	3	4	5	6	7

114	다국연표多國年表)							821~840, 9세기世紀)		
埤										
간지 干支	신해 辛亥	임자 壬子	계축 癸丑	갑인 甲寅	을묘 乙卯	병진 丙辰	정사 丁巳	무오 戊午	기미 己未	경신 庚申
띠동물 그림										
檀紀	3164	3165	3166	3167	3168	3169	3170	3171	3172	3173
儒紀	1382	1383	1384	1385	1386	1387	1388	1389	1390	1391
佛紀	1375	1376	1377	1378	1379	1380	1381	1382	1383	1384
回紀	211	212	213	214	215	216	217	218	219	220
西紀	831	832	833	834	835	836	837	838	839	840
韓國	신라 ㊷흥덕왕					㊸희강왕 僖康王		㊹ 민애왕 閔哀王	㊺신무왕 神武王 ㊻ 문성왕	㊻ 문성왕 文聖王
	6	7	8	9	10	1	2	1	1	2
	발해⑪순진彛震)									
	2	3	4	5	6	7	8	9	10	11
미국										
중국	당唐)문종文宗)				1몰歿)					
	5	6	7	8	9	1開成	2	3	4	5
일본	순화淳和)			3즉 인명仁明)						
	8	9	10	1(1.3) 승화 承和)	2	3	4	5	6	7
타 기										

115	다국연표多國年表)							841~860, 9세기世紀)		
埤										
간지 干支	신유 辛酉	임술 壬戌	계해 癸亥	갑 자 甲子	을 축 乙丑	병 인 丙寅	정 묘 丁卯	무 진 戊辰	기 사 己巳	경오 庚午
지지地支) 상징동물										
단기	3174	3175	3176	3177	3178	3179	3180	3181	3182	3183
유기	1392	1393	1394	1395	1396	1397	1398	1399	1400	1401
불기	1385	1386	1387	1388	1389	1390	1391	1392	1393	1394
회기	221	222	223	224	225	226	227	228	229	230
서기	841	842	843	844	845	846	847	848	849	850
한국韓國	신라) ㊻문성왕文聖王)									
	3	4	5	6	7	8	9	10	11	12
	발해渤海) ⑪대이진대彝震)									
	十 二 함화咸和	13	14	15	16	17	18	19	20	21
중국中國	당唐) 무종武宗)三몰(歿)						선종宣宗) 八몰歿)			
	1 회창 會昌	2	3	4	5	6	1 대중 大中	2	3	4
일본日本	인명仁明) 三몰歿)									
	8 승화 承和	9	10	11	12	13	14	1(6.13 가상 嘉祥	2	3

		몬토쿠천황		최치원						
		850~858		857~876						

116	다국연표多國年表)							841~860, 9세기世紀)		
埤										
간지 干支	신 미 辛未	임 신 壬申	계 유 癸酉	갑 술 甲戌	을 해 乙亥	병 자 丙子	정 축 丁丑	무 인 戊寅	기 묘 己卯	경진 庚辰
띠동물 그림										
檀紀	3184	3185	3186	3187	3188	3189	3190	3191	3192	3193
儒紀	1402	1403	1404	1405	1406	1407	1408	1409	1410	1411
佛紀	1395	1396	1397	1398	1399	1400	1401	1402	1403	1404
回紀	231	232	233	234	235	236	237	238	239	240
西紀	851	852	853	854	855	856	857	858	859	860
한국 韓國	신라) ㊻문성왕文聖王)							㊼헌안왕憲安王)		
	13	14	15	16	17	18	1	2	3	4
	발해渤海) ⑪대이진彝震)대							⑫대건황虔晃)대		
	22	23	24	25	26	27	28	1	2	3
중국 中國	선종宣宗) 八몰歿)							당唐) 의종懿宗)		
	5	6	7	8	9	10	11	12	13	11 함통 咸通
일본 日本	四즉卽) 문덕文德)八몰歿)							11청화淸和)		
	1(4.28 인수 仁壽	2	3	1(11.30 보술 寶術	2	3	1(2.21 천안 天安	2	1(4.15 정관 貞觀	2

							몬토쿠천황			
							850~858			

117	다국연표多國年表)							861~880, 9세기世紀)	
埤										
간지 干支	신사 辛巳	임오 壬午	계미 癸未	갑신 甲申	을유 乙酉	병술 丙戌	정해 丁亥	무자 戊子	기축 己丑	경인 庚寅
지지地支) 상징동물										
단기	3194	3195	3196	3197	3198	3199	3200	3201	3202	3203
유기	1412	1413	1414	1415	1416	1417	1418	1419	1420	1421
불기	1405	1406	1407	1408	1409	1410	1411	1412	1413	1414
回紀	241	242	243	244	245	246	247	248	249	250
서기	861	862	863	864	865	866	967	868	869	870
한국韓國	憲安王	신라) ⑱경문왕景文王)								
	1	2	3	4	5	6	7	8	9	10
	발해渤海) ⑬ 경황庚晃)									
	4	5	6	7	8	9	10	11	12	1
중국中國	당唐) 의종懿宗) 7몰歿)					희종僖宗)				
	2	3	4	5	6	7	8	9	10	11
일본	청화淸和) 11양讓)									
	정관 貞觀	4	5	6	7	8	9	10	11	12
	攝)양방良房)					攝) 양방良房)				

			최치원崔致遠							

118	다국연표多國年表)							861~880, 9세기世紀)		
埤	양讓)왕으로 있다가 안한다고 사양 한 것을 말함. 수受)받아 드리다. 왕으로 받아드리다									
간지 干支	신묘 辛卯	임진 壬辰	계사 癸巳	갑오 甲午	을미 乙未	병신 丙申	정유 丁酉	무술 戊戌	기해 己亥	경자 更子
띠동물 그림										
檀紀	3204	3205	3206	3207	3208	3209	3210	3211	3212	3213
儒紀	1422	1423	1424	1425	1426	1427	1428	1429	1430	1431
佛紀	1415	1416	1417	1418	1419	1420	1421	1422	1423	1424
回紀	251	252	253	254	255	256	257	258	259	260
西紀	871	872	873	874	875	876	877	878	879	880
韓國	㊽경문왕景文王				㊾헌강왕憲康王					
	11	12	13	14	1	2	3	4	5	6
	발해渤海)		⑭경왕景王)							
	2	3	4	5	6	7	8	9	10	11
미국										
중국	당唐)의종懿宗)7몰			희종僖宗)						
	12	13	14	11건부 1	2	3	4	5	6	1廣明
일본	청화淸和)				11양讓)		11수受)			
	13	14	15	16	17	18	1	2	3	4
	섭攝)	원기경) 原基經								
타 기										

119	다국연표多國年表)							881~900, 9세기世紀)		
埤										
간지 干支	신축 辛丑	임인 壬寅	계묘 癸卯	갑진 甲辰	을사 乙巳	병오 丙午	정미 丁未	무신 戊申	기유 己酉	경술 庚戌
지지地支) 상징동물										
단기	3214	3215	3216	3217	3218	3219	3220	3221	3222	3223
유기	1432	1433	1434	1435	1436	1437	1438	1439	1440	1441
불기	1425	1426	1427	1428	1429	1430	1431	1432	1433	1434
回紀	261	262	263	264	265	266	267	268	269	270
서기	881	882	883	884	885	886	887	888	889	890
한국韓國	신라) ㊾헌강왕憲康王)						㊿ 정강왕 定康王	51) 진성여왕眞聖女王)		
	7	8	9	10	11	1	1	2	3	4
	발해渤海) ⑭경왕景王)									
	12	13	14	15	16	17	18	19	20	21
중국中國	당唐) 희종僖宗)							소종昭宗)		
	1 七 중화中和	2	3	4	1 三 광계光啓	2	3	1 二 문덕文德	1 용기龍紀	1 대순大順
일본日本	양성陽成) 二讓	八몰歿) 二즉卽) 광효光孝)						十一즉卽) 七양讓) 우다宇多)		
	5 원경 元慶	6	7	8	1 인화 仁和 2,21	2	3	4	1-4,27 관평 寬平	2
	개開) 기경基經)									

	고코천황		우다천황							
	884-887		887-897							

漢)

120	다국연표多國年表)							881~900, 9세기世紀)		
埤										
간지 干支	신해 辛亥	임자 壬子	계축 癸丑	갑인 甲寅	을묘 乙卯	병진 丙辰	정사 丁巳	무오 戊午	기미 己未	경신 庚申
띠동물 그림										
檀紀	3224	3225	3226	3227	3228	3229	3230	3231	3232	3233
儒紀	1442	1443	1444	1445	1446	1447	1448	1449	1450	1451
佛紀	1435	1436	1437	1438	1439	1440	1441	1442	1443	1444
回紀	271	272	273	274	275	276	277	278	279	280
西紀	891	892	893	894	895	896	897	898	899	900
한국韓國	51)진성여왕眞聖女王)						52)효공왕孝恭王)			
	5	6	7	8	9	10	1	2	3	4
		후백제後百濟) 견훤甄萱)								
		1	2	3	4	5	6	7	8	9
	발해渤海) ⑭경왕景王)									
	22	23	24	25	26	27	28	29	30	31
중국中國	소종昭宗)									
	2	1 경복 景福	2	1 건령 乾寧	2	3	4	1 八 광화光化	2	3
일본日本	十一즉卽) 우다宇多) 七양讓)								七즉卽)제호醍醐	
	3	4	5	6	7	8	9	1-4, 2 창진 昌秦	2	3
	개開) 기경基經)									
									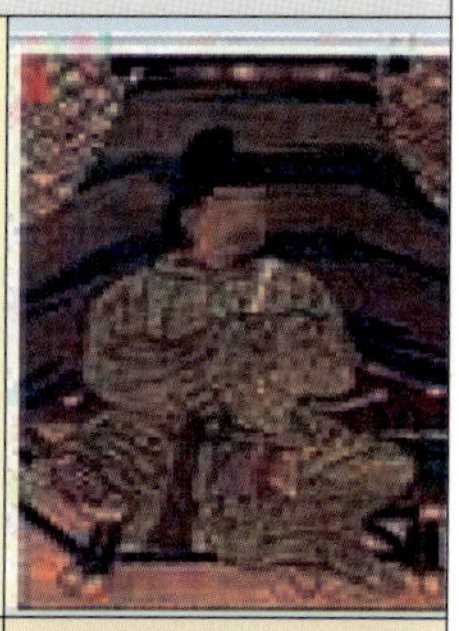	
									다이고천황	
									897-930	

121	다국연표多國年表)							901~920, 10세기世紀)		
埤										
간지 干支	신유 辛酉	임술 壬戌	계해 癸亥	갑자 甲子	을축 乙丑	병인 丙寅	정묘 丁卯	무진 戊辰	기사 己巳	경오 庚午
지지地支) 상징동물										
단기	3234	3235	3236	3237	3238	3239	3240	3241	3242	3243
유기	1452	1453	1454	1455	1456	1457	1458	1459	1460	1461
불기	1445	1446	1447	1448	1449	1450	1451	1452	1453	1454
회기	281	282	283	284	285	286	287	288	289	290
서기	901	902	903	904	905	906	907	908	909	910
한국 韓國	신라) 52)효공왕孝恭王)									
	5	6	7	8	9	10	11	12	13	14
	후백제後百濟) 견훤甄萱) 발해渤海)									
	10	11	12	13	14	15	16	17	18	19
	마진摩震) 궁예弓裔) 태봉泰封)									
	1	2	3	무진 武泰)	성책 聖冊)	2	3	4	5	6
	발해渤海) ⑮애왕哀王)									
	1	2	3	4	5	6	7	8	9	10
901년	궁예, 후고구려 건국									
892년	견훤, 후백제 건국									
중국 中國	당唐)소종昭宗) 八 몰歿)			소선昭宣)애제哀帝) 4당唐) 망亡)			후양後梁) 태조太祖) 六몰歿)			
							1 四 개평開平	2	3	4
	1 四 천복 天復)	2	3	1 四 천우 天祐)	2	3	4	1	2	3
일본 日本	제호醍醐)									
	7.15 연희 延喜	2	3	4	5	6	7	8	9	10

122	다국연표多國年表)							901~920,10세기世紀)		
埤										
간지 干支	신미 辛未	임신 壬申	계유 癸酉	갑술 甲戌	을해 乙亥	병자 丙子	정축 丁丑	무인 戊寅	기묘 己卯	경진 庚辰
띠동물 그림										
檀紀	3244	3245	3246	3247	3248	3249	3250	3251	3252	3253
儒紀	1462	1463	1464	1465	1466	1467	1468	1469	1470	1471
佛紀	1455	1456	1457	1458	1459	1460	1461	1462	1463	1464
回紀	291	292	293	294	295	296	297	298	299	300
西紀	911	912	913	914	915	916	917	918	919	920
한국 韓國		53)신덕왕神德王)					54)경명왕景明王)			
	15	1	2	3	4	5	1	2	3	4
	후백제後百濟)	견훤甄萱)				발해渤海)				
	20	21	22	23	24	25	26	27	28	29
	마진摩震)	궁예弓裔)	태봉泰封)					고려) ①태조太祖)		
	수덕만세 水德萬歲)	2	3	정개 政開)	2	3	4	1 천수 天授)	2	3
	발해渤海)	⑮애왕哀王)								
	11	12	13	14	15	16	17	18	19	20
918년	왕건, 고려 건국									
중국 中國	후양 後梁)	태조太祖) 六몰歿)								
	1 五 건화 乾化)	2	3	4	11 정명 貞明)	2	3	4	5	6
	4	5	6	7	8	9	신책 神冊)	2	3	4
일본 日本	제호醍醐)									
	11	12	13	14	15	16	17	18	19	20

123	다국연표多國年表)							921~940, 10세기世紀)		
埤										
간지 干支	신사 辛巳	임오 壬午	계미 癸未	갑신 甲申	을유 乙酉	병술 丙戌	정해 丁亥	무자 戊子	기축 己丑	경인 庚寅
지지地支) 상징동물										
단기	3254	3255	3256	3257	3258	3259	3260	3261	3262	3263
유기	1472	1473	1474	1475	1476	1477	1478	1479	1480	1481
불기	1465	1466	1467	1468	1469	1470	1471	1472	1473	1474
回紀	301	302	303	304	305	306	307	308	309	310
서기	921	922	923	924	925	926	927	928	929	930
한국韓國	54)경명왕景明왕)			55)경애왕景哀王)			56)경순왕景順王)			
	5	6	7	1	2	3	1	2	3	4
	후백제後百濟) 견훤甄萱)									
	30	31	32	33	34	35	36	37	38	39
	고려) 태조									
	4	5	6	7	8	9	10	11	12	13
	발해渤海) ⑮ 애왕哀王)						발해渤海) 망亡)			
	21	22	23	24	25	26				
926년	발해, 거란에 의해 멸망.									
중국中國	후양後梁) 말제末帝) 11몰歿)			후당後唐) 장종莊宗)		명종明宗) 十一몰歿)				
	1	2	1	2	3	1	2	3	4	1
	요遼) 태조太祖)				태종太宗)					
	6	1	2	3	4	1	2	3	4	5
일본	제호醍醐) 九몰歿)									
	21 연희延喜)	22	194.11 연장延長)	2	3	4	5	6	7	8

124	다국연표多國年表)							921~940, 10세기世紀)		
埤	아래 경순왕 영전 승려화가僧侶畫家) 이진춘 밑그림 1794년 이명기 그림									
간지 干支	신묘 辛卯	임진 壬辰	계사 癸巳	갑오 甲午	을미 乙未	병신 丙申	정유 丁酉	무술 戊戌	기해 己亥	경자 庚子
띠동물 그림										
檀紀	3264	3265	3266	3267	3268	3269	3270	3271	3272	3273
儒紀	1482	1483	1484	1485	1486	1487	1488	1489	1490	1491
佛紀	1475	1476	1477	1478	1479	1480	1481	1482	1483	1484
回紀	311	312	313	314	315	316	317	318	319	320
西紀	931	932	933	934	935	936	937	938	939	940
한국韓國	56)경순왕景順王)					신라) 망亡)				
	5	67	7	8	9					
	후백제後百濟)		견훤甄萱)				망亡)			
	40	41	42	43	44	1				
	고려高麗) ①태조 왕건太祖王建)									
	14	15	16	17	18	19	20	21	22	23
935년	신라 멸망									
936년	고려, 후삼국 통일									
중국中國		민제4몰閔帝四歿)		폐제廢帝) 十一몰歿)				후진後晋)고조高祖)		
	2	3	4	1	2	1	2	3	4	5
	태종太宗)									
	6	7	8	9	10	11	12	1	2	3
일본日本	주작朱作)									
	1	2,4.26 승평承平)	3	4	5	6	7	1,5.22 천경天慶)	2	3
	섭攝) 등원충평藤原忠平)									

				경순왕						
				1904년						
				이진춘+이명기書						

125	다국연표多國年表)								941~960, 10세기世紀)	
埤										
간지 干支	신축 辛丑	임인 壬寅	계묘 癸卯	갑진 甲辰	을사 乙巳	병오 丙午	정미 丁未	무신 戊申	기유 己酉	경술 庚戌
지지地支) 상징동물					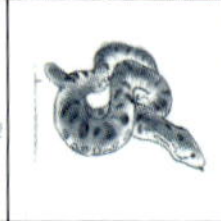					
단기	3274	3275	3276	3277	3278	3279	3280	3281	3282	3283
유기	1492	1493	1494	1495	1496	1497	1498	1499	1500	1501
불기	1485	1486	1487	1488	1489	1490	1491	1492	1493	1494
回紀	321	322	323	324	325	326	327	328	329	330
서기	941	942	943	944	945	946	947	948	949	950
한국韓國	고려)①태조五승 太祖五昇)			5즉卽)②혜종五즉 惠宗五卽)		九즉③정종九卽 定宗3선禪)				④광종光宗)
	24	25	26	1	2	1	2	3	4	광덕 光德)
중국中國	고조高祖) 六몰歿	출제 出帝十一망亡		후한後漢)고조高祖)		은제隱帝)			태조太祖)	
	6	7	8	七 개운 開雲)	2	3	천복 天福 12	1 건우 乾祐)	2	3
	요遼) 태조太祖) 四몰歿)						세종世宗) 九몰歿)			
	4	5	6	7	8	9	二大同 九天祿	2	3	4
일본日本	주작朱雀) 4양讓)				4즉卽) 촌상村上)					
	4	5	6	7	8	9	1	2	3	4
	충평忠平)		섭攝) 충평忠平)							

	무라카미 천황		태조 왕건太祖王建			개성 현릉 고려태조왕건			강감찬姜邯贊	
	946-967					경기연천 숭의전 태조왕건			고려개국 공신	

126	다국연표多國年表)							941~960,10세기世紀)		
埤										
간지 干支	신해 辛亥	임자 壬子	계축 癸丑	갑인 甲寅	을묘 乙卯	병진 丙辰	정사 丁巳	무오 戊午	기미 己未	경신 庚申
띠동물 그림										
檀紀	3284	3285	3286	3287	3288	3289	3290	3291	3292	3293
儒紀	1502	1503	1504	1505	1506	1507	1508	1509	1510	1511
佛紀	1495	1496	1497	1498	1499	1500	1501	1502	1503	1504
回紀	331	332	333	334	335	336	337	338	339	340
西紀	951	952	953	954	955	956	957	958	959	960
한국韓國		④광종光宗)								
	2	3	4	5	6	7	8	9	10	11
956	노비안검법 실시									
958	과거제도 처음 시행									
중국中國	태조太祖)			세종世宗)				공조恭祖)		송宋) 태조 太祖
	1 광 순 廣順)	2	3	1 一 현 덕 顯德)	2	3	4	5	6	1 건 융 建隆)
	세종世宗) 九몰歿)				목종穆宗)					
	九응력 應歷)	2	3	4	5	6	7	8	9	10
일본日本	4즉卽) 촌상村上)									
	5	6	7	8	9	10	1	2	3	4

127			다국연표多國年表)					961~980, 10기世紀)		
埤										
간지 干支	신유 辛酉	임술 壬戌	계해 癸亥	갑 자 甲子	을 축 乙丑	병 인 丙寅	정 묘 丁卯	무 진 戊辰	기 사 己巳	경오 庚午
지지地支) 상징동물										
단기	3294	3295	3296	3297	3298	3299	3300	3301	3302	3303
유기	1512	1513	1514	1515	1516	1517	1518	1519	1520	1521
불기	1505	1506	1507	1508	1509	1510	1511	1512	1513	1514
회기	341	342	343	344	345	346	347	348	349	350
서기	961	962	963	964	965	966	967	968	969	970
한국韓國	고려) ④광종光宗) 五승昇)									
	12 준풍 峻豊)	13	14	15	16	17	18	19	20	21
중국中國	송宋) 태조太祖) 十몰歿)									
	2	3	1	2	3	4	5	1	2	3
	요遼) 목종穆宗) 三몰歿)								경종景宗)	
	11	12	13	14	15	16	17	18	1 二 보령 保寧)	2
일본日本	촌상村上) 몰歿)			十즉卽) 냉천8양冷泉八讓)				九즉卽) 원융圓融)		
	1	2	3	1	2	3	4	1	2	3
	촌상村上) 5몰歿)			관關) 등원실뢰藤原實賴)			섭攝) 실뢰實賴)			

128	다국연표多國年表)						961~980, 10기世紀)			
埤	승昇)오를승=왕에오른다 또는 벼슬이 높아진다.									
간지 干支	신 미 辛未	임 신 壬申	계 유 癸酉	갑 술 甲戌	을 해 乙亥	병 자 丙子	정 축 丁丑	무 인 戊寅	기 묘 己卯	경진 庚辰
띠동물 그림										
檀紀	3304	3305	3306	3307	3308	3309	3310	3311	3312	3313
儒紀	1522	1523	1524	1525	1526	1527	1528	1529	1530	1531
佛紀	1515	1516	1517	1518	1519	1520	1521	1522	1523	1524
回紀	351	352	353	354	355	356	357	358	359	360
西紀	971	972	973	974	975	976	977	978	979	980
한국 韓國	고려) ④광종光宗) 五승昇)					五즉卽) ⑤경종景宗)				
	22	23	24	25	26	1	2	3	4	5
976	전시과 실시									
중국 中國	송宋) 태조太祖) 十몰歿)								태종太宗)	
	4	5	6	7	8	12 태평 흥국 太平 興國)	2	3	4	5
	경종景宗)									
	3	4	5	6	7	8	9	10	1十一 건향 乾享)	2
일본 日本	九즉卽) 원융圓融)									
	1	2	3	1	2	1	2	1	2	3
	섭攝)실뢰實頼)		섭攝) 등원실뢰藤原實頼)			관關) 등원겸통藤原兼通)			관關) 등원뢰충藤原頼忠)	

129	다국연표多國年表)							981～1000,10세기世紀)		
坱	전傳전할전)왕의자리를 대신들이 전한다.									
간지 干支	신사 辛巳	임오 壬午	계미 癸未	갑신 甲申	을유 乙酉	병술 丙戌	정해 丁亥	무자 戊子	기축 己丑	경인 庚寅
지지地支) 상징동물										
단기	3314	3315	3316	3317	3318	3319	3320	3321	3322	3323
유기	1532	1533	1534	1535	1536	1537	1538	1539	1540	1541
불기	1525	1526	1527	1528	1529	1530	1531	1532	1533	1534
回紀	361	362	363	364	365	366	367	368	369	370
서기	981	982	983	984	985	986	987	988	989	990
한국韓國	⑤경종景宗) 七 즉卽)	고려) ⑥성종成宗) 十전傳)								
	6	1	2	3	4	5	6	7	8	9
983년	전국에 12목 설치									
중국中國	송宋) 태종太宗) 三몰(歿)									
	6	7	8	11 옹희 雍熙	2	3	4	1 단공 端拱	2	1 순화 淳化
	경종景宗) 九몰歿)			요遼) 성종聖宗)						
	3	4	통화 統和	2	3	4	5	6	7	8
일본	원융圓融) 八양讓)			十즉卽) 화산花山) 六 양讓)			七즉卽) 一조條)			
	4 천원 天元	5	1(4.15 영관 永觀	2	(4.27 관화 寬和	2	1(4.5 영연 永延	2	1(8.8) 영조永 祚	1(11.7 정력正 歷
	뢰 충賴忠)			섭攝)관關)등원겸가藤原兼家)						

	카잔인천황	강감찬								
	984-986	948-1031								

130	다국연표多國年表)							981~1000,10세기世紀)		
埤										
간지 干支	신묘 辛卯	임진 壬辰	계사 癸巳	갑오 甲午	을미 乙未	병신 丙申	정유 丁酉	무술 戊戌	기해 己亥	경자 庚子
띠동물 그림										
檀紀	3324	3325	3326	3327	3328	3329	3330	3331	3332	3333
儒紀	1542	1543	1544	1545	1546	1547	1548	1549	1550	1551
佛紀	1535	1536	1537	1538	1539	1540	1541	1542	1543	1544
回紀	371	372	373	374	375	376	377	378	379	380
西紀	991	992	993	994	995	996	997	998	999	1000
한국韓國	고려) ⑥성종成宗) 十전傳)							十즉卽) ⑦목종穆宗)		
	10	11	12	13	14	15	16	1	2	3
992년	국자감 설치									
996년	건원중보 주조									
중국中國	송宋) 태종太宗) 三몰歿)							진종眞宗)		
	2	3	4	5	1 지도 至道	2	3	1 함평 咸平	2	3
	요遼) 성종聖宗)									
	9	10	11	12	13	14	15	16	17	18
일본日本	七즉卽) 一조條)									
	2	3	4	5	1(2.22) 장덕 長德	2	3	4	1(1.13) 장보 長保	2
	섭攝) 관關) 등원겸가藤原兼家)			섭관攝關) 등원도융藤原道隆)					2.22 蔍道原蕹	

131	다국연표多國年表)							1001~1020, 11세기世紀)		
埤										
간지 干支	신축 辛丑	임인 壬寅	계묘 癸卯	갑진 甲辰	을사 乙巳	병오 丙午	정미 丁未	무신 戊申	기유 己酉	경술 庚戌
지지地支) 상징동물										
단기	3334	3335	3336	3337	3338	3339	3340	3341	3342	3343
유기	1552	1553	1554	1555	1556	1557	1558	1559	1560	1561
불기	1545	1546	1547	1548	1549	1550	1551	1552	1553	1554
回紀	381	382	383	384	385	386	387	388	389	390
서기	1001	1002	1003	1004	1005	1006	1007	1008	1009	1010
한국韓國	고려) ⑦목종穆宗) 二폐廢)								二즉卽)⑧현종顯宗)	
	4	5	6	7	8	9	10	11	12	1
1010	거란의 2차 침입									
중국中國	송宋) 진종眞宗)									
	4	5	6	1 경덕景德	2	3	4	대중상부大中祥符	2	3
	요遼) 성종聖宗)									
	19	20	21	22	23	24	25	26	27	28
일본日本	一조條) 六양讓)									
	장보長保	4	5	1(7.20 관홍寬弘	2	3	4	5	6	7
	준섭准攝) 섭攝) 등원도장藤原道長)									

132	다국연표多國年表)							1001~1020,11세기世紀)		
埤										
간지 干支	신해 辛亥	임자 壬子	계축 癸丑	갑인 甲寅	을묘 乙卯	병진 丙辰	정사 丁巳	무오 戊午	기미 己未	경신 庚申
띠동물 그림							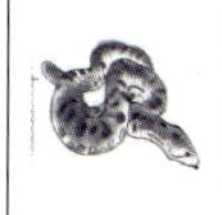			
檀紀	3344	3345	3346	3347	3348	3349	3350	3351	3352	3353
儒紀	1562	1563	1564	1565	1566	1567	1568	1569	1570	1571
佛紀	1555	1556	1557	1558	1559	1560	1561	1562	1563	1564
回紀	391	392	393	394	395	396	397	398	399	400
西紀	1011	1012	1013	1014	1015	1016	1017	1018	1019	1020
한국韓國	二즉卽) ⑧현종顯宗)									
	2	3	4	5	6	7	8	9	10	11
1019	구주대첩									
중국中國	송宋) 진종眞宗)									
	4	5	6	7	8	9	천희 天禧	2	3	4
	요遼) 성종聖宗)									
	29	1(10관 진 關秦	2	3	4	5	6	7	8	9
일본日本	十즉三조一양十卽三祚一讓)					二즉후一조二卽後一條)				
	8	1 12.25 장화 長和	2	3	4	5	1 (4.23 관인 寬仁	2	3	4
	준섭准攝) 섭攝) 등원도장藤原道長)									

133	다국연표多國年表)							1021~1040, 11세기世紀)	
埤										

간지 干支	신유 辛酉	임술 壬戌	계해 癸亥	갑 자 甲子	을 축 乙丑	병 인 丙寅	정 묘 丁卯	무 진 戊辰	기 사 己巳	경오 庚午
지지地支) 상징동물										
단기	3354	3355	3356	3357	3358	3359	3360	3361	3362	3363
유기	1572	1573	1574	1575	1576	1577	1578	1579	1580	1581
불기	1565	1566	1567	1568	1569	1570	1571	1572	1573	1574
회기	401	402	403	404	405	406	407	408	409	410
서기	1021	1022	1023	1024	1025	1026	1027	1028	1029	1030
한국韓國	고려) ⑧현종顯宗) 五승昇)									
	12	13	14	15	16	17	18	19	20	21
1033	북쪽 국경에 천리장성 쌓기 시작									
중국中國	요遼) 성종聖宗) 六 몰歿)								흥종興宗)	
	5	1건흥 乾興	1천성 天聖	2	3	4	5	6	7	8
	요遼) 성종聖宗) 六 몰歿)							흥종興宗)		
	1(1)태평 太平	2	3	4	5	6	7	8	9	10
	서하西夏)									
일본日本	후조後條) 사몰四歿)									
	1(2.2 치안 治安	2	3	1(7.13) 만수 萬壽	2	3	4	1(7.25) 장원 長元	2	3

134	다국연표多國年表)							1021~1040, 11세기世紀)		
埤										
간지 干支	신미 辛未	임신 壬申	계유 癸酉	갑술 甲戌	을해 乙亥	병자 丙子	정축 丁丑	무인 戊寅	기묘 己卯	경진 庚辰
띠동물 그림										
檀紀	3364	3365	3366	3367	3368	3369	3370	3371	3372	3373
儒紀	1582	1583	1584	1585	1586	1587	1588	1589	1590	1591
佛紀	1575	1576	1577	1578	1579	1580	1581	1582	1583	1584
回紀	411	412	413	414	415	416	417	418	419	420
西紀	1031	1032	1033	1034	1035	1036	1037	1038	1039	1040
한국韓國	九승昇)⑨덕종德宗)五즉卽)				⑩정종靖宗)					
	22	1	2	3	1	2	3	4	5	6
1033	북쪽 국경에 천리장성 쌓기 시작									
중국中國	흥종興宗)									
	9	1(1)명도 明道	2	1 경 우 景祐	2	3	4	1(1)보원 寶元	2	1(2)강정 康定
	1 경 복 景福	1 중 희 重熙	2	3	4	5	6	7	8	9
	경종景宗순도順道	2	개운開運 광운廣運	2	대경大慶)	2	천수예법연조 天授禮法延祚	2	3	
일본日本	후조後條)		사몰四歿)							
	4	5	6	7	8	9	1(4.21) 장력長曆	2	3	1(11.10) 장구(長久

	정호(程顥		정이(程頤							
	1032년~1085년		1033~1107							

135	다국연표多國年表)							1041~1060,11세기世紀)		
埤										
간지 干支	신사 辛巳	임오 壬午	계미 癸未	갑신 甲申	을유 乙酉	병술 丙戌	정해 丁亥	무자 戊子	기축 己丑	경인 庚寅
지지地支) 상징동물										
단기	3374	3375	3376	3377	3378	3379	3380	3381	3382	3383
유기	1592	1593	1594	1595	1596	1597	1598	1599	1600	1601
불기	1585	1586	1587	1588	1589	1590	1591	1592	1593	1594
回紀	421	422	423	424	425	426	427	428	429	430
서기	1041	1042	1043	1044	1045	1046	1047	1048	1049	1050
한국韓國	고려) ⑩정종靖宗) 五승昇)						5즉卽) ⑪문종文宗)			
	7	8	9	10	11	12	1	2	3	4
1145	김부식, 삼국사기 편찬									
중국中國	송宋) 인종仁宗)									
	1(11경력慶歷	2	3	4	5	6	7	8	황우皇佑 수성垂聖	2
	요遼) 興宗) 八몰歿)									
	10	11	12	13	14	15	16	17	18	19
	4 서하西夏	5	6	7	8	9	10	11	연사延嗣 령국寧國	천우天佑 수성垂聖
일본	후주작後朱雀) 1양讓)				4즉卽) 냉천冷泉)					
	2장차長久	3 .	4	1(11.24) 관덕寬德	2	1(4.14 영승永承	2	3	4	5
	관 關) 뢰통賴 通)									

136	다국연표多國年表)								1041~1060, 11세기世紀)	
埤										
간지 干支	신묘 辛卯	임진 壬辰	계사 癸巳	갑오 甲午	을미 乙未	병신 丙申	정유 丁酉	무술 戊戌	기해 己亥	경자 庚子
띠동물 그림										
檀紀	3384	3385	3386	3387	3388	3389	3390	3391	3392	3393
儒紀	1602	1603	1604	1605	1606	1607	1608	1609	1610	1611
佛紀	1595	1596	1597	1598	1599	1600	1601	1602	1603	1604
回紀	431	432	433	434	435	436	437	438	439	440
西紀	1051	1052	1053	1054	1055	1056	1057	1058	1059	1060
한국韓國	5즉卽)		⑪문종文宗)							
	5	6	7	8	9	10	11	12	13	14
1055년	최충의 사학									
중국中國	송宋) 인종仁宗)									
	3	4	5	1 三 지 화 至 和)	2	1 九 가 우嘉佑	2	3	4	5
	20	21	22	23	8 청 녕 八淸寧	2	3	4	5	6
	2	3	복성 福聖 승도 承道	2	3	4	1	2	3	4
일본日本										
	6	7	1(1.11 천희 天喜	2	3	4	5	1(8.29 강평 康平	2	3

137	다국연표多國年表)								1061~1080,11세기世紀)	
埤										
간지 干支	신축 辛丑	임인 壬寅	계묘 癸卯	갑진 甲辰	을사 乙巳	병오 丙午	정미 丁未	무신 戊申	기유 己酉	경술 庚戌
지지地支) 상징동물										
단기	3394	3395	3396	3397	3398	3399	3400	3401	3402	3403
유기	1612	1613	1614	1615	1616	1617	1618	1619	1620	1621
불기	1605	1606	1607	1608	1609	1610	1611	1612	1613	1614
回紀	441	442	443	444	445	446	447	448	449	450
서기	1061	1062	1063	1064	1065	1066	1067	1068	1069	1070
한국韓國	고려) ⑪문종文宗)									
	15	16	17	18	19	20	21	22	23	24
중국中國	송宋)인종仁宗) 인종		송영종宋英宗) 一몰一歿)				신 종 神 宗)			
	6	7	8	1 치평 治平	2	3	4	1 희령 熙寧	2	3
	7	8	9	10	1	2	3	4	5	6
	5 서하 西夏	6	1 홍화 栱化	2	3	4	5	6	혜종 惠宗 건도 乾道	2
일본日本	후냉천後冷泉) 四몰歿)						七즉卽) 후삼조後三條)			
	강평 康平	5	6	7	(8.2 치력治歷	2	3	4	1(4.13) 연구 延久	2
	관 關) 뢰통賴通)								관關) 등원경통藤原景通)	

埤										
간지 干支	신해 辛亥	임자 壬子	계축 癸丑	갑인 甲寅	을묘 乙卯	병진 丙辰	정사 丁巳	무오 戊午	기미 己未	경신 庚申
띠동물 그림										
檀紀	3404	3405	3406	3407	3408	3409	3410	3411	3412	3413
儒紀	1622	1623	1624	1625	1626	1627	1628	1629	1630	1631
佛紀	1615	1616	1617	1618	1619	1620	1621	1622	1623	1624
回紀	451	452	453	454	455	456	457	458	459	460
西紀	1071	1072	1073	1074	1075	1076	1077	1078	1079	1080
한국韓國	고려) ⑪문종文宗)									
	25	26	27	28	29	30	31	32	33	34
중국中國	신종神宗)									
	4	5	6	7	8	9	10	1 원풍 元豊	2	3
	요遼) 도종道宗)									
	7	8	9	10	태강 太康	2	3	4	5	6
	1 천 예 국사 성 경 1 天禮 國賜 盛慶	2	3	4	5	1 천안 天安	2	3	4	5
일본日本	七즉卽)후삼조後三條)			十二 즉卽) 백하白河)						
	3	4	5	1(8.23) 승보 承保	2	3	1(11.1 7 승력 承歷	2	3	4
			관關) 등원경통藤原景通)						관關) 등원사실藤原師實)	

139	다국연표多國年表)							1081~1100, 11세기世紀)		
埤										
간지 干支	신유 辛酉	임술 壬戌	계해 癸亥	갑 자 甲子	을 축 乙丑	병 인 丙寅	정 묘 丁卯	무 진 戊辰	기 사 己巳	경오 庚午
지지地支) 상징동물										
단기	3414	3415	3416	3417	3418	3419	3420	3421	3422	3423
유기	1632	1633	1634	1635	1636	1637	1638	1639	1640	1641
불기	1625	1626	1627	1628	1629	1630	1631	1632	1633	1634
회기	461	462	463	464	465	466	467	468	469	470
서기	1081	1082	1083	1084	1085	1086	1087	1088	1089	1090
한국韓國	⑪문종 文宗7승七昇		⑫순종 順宗) 卽)十昇	고려) ⑬선종宣宗) 五승昇)						
	35	36	1	1	2	3	4	5	6	7
중국中國	송宋) 신종神宗)					철종哲宗) 一몰歿)				
	4	5	6	7	8	1	2	원우 元祐	4	5
	(요遼) 도종道宗) 一몰歿)									
	7	8	9	10	태안 太安	2	3	4	5	6
	6 서하 西夏	7	8	9	10	천안 天安 예정 禮定	청의 天儀 치평 治平	2	3	천우 天祐 민안 民安
일본日本	백하白河)十一양讓)			十二 즉卽) 굴하堀河)						
	1(2.10 영보永保	2	3	1(2.7 응덕應德	2	3	1(4.7 관치寬治	2	3	4
	관關) 사실師實)			원院) 백하白河)						
				화攝) 사실師實)			관關) 사실師實)			

140	다국연표多國年表)							1080 ~1100,12 세기世紀)		
埤										
간지 干支	신 미 辛未	임 신 壬申	계 유 癸酉	갑 술 甲戌	을 해 乙亥	병 자 丙子	정 축 丁丑	무 인 戊寅	기 묘 己卯	경진 庚辰
띠동물 그림										
檀紀	3424	3425	3426	3427	3428	3429	3430	3431	3432	3433
儒紀	1642	1643	1644	1645	1646	1647	1648	1649	1650	1651
佛紀	1635	1636	1637	1638	1639	1640	1641	1642	1643	1644
回紀	471	472	473	474	475	476	477	478	479	480
西紀	1091	1092	1093	1094	1095	1096	1097	1098	1099	1100
韓國 한국	고려) 승昇) ⑬선종宣宗) 五			⑭헌종憲宗)五郎 十禪		⑮숙종肅宗)				
	8	9	10	11	1	1	2	3	4	5
중국中國	철종哲宗) 一몰歿)									
	6	7	8	소성 昭聖	2	3	4	(6) 원죽 元符	2	3
	(요遼) 도종道宗) 一몰歿)									
	6	7	8	9	10	수창 壽昌	2	3	4	5
	2	3	4	5	6	7	8	9	1 영안 永安	2
일본日本	十二즉卽) 굴하堀河)									
	5	6	7	1.12.25 가보 嘉保	2	1.12.17 영장 永長	1(11.21 승덕 承德	2	1(8.28) 강화 康和	2
	5	6	7	1.12.25 가보 嘉保	2	1.12.17 영장 永長	1(11.21 승덕 承德	2	1(8.28) 강화 康和	2
	원院) 백하白河)									
	관關) 사실師實)			관關) 등원사통藤原師通)						

141	다국연표多國年表)								1101~1120, 12 세기世紀)	
埤										
간지 干支	신사 辛巳	임오 壬午	계미 癸未	갑신 甲申	을유 乙酉	병술 丙戌	정해 丁亥	무자 戊子	기축 己丑	경인 庚寅
지지地支) 상징동물										
단기	3434	3435	3436	3437	3438	3439	3440	3441	3442	3443
유기	1652	1653	1654	1655	1656	1657	1658	1659	1660	1661
불기	1645	1646	1647	1648	1649	1650	1651	1652	1653	1654
回紀	481	482	483	484	485	486	487	488	489	490
서기	1101	1102	1103	1104	1105	1106	1107	1108	1109	1110
한국韓國	고려) ⑮숙종肅宗) 10승昇)					10즉卽) ⑯예종睿宗)				
	5	6	7	8	9	10	1	2	3	4
중국中國	송宋) 철종徽宗)									
	건중정국 建中靖國	숭령 崇寧	2	3	4	5	대관 大觀	2	3	4
	요遼) 천조제天祚帝)									
	건통 乾統	2	3	4	5	6	7	8	9	10
	3西夏	정관 定觀	2	3	4	5	6	7	8	9
일본	굴하 堀河) 七몰歿)					十二 즉卽) 조우鳥羽)				
	3 강화 康和	4	5	1(2.10) 장치 長治	2	1(4.9) 가승 嘉承	2	1(8.3) 천인 天仁	2	1(7.13) 천영 天永

142	다국연표多國年表)							1101~1120, 12세기世紀)		
埤										
간지干支	신묘辛卯	임진壬辰	계사癸巳	갑오甲午	을미乙未	병신丙申	정유丁酉	무술戊戌	기해己亥	경자庚子
띠동물 그림										
檀紀	3444	3445	3446	3447	3448	3449	3450	3451	3452	3453
儒紀	1662	1663	1664	1665	1666	1667	1668	1669	1670	1671
佛紀	1655	1656	1657	1658	1659	1660	1661	1662	1663	1664
回紀	491	492	493	494	495	496	497	498	499	500
西紀	1111	1112	1113	1114	1115	1116	1117	1118	1119	1120
한국韓國	10즉卽) ⑯예종睿宗)									
	5	6	7	8	9	10	11	12	13	14
중국中國	송宋) 철종徽宗)									
	정화政和	2	3	4	5	6	7	(11) 중화重和	1(2)선화宣和	2
	요遼) 천조제天祚帝)				천경天慶	6	7	8	9	10
	천경天慶	2	3	4	금金) 태조太祖)					
					수국收國	2	천보	2	3	4
	10	11	12	13	옹령雍寧		3	4	5	원덕元德
일본日本	十二 즉卽)		조우鳥羽)							
	2	3	1(7.13 영구永久	2	3	4	5	1(4.3 원영元永	2	1(4.10 보안保安

			스토쿠인천황							
			1123-1141							

143	다국연표多國年表)							1121~1140, 12세기世紀)		
埤										
간지 干支	신축 辛丑	임인 壬寅	계묘 癸卯	갑진 甲辰	을사 乙巳	병오 丙午	정미 丁未	무신 戊申	기유 己酉	경술 庚戌
지지地支) 상징동물					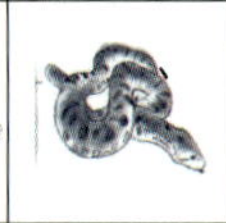					
단기	3454	3455	3456	3457	3458	3459	3460	3461	3462	3463
유기	1672	1673	1674	1675	1676	1677	1678	1679	1680	1681
불기	1665	1666	1667	1668	1669	1670	1671	1672	1673	1674
回紀	501	502	503	504	505	506	507	508	509	510
서기	1121	1122	1123	1124	1125	1126	1127	1128	1129	1130
韓國 한국	⑯예종睿宗4昇)		고려) ⑰인종仁宗)							
	16	17	1	2	3	4	5	6	7	8
중국中國	송宋) 철종(徹宗					欽宗		남송南宋) 고종高宗)		
	3	4	5	6	7	1정강 靖康	(5) 建炎	2	3	4
	요遼) 천조제天祚帝									
	보保 대大	2	3	4	5	요遼) 망亡)				
	금金) 태조太祖) 8몰歿)			태종太宗						
	5	6	천회 天會	2	3	4	5	6	7	
	2	3	4	5	6	7	정덕 正德	2	3	
일본日本	조우鳥羽) 一讓			二즉卽) 숭덕崇德)						
	2 보안 保安	3	4	1,4.3 천치 天治	2	1(1.22 대치 大治	2	3	4	5
	원院) 백하白河)								조우鳥羽)	
	藤등원충통(藤			화擲) 충통忠通)					관關)충통忠通)	

144	다국연표多國年表)							1121~1140, 12세기世紀)		
埤										
간지 干支	신해 辛亥	임자 壬子	계축 癸丑	갑인 甲寅	을묘 乙卯	병진 丙辰	정사 丁巳	무오 戊午	기미 己未	경신 庚申
띠동물 그림										
檀紀	3464	3465	3466	3467	3468	3469	3470	3471	3472	3473
儒紀	1682	1683	1684	1685	1686	1687	1688	1689	1690	1691
佛紀	1675	1676	1677	1678	1679	1680	1681	1682	1683	1684
回紀	511	512	513	514	515	516	517	518	519	520
西紀	1131	1132	1133	1134	1135	1136	1137	1138	1139	1140
韓國 한국	고려) ⑰인종仁宗)									
	9	10	11	12	13 天開	14	15	16	17	18
중국中國	남송南宋) 고종高宗)									
	1 소흥 紹興	2	3	4	5	6	7	8	9	10
	금金) 태종太宗) 1몰歿)		희종熙宗)							
	9	10	11	12	13	14		1	2	3
	5	6	7	8	대덕 大德	2	3	4	仁宗 大慶	2
일본日本	二즉卽) 숭덕崇德)									
	1,1.29 천승 天承	1,8.11 장승 長承	2	3	1,4.27 보연 保延	2	3	4	5	6
	조우鳥羽)									
	관關) 충통忠通)									

145	다국연표多國年表)							1141~1160, 12세기世紀)		
埤										
간지 干支	신유 辛酉	임술 壬戌	계해 癸亥	갑 자 甲子	을 축 乙丑	병 인 丙寅	정 묘 丁卯	무 진 戊辰	기 사 己巳	경오 庚午
지지地支) 상징동물										
단기	3474	3475	3476	3477	3478	3479	3480	3481	3482	3483
유기	1692	1693	1694	1695	1696	1697	1698	1699	1700	1701
불기	1685	1686	1687	1688	1689	1690	1691	1692	1693	1694
회기	521	522	523	524	525	526	527	528	529	530
서기	1141	1142	1143	1144	1145	1146	1147	1148	1149	1150
한국	고려) ⑰인종仁宗) 三전傳)						3 즉卽) ⑱의종毅宗)			
	19	20	21	22	23	24	1	2	3	4
1145	김부식, 삼국사기 편찬									
중국中國	남송南宋) 고종高宗)									
	11	12	13	14	15	16	17	18	19	20
	금金) 희종熙宗) 12몰歿)									
	1 황통 皇統	2	3	4	5	6	7	8	1(12 천덕 天德	2
	3 서하 西夏	4	5	1 인경 人慶	2	3	4	5	1 천성 天盛	
일본日本	숭덕 崇德 12양讓)			십이十二) 즉(卽) 근위近衛) 七몰歿)						
	1(7.10) 영치 永治	1(4.28) 강치 康治	2	1(2.23) 천황 天黃	1(7.22) 구안 久安	2	3	4	5	6
	원院) 조우鳥羽)									
	충통			화(攙) 충통忠通)						
	코노인천황									
	1141-1155									

146	다국연표多國年表)							1141~1160, 12세기世紀)		
埤										
간지 干支	신 미 辛未	임 신 壬申	계 유 癸酉	갑 술 甲戌	을 해 乙亥	병 자 丙子	정 축 丁丑	무 인 戊寅	기 묘 己卯	경진 庚辰
띠동물 그림										
檀紀	3484	3485	3486	3487	3488	3489	3490	3491	3492	3493
儒紀	1702	1703	1704	1705	1706	1707	1708	1709	1710	1711
佛紀	1695	1696	1697	1698	1699	1700	1701	1702	1703	1704
回紀	531	532	533	534	535	536	537	538	539	540
西紀	1151	1152	1153	1154	1155	1156	1157	1158	1159	1160
國 한국 韓	3 즉卽) ⑱의 종 毅 宗)									
	4	5	6	7	8	9	10	11	12	13
중국 中國	남송南宋) 고종高宗)									
	21	22	23	24	25	26	27	28	19	30
	제 량 帝亮)									
	3	4	1(3) 정원 貞元	2	3	1 정융 正隆	2	3	4	5
	3	4	5	6	7	8	9	10	11	12
일본 日本	근 위 近 衛) 七몰歿			八양譲十즉卽)후백後白				즉이조卽二條十二		
	1(1.26) 인평 仁平	2	3	1(10.2 8) 구순 久諄	2	1(4.27 보원 保元	2	3	1(420) 평치 平治	1(1.20 영간 永肝
	원院) 조우鳥羽)								후백하後白河)	
	관關) 충통忠通)						관關)			
					 고사카와인 천황		 니죠인천황			
					1155~1158		1158~1165			

147	다국연표多國年表)							1161~1180, 12세기世紀)		
埤										
간지 干支	신사 辛巳	임오 壬午	계미 癸未	갑신 甲申	을유 乙酉	병술 丙戌	정해 丁亥	무자 戊子	기축 己丑	경인 庚寅
지지地支) 상징동물										
단기	3494	3495	3496	3497	3498	3499	3500	3501	3502	3503
유기	1712	1713	1714	1715	1716	1717	1718	1719	1720	1721
불기	1705	1706	1707	1708	1709	1710	1711	1712	1713	1714
回紀	541	542	543	544	545	546	547	548	549	550
서기	1161	1162	1163	1164	1165	1166	1167	1168	1169	1170
韓國 한국	고려) ⑱의종毅宗) 九폐廢)									
	15	16	17	18	19	20	21	22	23	24
1170	정중부의 난					1179	경대승, 도방정치			
중국中國	고종 高宗	남송南宋) 효종孝宗)								
	31	32	융흥 隆興	2	건도 乾道	2	3	4	5	6
	(11) 몰歿	금金) 세종(世宗)								
	1십 대정 大定	2	3	4	5	6	7	8	9	10
	13 西夏	14	15	16	17	18	19	20	21	22
일본	이조(二條)六양(讓)			七츳(卽)六조(六條)二讓						
	1(9.4 응보 應保	2	1(3.29 장관 長寬	2	1(6.5) 빙만 永萬	1((8.2 7 인안 仁安	2	3	1(4.8) 가응 嘉應	2
	후백하(後白河)									
	관(關) 등원기실(藤原基實)					섭攝) 기방(基房)				
1162~1227,8,25	몽골 징기스칸 역사상 인류 최대의 영토를 가진 몽골 제국 완성									

	징기스칸		타카쿠라이							
	1162~1227,8,25		1168~1180							

148		다국연표多國年表)						1161~1180, 12세기世紀)		
塛										
간지 干支	신묘 辛卯	임진 壬辰	계사 癸巳	갑오 甲午	을미 乙未	병신 丙申	정유 丁酉	무술 戊戌	기해 己亥	경자 庚子
띠동물 그림										
檀紀	3504	3505	3506	3507	3508	3509	3510	3511	3512	3513
儒紀	1722	1723	1724	1725	1726	1727	1728	1729	1730	1731
佛紀	1715	1716	1717	1718	1719	1720	1721	1722	1723	1724
回紀	551	552	553	554	555	556	557	558	559	560
西紀	1171	1172	1173	1174	1175	1176	1177	1178	1179	1180
韓國 한국	九즉卽) ⑲명종明宗)									
	1	2	3	4	5	6	7	8	9	10
1170	정중부의 난				1179	경대승, 도방정치				
중국 中國	남송 南宋) 효종孝宗)									
	7	8	9	순희 諄熙	2	3	4	5	6	7
	금金) 세종(世宗)									
	11	12	13	14	15	16	17	18	19	20
	1건우 乾祐	2	3	4	5	6	7	8	9	10
일본 日本	三즉(卽) 고창(高倉)									
	1(4.21 승안 承安	2	3	4	1(7.28 안원 安元	2	1(8.4) 치승 治承	2	3	4
	후백하(後白河)								고창 高倉	
	섭攝) 기방基房)				관(關) 등원기방藤原基房)					

149	다국연표多國年表)								1181~1200, 12세기世紀)	
埤										
간지 干支	신축 辛丑	임인 壬寅	계묘 癸卯	갑진 甲辰	을사 乙巳	병오 丙午	정미 丁未	무신 戊申	기유 己酉	경술 庚戌
지지地支) 상징동물										
단기	3514	3515	3516	3517	3518	3519	3520	3521	3522	3523
유기	1732	1733	1734	1735	1736	1737	1738	1739	1740	1741
불기	1725	1726	1727	1728	1729	1730	1731	1732	1733	1734
回紀	561	562	563	564	565	566	567	568	569	570
서기	1181	1182	1183	1184	1185	1186	1187	1188	1189	1190
韓國 한국	고려) ⑲명종明宗) 九폐廢)									
	11	12	13	14	15	16	17	18	19	20
1196년	최충헌 집권				1198	만적의 난				
중국中國	남송南宋) 효종孝宗) 2몰歿)								광종光宗)	
	8	9	10	11	12	13	14	15	16	1 소희 昭熙
	금金) 세종世宗) 1양讓)						장종章宗)			
	21	22	23	24	25	26	27	28	29	1 명창 明昌
	서하 西夏	12	13	14	15	16	17	18	19	20
일본日本			일본가마쿠라시대							
	안덕安德) 三몰歿)									
	1	1	2	3	1					
	치승 治承	6	7	1(4.16 원력 元歷	2	2 문치 文治	3	4	5	1(4.11) 건구乾久 화승和勝
	원院) 후백하後白河)									
	섭攝) 등원기통藤原基通									

	이규보 李奎報		고토바인							
			1183=1198							

150	다국연표多國年表)								1181~1200,12세기世紀)	
埤										
간지 干支	신해 辛亥	임자 壬子	계축 癸丑	갑인 甲寅	을묘 乙卯	병진 丙辰	정사 丁巳	무오 戊午	기미 己未	경신 庚申
띠동물 그림										
檀紀	3524	3525	3526	3527	3528	3529	3530	3531	3532	3533
儒紀	1742	1743	1744	1745	1746	1747	1748	1749	1750	1751
佛紀	1735	1736	1737	1738	1739	1740	1741	1742	1743	1744
回紀	571	572	573	574	575	576	577	578	579	580
西紀	1191	1192	1193	1194	1195	1196	1197	1198	1199	1200
한국韓國	고 려) ⑲명종明宗) 九폐廢)							九즉卽)⑳신종神宗)		
	21	22	23	24	25	26	27	1	2	3
1196년	최충헌 집권				1198	만적의 난				
중국中國	광종光宗) 七양讓)				령종寧宗)					
	2	3	4	5	1	2	3	4	5	6
	장 종 章宗)									
	2	3	4	5	6	1(10 承安	2	3	4	5
	21	22	23	桓宗 天慶	2	3	4	5	6	7
일본日本			일본가마쿠라시대							
	2	3	4	5	6	7	8	9	1(4.27 정치 正治	2
			장군將軍) 원뢰조源賴朝)							

151	다국연표多國年表)								1201~1220, 13세기世紀)	
埤										
간지 干支	신유 辛酉	임술 壬戌	계해 癸亥	갑 자 甲子	을 축 乙丑	병 인 丙寅	정 묘 丁卯	무 진 戊辰	기 사 己巳	경오 庚午
지지地支) 상징동물										
단기	3534	3535	3536	3537	3538	3539	3540	3541	3542	3543
유기	1752	1753	1754	1755	1756	1757	1758	1759	1760	1761
불기	1745	1746	1747	1748	1749	1750	1751	1752	1753	1754
회기	581	582	583	584	585	586	587	588	589	590
서기	1201	1202	1203	1204	1205	1206	1207	1208	1209	1210
한국	⑳신종神宗1선禪			1즉卽) ㉑희종熙宗) 12폐廢)						
	4	5	6	7	1	2	3	4	5	6
중국中國	남송南宋) 영종寧宗)									
	가태 嘉泰	2	3	4	개희 開禧	2	3	가정 嘉定	2	3
	금金) 장종章宗) 11몰歿)							영제永濟) 8몰歿)		
	몽고蒙古)					태조 太祖	2	3	4	5
	8 서하 西夏	9	10	11	12	배종 褒宗 응종 應宗	2	3	4	1 황건 皇建
일본日本	토어문土御門) 11양讓)								12즉卽)	
	1(2,13 건인 建仁	2	3	1(2.20 원구 元久	2	1(10,25 승원 承元	1	2	3	4
			뢰가頼家)		원실조源實朝)					
	집권(執權)		북조시정北條時政			북조의시北條義時)				

									쥰토쿠인	
									1210-1221	

152	다국연표多國年表)								1201~1220, 13세기世紀)	
埤										
간지 干支	신미 辛未	임신 壬申	계유 癸酉	갑술 甲戌	을해 乙亥	병자 丙子	정축 丁丑	무인 戊寅	기묘 己卯	경진 庚辰
띠동물 그림										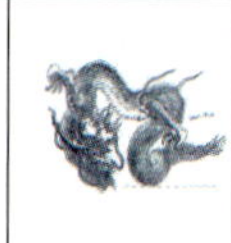
檀紀	3544	3545	3546	3547	3548	3549	3550	3551	3552	3553
儒紀	1762	1763	1764	1765	1766	1767	1768	1769	1770	1771
佛紀	1755	1756	1757	1758	1759	1760	1761	1762	1763	1764
回紀	591	592	593	594	595	596	597	598	599	600
西紀	1211	1212	1213	1214	1215	1216	1217	1218	1219	1220
한국 韓國	1 2 폐 廢)	12즉卽)㉒강종康宗 8승昇		8즉卽) ㉓고종高宗)						
	7	1	2	1	2	3	4	5	6	7
중국 中國	남송南宋) 영종寧宗)									
	4	5	6	7	8	9	10	11	12	13
	6	7	8	9	10	11	12	13	14	15
	신종 神宗 광종 光宗	2	3	4	5	6	7	8	9	10
일본 日本										
	1(3,9 건역 建歷	2	1(12.6 건보 建保	2	3	4	5	6	1(4.12 승구 承久	2
	원실조源實朝)									
	북조의시北條義時)									
				몽골원수살리타. 활로살해						
	쥰토쿠인		김윤후 金允侯				일연一然			
	1210-1221		고려인				고려인 삼국사기			

153	다국연표多國年表)							1221~1240, 13세기世紀)		
埤										
간지 干支	신사 辛巳	임오 壬午	계미 癸未	갑신 甲申	을유 乙酉	병술 丙戌	정해 丁亥	무자 戊子	기축 己丑	경인 庚寅
지지地支) 상징동물										
단기	3554	3555	3556	3557	3558	3559	3560	3561	3562	3563
유기	1772	1773	1774	1775	1776	1777	1778	1779	1780	1781
불기	1765	1766	1767	1768	1769	1770	1771	1772	1773	1774
回紀	601	602	603	604	605	606	607	608	609	610
서기	1221	1222	1223	1224	1225	1226	1227	1228	1229	1230
國 한국韓	고려高麗) ㉓고종高宗)									
	8	9	10	11	12	13	14	15	16	17
중국中國	영종寧宗) 8몰歿)				남송南宋) 리종理宗)					
	14	15	16	17	보경 寶慶	2	3	소정 昭定	2	3
	5	(8) 원광 元光	2	대정 正大	2	3	4	5	6	7
	16	17	18	19	20	21	22	23		2
	서하 西夏	12	2 묵종 건정 默宗 乾定	2	3	이현 보경 李晛 寶慶	2	6 서하西夏) 망亡)		
일본日本	四讓	七讓 仲恭	十二즉卽) 후굴하後堀河) 十양讓)							
	3 승차 承久	1(4.13 정응 貞應	2	1(11.2 0 원인 元仁	1(4.20 가록 嘉祿	2	1(2.10 안정 安貞	2	1(3.5 관희 寬喜	2
			원뢰경源賴經)							
	의시(義時)			북조진시北條秦時)						

	고호리카와인									
	1221-1232									

154	다국연표多國年表)							1221~1240, 13세기世紀)		
埤										
간지 干支	신묘 辛卯	임진 壬辰	계사 癸巳	갑오 甲午	을미 乙未	병신 丙申	정유 丁酉	무술 戊戌	기해 己亥	경자 庚子
띠동물 그림			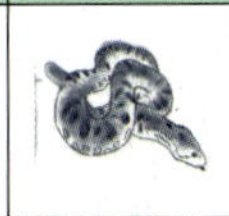							
檀紀	3564	3565	3566	3567	3568	3569	3570	3571	3572	3573
儒紀	1782	1783	1784	1785	1786	1787	1788	1789	1790	1791
佛紀	1775	1776	1777	1778	1779	1780	1781	1782	1783	1784
回紀	611	612	613	614	615	616	617	618	619	620
西紀	1231	1232	1233	1234	1235	1236	1237	1238	1239	1240
國 한국 韓	고려高麗) ㉓고종高宗)									
	18	19	20	21	22	23	24	25	26	27
1231	몽골 1차 침입			1234	금속활자 사용한 상정고금예문 간행					
1232	강화천도			1236	강화에서 고려대장경 판각 시작~1251)					
중국 中國	남송 南宋) 리종理宗)									
	4	5	6	서평 瑞平	2	3	가희 嘉熙	2	3	4
	애종哀宗) 一몰歿)				금金) 망亡 몽고蒙古) 태종太宗)					
	8	개흥4 開興 4천흥 天興								
	3	4	5	6	7	8	9	10	11	12
	6 서하西夏) 망亡)									
일본		十二 즉卽) 사조四條)								
	3	1(4.2 정영 貞永	1(4.5 천복 天福	1(11.5 문력 文曆	1(9.19 가정 嘉禎	2	3	1(11.23) 력인 歷仁	1(2.7 연응 延應	1(7.16 인치 仁治

	고호리카와인		시죠인							
	1221-1232		1232-1242							

155	다국연표多國年表)							1241~1260, 13세기世紀)		
埤										
간지 干支	신축 辛丑	임인 壬寅	계묘 癸卯	갑진 甲辰	을사 乙巳	병오 丙午	정미 丁未	무신 戊申	기유 己酉	경술 庚戌
지지地支) 상징동물										
단기	3574	3575	3576	3577	3578	3579	3580	3581	3582	3583
유기	1792	1793	1794	1795	1796	1797	1798	1799	1800	1801
불기	1785	1786	1787	1788	1789	1790	1791	1792	1793	1794
回紀	621	622	623	624	625	626	627	628	629	630
서기	1241	1242	1243	1244	1245	1246	1247	1248	1249	1250
	고려) ㉓고종高宗)									
	28	29	30	31	32	33	34	35	36	37
중국中國	남송 南宋) 리종理宗)									
	1 순우 諄祐	2	3	4	5	6	7	8	9	10
	11몰	황후해미실皇后海迷失) ※여성 정치인				三몰歿) 정종定宗)				
	13	1	2	3	4	1	2	3	1	2
일본日本	사조四條 1몰歿		三즉卽) 후차아後嵯峨)				三즉卽) 후심탁後深卓) 十一 양讓)			
	인치 仁治	3	1(2.26 관원 寬元	2	3	4	1(2.28 관치 寬治	2	1(3.18 건장 建長	2
	뢰경賴經)			원뢰사源賴嗣)						
	진시秦時		경시經時)				북조시뢰北條時賴)			

156	다국연표多國年表)								1241~1260, 13세기世紀)	
埤										
간지 干支	신해 辛亥	임자 壬子	계축 癸丑	갑인 甲寅	을묘 乙卯	병진 丙辰	정사 丁巳	무오 戊午	기미 己未	경신 庚申
띠동물 그림										
檀紀	3584	3585	3586	3587	3588	3589	3590	3591	3592	3593
儒紀	1802	1803	1804	1805	1806	1807	1808	1809	1810	1811
佛紀	1795	1796	1797	1798	1799	1800	1801	1802	1803	1804
回紀	631	632	633	634	635	636	637	638	639	640
西紀	1251	1252	1253	1254	1255	1256	1257	1258	1259	1260
한국	고려) ㉓고종高宗) 6승昇)									6즉卽) ㉔원종 元宗)
	38	39	40	41	42	43	44	45	46	1
중국中國	남송南宋) 리종理宗)									
	11	12	1 보우 寶祐	2	3	4	5	6	1 개경 開慶	1 경정 景定
	해미실海迷失)				헌종憲宗) 七몰歿)					
	1	2	3	4	5	6	7	8	9	五 중통 中統
일본日本	三즉卽) 후심탁後深卓) 十一 양讓)									12卽 구산 龜山
	3	4	5	6	7	1(10.5 강원 康元	1(3.14 정가 正嘉	2	1(3.26 정원 正元	1(4.13 문응 文應
			종존친왕宗尊親王)							
	북조시뢰北條時頼)							북조장시北條長時)		

157	다국연표多國年表)							1261~1280, 13세기世紀)		
埤	몰歿)죽었다. 죽음을 말함.									
간지 干支	신 유 辛 酉	임 술 壬 戌	계 해 癸 亥	갑 자 甲 子	을 축 乙 丑	병 인 丙 寅	정 묘 丁 卯	무 진 戊 辰	기 사 己 巳	경 오 庚 午
지지地支) 상징동물										
단기	3594	3595	3596	3597	3598	3599	3600	3601	3602	3603
유기	1812	1813	1814	1815	1816	1817	1818	1819	1820	1821
불기	1805	1806	1807	1808	1809	1810	1811	1812	1813	1814
회기	641	642	643	644	645	646	647	648	649	650
서기	1261	1262	1263	1264	1265	1266	1267	1268	1269	1270
한국	고려) ㉔원종 元宗) 6승昇)									
	2	3	4	5	6	7	8	9	10	11
1270	배중손, 삼별초를 이끌고 대몽항쟁 시작									
중국	리종理宗) 十몰歿			남송南宋) 도종度宗) 7몰歿)						
	2	3	4	5	1	2	3	4	5	6
	원元) 세조世祖)									
	2	3	4	1 지원 至元)	2	3	4	5	6	7
일본	구산龜山) 一양讓)									
	1(2,20 홍장 弘長	2	3	1(2.28 문영 文永	2	3	4	5	6	7
	1(2,20 홍장 弘長	2	3	1(2.28 문영 文永	2	3	4	5	6	7
	종존친왕宗尊親王)				추강친왕推康親王)					
	장시長時)				북조정촌北條政村)					
가 1										
					단테					
					1265~1321					

158	다국연표多國年表)								1261~1280, 13세기世紀)	
埤										
간지 干支	신 미 辛未	임 신 壬申	계 유 癸酉	갑 술 甲戌	을 해 乙亥	병 자 丙子	정 축 丁丑	무 인 戊寅	기 묘 己卯	경진 庚辰
띠동물 그림										
檀紀	3604	3605	3606	3607	3608	3609	3610	3611	3612	3613
儒紀	1822	1823	1824	1825	1826	1827	1828	1829	1830	1831
佛紀	1815	1816	1817	1818	1819	1820	1821	1822	1823	1824
回紀	651	652	653	654	655	656	657	658	659	660
西紀	1271	1272	1273	1274	1275	1276	1277	1278	1279	1280
韓國	고려) ㉔원종元宗)				8즉卽) ㉕충렬왕忠烈王)					
	12	13	14	15	1	2	3	4	5	6
中國			공종恭宗			단종端宗4歿		2몰2歿 위왕衛王		남송南宋망亡
	7	8	9	10	1	1	2	1	2	
	원元) 세조世祖)									
	8	9	10	11	12	13	14	15	16	17
日本	구산龜山) 一양讓)			三즉卽) 후자다後字多)						
	8	9	10	11	1(4.25 건치建治	2	3	1(2.29 홍안弘安	2	3
	8	9	10	11	1(4.25) 건치建治	2	3	1(2.29) 홍안弘安	2	3
	추강친왕推康親王)									
	북조시종北條時宗)									

			고우다인				안향安珦			
			1274-1287							

159	다국연표多國年表)							1281~1300, 13세기世紀)		
埤										
간지 干支	신사 辛巳	임오 壬午	계미 癸未	갑신 甲申	을유 乙酉	병술 丙戌	정해 丁亥	무자 戊子	기축 己丑	경인 庚寅
지지地支) 상징동물										
단기	3614	3615	3616	3617	3618	3619	3620	3621	3622	3623
유기	1832	1833	1834	1835	1836	1837	1838	1839	1840	1841
불기	1825	1826	1827	1828	1829	1830	1831	1832	1833	1834
回紀	661	662	663	664	665	666	667	668	669	670
서기	1281	1282	1283	1284	1285	1286	1287	1288	1289	1290
한국	고려) ㉕충열왕忠烈王)									
	7	8	9	10	11	12	13	14	15	16
1287	이승휴, 제왕운기》 저술									
중국	원元) 세조世祖) 一몰歿)									
	18	19	20	21	22	23	24	25	26	27
일본	후우다後宇多) 十양讓)								三즉卽)복견伏見)七양讓)	
	4 홍안 弘安	5	6	7	8	9	10	1(4.28 정응 正應	2	3
	추강친왕推康親王)							구명친왕久明親王)		
	시종詩宗)			북조정시北條貞時)						
							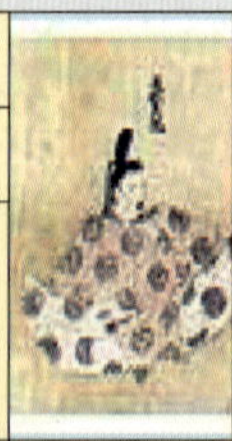			
							후시미인			
							1287-1301			

埤										
간지 干支	신묘 辛卯	임진 壬辰	계사 癸巳	갑오 甲午	을미 乙未	병신 丙申	정유 丁酉	무술 戊戌	기해 己亥	경자 庚子
띠동물 그림										
檀紀	3624	3625	3626	3627	3628	3629	3630	3631	3632	3633
儒紀	1842	1843	1844	1845	1846	1847	1848	1849	1850	1851
佛紀	1835	1836	1837	1838	1839	1840	1841	1842	1843	1844
回紀	671	672	673	674	675	676	677	678	679	680
西紀	1291	1292	1293	1294	1295	1296	1297	1298	1299	1300
韓國	고려) ㉕충렬왕忠烈王)									
	17	18	19	20	21	22	23	24	25	26
中國	원元) 세조世祖) 一몰歿)				四즉卽) 성종成宗)					
	28	29	30	31	1	2	1	2	3	4
日本	三즉卽) 복견伏見) 七양讓)							10즉卽) 후복견後伏見)		
	4	5	1(8.5) 영인 永仁	2	3	4	5	6	1(4.25 정안 正安	2
	구명친왕久明親王)									
	북조정시北條貞時)									

	이제현 李齊賢									

161	다국연표多國年表)							1301~1320, 14세기世紀)		
埤										
간지 干支	신축 辛丑	임인 壬寅	계묘 癸卯	갑진 甲辰	을사 乙巳	병오 丙午	정미 丁未	무신 戊申	기유 己酉	경술 庚戌
지지地支) 상징동물										
단기	3634	3635	3636	3637	3638	3639	3640	3641	3642	3643
유기	1852	1853	1854	1855	1856	1857	1858	1859	1860	1861
불기	1845	1846	1847	1848	1849	1850	1851	1852	1853	1854
回紀	681	682	683	684	685	686	687	688	689	690
서기	1301	1302	1303	1304	1305	1306	1307	1308	1309	1310
한국	고려) ㉕충렬왕忠烈王) 七승昇)								八즉卽 ㉖충선왕忠宣王) 3전傳)	
	27	28	29	30	31	32	33	34	1	2
1304	국학에 섬학전 설치									
중국	원元) 성종成宗) 1몰(歿)						무종武宗 몰歿) 3즉卽)			
	5	6	7	8	9	10	11	1 지 대 至大	2	3
일본	三즉卽) 후二조後二條) 八몰歿)							十一즉卽) 화원花園) 二양讓)		
	3 정안 正安	1(11.21 건원 乾元	1(8.5) 희치 喜治)	2	3	1(12.14 덕치 德治	2	1(10.9 연경 延慶	2	3
	구명친왕久明親王)					수방친왕守邦親王)				
	북조사시 北條師時	종선 宗宣	북조희시北條熙時)				기시基時)			

162	다국연표多國年表)							1301~1320, 14세기世紀)		
坤										
간지 干支	신해 辛亥	임자 壬子	계축 癸丑	갑인 甲寅	을묘 乙卯	병진 丙辰	정사 丁巳	무오 戊午	기미 己未	경신 庚申
띠동물 그림										
檀紀	3644	3645	3646	3647	3648	3649	3650	3651	3652	3653
儒紀	1862	1863	1864	1865	1866	1867	1868	1869	1870	1871
佛紀	1855	1856	1857	1858	1859	1860	1861	1862	1863	1864
回紀	691	692	693	694	695	696	697	698	699	700
西紀	1311	1312	1313	1314	1315	1316	1317	1318	1319	1320
韓國	八즉卽 ㉖충선왕 忠宣王) 3전傳)			三즉卽) ㉗충숙왕忠肅王)						
	3	4	5	1	2	3	4	5	6	7
中國	三즉卽) 인종仁宗) 1몰歿)									3卽 영조 英宗
	4	1 황경 皇慶	2	1 연우 延祐	2	3	4	5	6	7
日本	十一즉卽) 화원花園) 二양讓)							二즉후제호二卽後醍醐)		
	1(4.28 응장 應長	1(3.20 정화 正和	2	3	4	5	1(2.3) 문보 文保	2	1(4.28 원응 元應	2
	수방친왕守邦親王)									
	기시基時)					북조고시北條高時)				

163	다국연표多國年表)								1321~1340, 14세기世紀)	
埤										
간지 干支	신 유 辛 酉	임 술 壬 戌	계 해 癸 亥	갑 자 甲 子	을 축 乙 丑	병 인 丙 寅	정 묘 丁 卯	무 진 戊 辰	기 사 己 巳	경 오 庚 午
지지地支) 상징동물										
단기	3654	3655	3656	3657	3658	3659	3660	3661	3662	3663
유기	1872	1873	1874	1875	1876	1877	1878	1879	1880	1881
불기	1865	1866	1867	1868	1869	1870	1871	1872	1873	1874
회기	701	702	703	704	705	706	707	708	709	710
서기	1321	1322	1323	1324	1325	1326	1327	1328	1329	1330
한국	고려高麗) ㉗충숙왕忠肅王) 2전傳)									
	8	9	10	11	12	13	14	15	16	17
중국	원元) 영조 英祖) 8몰歿)		9즉卽) 진종晋宗)7몰歿)			천순제天順帝 문종文宗		명종 明宗	8즉卽)문종文宗)	
	1 지치 至治	2	3	1 진정 秦定	2	3	4	(2) 치화 致和	九천 력天 曆	2
일본	후제호後醍醐)									
	1 (2.23 원정 元亨	2	3	1 (12,9 정중 正中	2	1 (4,26 가역 嘉歷	2	3	1 (8.29) 원덕 元德	2
								3	1	2
	수방친왕守邦親王)							양량친왕讓良親王)		
	고시高時)				정원貞願)		북조수시北條守時)			

164	다국연표多國年表)							1321~1340, 14세기世紀)		
埤										
간지 干支	신 미 辛未	임 신 壬申	계 유 癸酉	갑 술 甲戌	을 해 乙亥	병 자 丙子	정 축 丁丑	무 인 戊寅	기 묘 己卯	경진 庚辰
띠동물 그림										
檀紀	3664	3665	3666	3667	3668	3669	3670	3671	3672	3673
儒紀	1882	1883	1884	1885	1886	1887	1888	1889	1890	1891
佛紀	1875	1876	1877	1878	1879	1880	1881	1882	1883	1884
回紀	711	712	713	714	715	716	717	718	719	720
西紀	1331	1332	1333	1334	1335	1336	1337	1338	1339	1340
韓國	㉗충숙왕 고려)								㉘충혜왕 忠惠王)2 즉卽)	
	2	1	2	3	4	5	6	7	8	1
中國	8즉卽)문종文宗)		10즉卽)영종英宗)		6즉卽) 순제順帝)					
	3	1(10 원통 元統	2	3	1 지원 至元	2	3	4	5	8 수 八守
日本	남조南朝) 8양(讓)						8수선후촌상 受禪後村上)			
	(8.10 원홍 元弘	3	1 (1,29 건무 建武	2	1 (2.29 연원 延元	2	3	4	1 (4,28 흥국 興國	2
	9조) 북조北朝) 광光5엄폐嚴廢)							8조祚) 광명光明)		
	1	2	3	4	1	2	3	1	2	3
			양랑친왕讓良親王)					족리존씨足利尊氏)		
	고시高時)			정원貞願)			북조수시北條守時)			

			코곤인		코곤인					
			1331-1333		1336-1348					

165	다국연표多國年表)							1341~1360, 14세기世紀)		
埤	二즉卽) 忠憲王복위復位)				충목왕忠穆王)12승昇)			고려) 충헌왕1昇)		
간지 干支	신사 辛巳	임오 壬午	계미 癸未	갑신 甲申	을유 乙酉	병술 丙戌	정해 丁亥	무자 戊子	기축 己丑	경인 庚寅
지지地支) 상징동물										
단기	3674	3675	3676	3677	3678	3679	3680	3681	3682	3683
유기	1892	1893	1894	1895	1896	1897	1898	1899	1900	1901
불기	1885	1886	1887	1888	1889	8890	1891	1892	1893	1894
回紀	721	722	723	724	725	726	727	728	729	730
서기	1341	1342	1343	1344	1345	1346	1347	1348	1349	1350
한국	㉘2즉卽) 충혜왕忠惠王)				㉙충목왕忠穆王) 양讓)				11복 ㉚ 충정왕忠定王)111즉卽)	
	2	3	4	5	1	2	3	4	1	2
1342	이제현, 《역옹패설》 저술									
1347	정치도감 설치									
중국	원元) 순제順帝)									
	지정 至正	2	3	4	5	6	7	8	9	10
일본	후촌상後村上)									
	2 흥국 興國	3	4	5	백록사 白鹿私	(12,8 정평 正平. 백록 白鹿	2	3	4	5
	광명光明) 十양讓)							1폐廢) 10조 10祚 숭광崇光)10		
	역응 歷應	1(4.27 강영 康永	2	3	1(10.21 정화 貞和	2	3	4	5	1(2.27 관응 觀應
	존씨(尊氏)									

166		다국연표多國年表)						1341~1360, 14세기世紀)		
埤	二즉卽) 忠憲王복위復位) 충목왕忠穆王)12승昇 고려) 충헌왕1昇)									
간지 干支	신묘 辛卯	임진 壬辰	계사 癸巳	갑오 甲午	을미 乙未	병신 丙申	정유 丁酉	무술 戊戌	기해 己亥	경자 庚子
띠동물 그림										
檀紀	3684	3685	3686	3687	3688	3689	3690	3691	3692	3693
儒紀	1902	1903	1904	1905	1906	1907	1908	1909	1910	1911
佛紀	1895	1896	1897	1898	1899	1900	1901	1902	1903	1904
回紀	731	732	733	734	735	736	737	738	739	740
西紀	1351	1352	1353	1354	1355	1356	1357	1358	1359	1360
韓國	고려 ㉛공민왕恭愍王) 12卽)									
	3	1	2	3	4	5	6	7	8	9
1342년	이제현, 역옹패설 저술									
1347년	정치도감 설치				1359년	홍건적의 난				
中國	원元) 순제順帝)									
	11	12	13	14	15	16	17	18	19	20
日本	후촌상後村上)									
	6	7	8	9	10	11	12	13	14	15
	1폐廢)10조 10祚 승광崇光)10			八조祚) 후광엄後光嚴)						
	5	1(2.27 관응 觀應	2	1(9.27 문화 文和)	2	3	4	1(3.28 연문 延文	2	3
	존씨尊氏)								족리존씨足利尊氏)	

			고코곤인						정몽주 鄭夢周	
			1352-1371							

167	다국연표多國年表)							1361~1380, 14세기世紀)		
塊										
간지 干支	신축 辛丑	임인 壬寅	계묘 癸卯	갑진 甲辰	을사 乙巳	병오 丙午	정미 丁未	무신 戊申	기유 己酉	경술 庚戌
지지地支) 상징동물				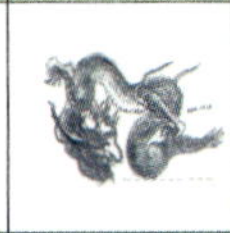						
단기	3694	3695	3696	3697	3698	3699	3700	3701	3702	3703
유기	1912	1913	1914	1915	1916	1917	1918	1919	1920	1921
불기	1905	1906	1907	1908	1909	1910	1911	1912	1913	1914
回紀	741	742	743	744	745	746	747	748	749	750
서기	1361	1362	1363	1364	1365	1366	1367	1368	1369	1370
한국	고려) ㉛공민왕恭愍王) 九시弑)									
	10	11	12	13	14	15	16	17	18	19
1363년	문익점, 원에서 목화씨를 가져옴					1377년	최무선의 건의로 화통도감 설치			
1376년	최영, 왜구 토벌					1377년	직지심경 인쇄			
1377~	한국승려 백운 직지심체요절					1377	세계 최초의 금속활자 인쇄본			
중국	원元) 순제順帝)							명明) 1즉卽) 태조太祖)		
	21	22	23	24	25	26	27	1 홍무 洪武	2	3
일본	후촌상後村上) 3몰(歿)						3조祚) 장경祚長慶)			
	1 정평 正平	17	18	19	20	21	22	23	24	1(7.24 건덕 建德
	후광엄後光嚴) 三양讓)									
	1(3.29 강안 康安	1(9.23 정치 貞治	2	3	4	5	6	1(2.18 응안 應安	2	3
	의습義濕)							족리의만足利義滿)		

	정도전 鄭道傳	공민왕恭愍王)과 노국공주		공민왕	조선태조 이성계李成桂	호희제		고코곤인	직지심체요절	최영崔瑩
							1424-1425	1371-1382	1377~	

168	다국연표多國年表)								1361~1380, 14세기世紀)	
埤										
간지 干支	신해 辛亥	임자 壬子	계축 癸丑	갑인 甲寅	을묘 乙卯	병진 丙辰	정사 丁巳	무오 戊午	기미 己未	경신 庚申
띠동물 그림										
檀紀	3704	3705	3706	3707	3708	3709	3710	3711	3712	3713
儒紀	1922	1923	1924	1925	1926	1927	1928	1929	1930	1931
佛紀	1915	1916	1917	1918	1919	1920	1921	1922	1923	1924
回紀	751	752	753	754	755	756	757	758	759	760
西紀	1371	1372	1373	1374	1375	1376	1377	1378	1379	1380
韓國	고려) ㉛공민왕恭愍王) 九시弑)				九즉卽) ㉜우왕禑王)					
	20	21	22	23	1	2	3	4	5	6
中國	명明) 1즉卽) 태조太祖)									
	4	5	6	7	8	9	10	11	12	13
日本										
	2	1(10.4 문중 文中	2	3	1(5.27 천수 天授	2	3	4	5	6
	4	5	6	7	1(2.27 영화 永和	2	3	4	1(3.22 강력 康曆	2
	족리의만足利義滿)									

169	다국연표多國年表)							1381~1400, 14세기世紀)		
埤	최무선崔茂宣	우리나라 최초화약발명 사용								
간지 干支	신 유 辛 酉	임 술 壬 戌	계 해 癸 亥	갑 자 甲 子	을 축 乙 丑	병 인 丙 寅	정 묘 丁 卯	무 진 戊 辰	기 사 己 巳	경 오 庚 午
지지地支) 상징동물										
단기	3714	3715	3716	3717	3718	3719	3720	3721	3722	3723
유기	1932	1933	1934	1935	1936	1937	1938	1939	1940	1941
불기	1925	1926	1927	1928	1929	1930	1931	1932	1933	1934
회기	761	762	763	764	765	766	767	768	769	770
서기	1381	1382	1383	1384	1385	1386	1387	1388	1389	1390
한국	고려) ㉜우왕禑王) 六폐廢)							6즉卽)㉝창왕昌王 11폐廢)		㉞공양왕恭讓王
	7	8	9	10	11	12	13	14 우禑 1창昌	1	2
1388년	이성계, 위화도 회군				1392	**고려 멸망, 조선 건국**				
1389년	박위, 쓰시마섬 정벌				1396	한양천도				
중국	명明) 태조太祖) 5몰歿)									
	14	15	16	17	18	19	20	21	22	23
일본	장경양長慶讓)					후구산後龜山) 윤閏) 10양讓)				
	1(2.10 홍화 弘和	2	2	14,28 원중 元中	2	3	4	5	6	7
	후원융4양後圓融4讓	四조祚)후소송後小松)								
	1(2.24 영덕 永德	2	3	1(2.27 지덕 至德	2	3	1(8.23 가경 嘉慶	2	1(2.9) 강응 康應	1(3.26 명덕 明德

	황희 黃喜	고카메야마인	최무선 崔茂宣	고코마야마인						
		1383-1392		1382-1412						

埤										
간지 干支	신 미 辛未	임 신 壬申	계 유 癸酉	갑 술 甲戌	을 해 乙亥	병 자 丙子	정 축 丁丑	무 인 戊寅	기 묘 己卯	경진 庚辰
띠동물 그림										
檀紀	3724	3725	3726	3727	3728	3729	3730	3731	3732	3733
儒紀	1942	1943	1944	1945	1946	1947	1948	1949	1950	1951
佛紀	1935	1936	1937	1938	1939	1940	1941	1942	1943	1944
回紀	771	772	773	774	775	776	777	778	779	780
西紀	1391	1392	1393	1394	1395	1396	1397	1398	1399	1400
韓國	1 1 즉 ㉞ 공 양 왕)711卽恭讓王)72고려국亡망		7 즉 조 선 태 조 九 전 七 卽 朝 鮮 太 祖 九 傳 ①이성계李成桂)					②정종11定宗11 선9禪) 11즉卽)		
	3	1	2	3	4	5	6	7	1	2
1397	세종대왕이 태어난 해이다, 본명은 이도李祹)띠는 소띠.									
中國	명明) 태조太祖) 5몰歿)							혜제惠帝)		
	24	25	26	27	28	29	30	31	1 건문 建文	2
日本			후 소 송後小松)							
	8	9	4 명덕 明德	1(7.15 응영 應永	2	3	4	5	6	7

			조선태조 李成桂	성삼문 成三問	정도전 鄭道傳				세종대왕	
									1397~1450	

171	다국연표多國年表)							1401~1420, 15세기世紀)		
埤										
간지 干支	신사 辛巳	임오 壬午	계미 癸未	갑신 甲申	을유 乙酉	병술 丙戌	정해 丁亥	무자 戊子	기축 己丑	경인 庚寅
지지地支) 상징동물										
단기	3734	3735	3736	3737	3738	3739	3740	3741	3742	3743
유기	1952	1953	1954	1955	1956	1957	1958	1959	1960	1961
불기	1945	1946	1947	1948	1949	1950	1951	1952	1953	1954
回紀	781	782	783	784	785	786	787	788	789	790
서기	1401	1402	1403	1404	1405	1406	1407	1408	1409	1410
한국	조선鮮鮮) ③태종太宗) 八선禪)									
	1	2	3	4	5	6	7	8	9	10
1401	신문고 설치									
1402	호패법 실시									
1403	주자소 설치									
1413	팔도 지방행정조직 완성, 태조실록 편찬									
1420	집현전 설치									
중국	혜제惠帝		명明) 六즉卽) 성조成祖)							
	3	4	1 영락 永樂	2	3	4	5	6	7	8
일본	후소송後小宋) 8양8讓									
	8 응영. 應永	9	10	11	12	13	14	15	16	17
	의지義持)									

	요하네스 구댄베르크		김종서							
	1397~ 1468,2,3									

172	다국연표多國年表)						1401~1420, 15세기世紀)			
埤										
간지 干支	신묘 辛卯	임진 壬辰	계사 癸巳	갑오 甲午	을미 乙未	병신 丙申	정유 丁酉	무술 戊戌	기해 己亥	경자 庚子
띠동물 그림										
檀紀	3744	3745	3746	3747	3748	3749	3750	3751	3752	3753
儒紀	1962	1963	1964	1965	1966	1967	1968	1969	1970	1971
佛紀	1955	1956	1957	1958	1959	1960	1961	1962	1963	1964
回紀	791	792	793	794	795	796	797	798	799	800
西紀	1411	1412	1413	1414	1415	1416	1417	1418	1419	1420
韓國	조선鮮鮮) ③태종太宗) 八선禪)								④8즉세종八卽世宗)	
	11	12	13	14	15	16	17	18	1	2
中國	명明) 六즉卽) 성조成祖)									
	9	10	11	12	13	14	15	16	17	18
日本			8수조칭광受祚稱光)							
	18	19	20	21	22	23	24	25	26	27
	의지義持)									
	1397	1468	독일요하네스구댄베르크. 금속활자 인쇄술 발명자는 아니고 발전시킴.							

	세종	정도전 鄭道傳	황희	신숙주						

173	다국연표多國年表)							1421~1440, 15세기世紀)		
埤										
간지 干支	신축 辛丑	임인 壬寅	계묘 癸卯	갑진 甲辰	을사 乙巳	병오 丙午	정미 丁未	무신 戊申	기유 己酉	경술 庚戌
지지地支) 상징동물					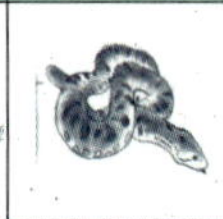					
단기	3754	3755	3756	3757	3758	3759	3760	3761	3762	3763
유기	1972	1973	1974	1975	1976	1977	1978	1979	1980	1981
불기	1965	1966	1967	1968	1969	1970	1971	1972	1973	1974
回紀	801	802	803	804	805	806	807	808	809	810
서기	1421	1422	1423	1424	1425	1426	1427	1428	1429	1430
한국	조선鮮鮮) ④세종世宗)									
	3	4	5	6	7	8	9	10	11	12
중국	명明)성조 成祖) 7몰歿)			인종仁宗) 6몰歿)			선종宣宗선덕제) 1몰歿)			
	19	20	21	22	1 홍희 洪熙	1 선덕 宣德	2	3	4	5
일본	칭광稱光) 7몰歿)							7조祚)후화원後花園)		
	28 응영 應永	29	30	31	32	33	34	1(4.27 정장 正長	1(9.5) 영정 永亭	2
	의지義持)		족리의량足利義量)				족리의교足利義教)			

	장영실 蔣英實	호희제	선덕제 宣德帝	김종서 金宗瑞	고하나조 노인					
					1428-1464					

174	다국연표多國年表)								1421~1440, 15세기世紀)	
埤										
간지 干支	신해 辛亥	임자 壬子	계축 癸丑	갑인 甲寅	을묘 乙卯	병진 丙辰	정사 丁巳	무오 戊午	기미 己未	경신 庚申
띠동물 그림										
단기	3764	3765	3766	3767	3768	3769	3770	3771	3772	3773
유기	1982	1983	1984	1985	1986	1987	1988	1989	1990	1991
불기	1975	1976	1977	1978	1979	1980	1981	1982	1983	1984
回紀	811	812	813	814	815	816	817	818	819	820
서기	1431	1432	1433	1434	1435	1436	1437	1438	1439	1440
한국	조선鮮鮮) ④세종世宗)									
	13	14	15	16	17	18	19	20	21	22
중국	선종宣宗선덕제) 1몰歿)					영종英宗)				
	6	7	8	9	10	1 정통 正統	2	3	4	5
일본	7조祚) 후화원後花園)									
	3	4	5	6	7	8	9	10	11	12
	족리의교足利義教									

		세종대왕 世宗大王	정도전 鄭道傳	황희黃喜	신숙주 申叔舟	성삼문 成三問				

175	다국연표多國年表)							1441~460, 15세기世紀)		
埤										
간지 干支	신유 辛酉	임술 壬戌	계해 癸亥	갑자 甲子	을축 乙丑	병인 丙寅	정묘 丁卯	무진 戊辰	기사 己巳	경오 庚午
지지地支) 상징동물										
단기	3774	3775	3776	3777	3778	3779	3780	3781	3782	3783
유기	1992	1993	1994	1995	1996	1997	1998	1999	2000	2001
불기	1985	1986	1987	1988	1989	1990	1991	1992	1993	1994
회기	821	822	823	824	825	826	827	828	829	830
서기	1441	1442	1443	1444	1445	1446	1447	1448	1449	1450
한국	조선鮮鮮) ④세종 世宗) 2승昇)									
	23	24	25	26	27	28	29	30	31	32
1441	측우기 발명									
1443	훈민정음 창제									
1446	훈민정음 반포									
중국	명明) 영종英宗)							9즉卽) 경제景帝) 2몰歿)		
	6	7	8	9	10	11	12	13	14	1
일본	후화원後花園)									
	1(2.17 가고 嘉古	2	3	1(2.5) 문안 文安	2	3	4	5	1	2

	세종대왕 世宗大王	정도전 鄭道傳	황희黃喜	신숙주 申叔舟	성삼문 成三問	고하나조 노인				
						1428-1464				

176	다국연표多國年表)							1441~1460, 15세기世紀)		
坤										
간지 干支	신 미 辛未	임 신 壬申	계 유 癸酉	갑 술 甲戌	을 해 乙亥	병 자 丙子	정 축 丁丑	무 인 戊寅	기 묘 己卯	경진 庚辰
띠동물 그림										
檀紀	3784	3785	3786	3787	3788	3789	3790	3791	3792	3793
儒紀	2002	2003	2004	2005	2006	2007	2008	2009	2010	2011
佛紀	1995	1996	1997	1998	1999	2000	2001	2002	2003	2004
回紀	831	832	833	834	835	836	837	838	839	840
西紀	1451	1452	1453	1454	1455	1456	1457	1458	1459	1460
韓國	2즉卽)⑤문종文宗) 5승5昇)		5즉卽)⑥단종端宗) 윤6선閏6蘚)		윤閏 6즉卽) ⑦세조世祖)					
	1	2	1	2	3.1	2	3	4	5	6
1453	계유정난 발생				1460	신숙주. 회령부근의 여진 정벌				
中國	9즉卽) 경제景帝) 2몰歿)						영종英宗) 중조重祚)			
	2	3	4	5	6	7	1일 천순 天順	2	3	4
日本	후화원後花園)									
	3	1(7.28) 보덕 寶德	2	3	1(7.25) 강정 康正	2	1(9.28) 장록 長祿	2	3	1(12.21) 관정 寬正
1451,~1506,5,21	이탈리아 제노아 " 콜럼버스 " 인도를 찾으러 서쪽으로 항해하다 지금의 아메리카 대륙을 발견(?) 아메리카는 발견된게 아니라 원래 있었던 것임				1452~1519	이탈리아 레오나르도 다빈치 르네상스를 대표하는 천재적 화가, 과학자, 사상가, 기술자.				

	명나라영종	세조	정통제 正統帝	경태제 景泰帝	크리스토퍼 콜럼버스	레오나르도 다빈치				
			1435-1449	1449-1457	1451,~1506,5,21	1452~1519				

177	다국연표多國年表)							1461~1480, 15세기世紀)		
埤										
간지 干支	신사 辛巳	임오 壬午	계미 癸未	갑신 甲申	을유 乙酉	병술 丙戌	정해 丁亥	무자 戊子	기축 己丑	경인 庚寅
지지地支) 상징동물										
단기	3794	3795	3796	3797	3798	3799	3800	3801	3802	3803
유기	2012	2013	2014	2015	2016	2017	2018	2019	2020	2021
불기	2005	2006	2007	2008	2009	2010	2011	2012	2013	2014
回紀	841	842	843	844	845	846	847	848	849	850
서기	1461	1462	1463	1464	1465	1466	1467	1468	1469	1470
한국	조선鮮鮮) ⑦세조世祖) 九전傳)							9즉卽)⑧예종睿宗) 11승昇)		⑨성종
	7	8	9	10	11	12	13	14	1	1
중국	명明) 영종英宗) 중조重祚) 1몰歿)			헌종憲宗)						
	5	6	7	8	1 성화 成化	2	3	4	5	6
일본	후화원後花園) 七양				十二즉卽) 후토어문後土御門)					
	2 관정 寬正	3	4	5	6	1(2.28 문정 文正	1(3.5) 응인 應仁	2	1(3.5) 문명 文明	2
	의정義政)									
1473,2,19 ~ 1543,5,24	폴란드 니콜라우스코페르니쿠스				1475,3,6~ 1564,2,18	이탈리아 부오나로티 미켈란젤로 조각가, 화가.				
	현대 우주 개념에 혁명을 가져다 온 천문학자					천지창조, 다비드상, 피에타 등 다수				

		성화제 成化帝	홍치제 弘治帝)	신미대사		니콜라우스코페르니쿠스	부오나로티 미켈란젤로			
		454~457	1487~1505	1403~1480		1473,2,19~ 1543,5,24	1475,3,6~ 1564,2,18			
		제8대 황제	제9대 황제	김한옥그림						

178	다국연표多國年表)								1461~1480, 15세기世紀)	
埤										
간지 干支	신묘 辛卯	임진 壬辰	계사 癸巳	갑오 甲午	을미 乙未	병신 丙申	정유 丁酉	무술 戊戌	기해 己亥	경자 庚子
띠동물 그림										
檀紀	3804	3805	3806	3807	3808	3809	3810	3811	3812	3813
儒紀	2022	2023	2024	2025	2026	2027	2028	2029	2030	2031
佛紀	2015	2016	2017	2018	2019	2020	2021	2022	2023	2024
回紀	851	852	853	854	855	856	857	858	859	860
西紀	1471	1472	1473	1474	1475	1476	1477	1478	1479	1480
韓國	11즉卽)		⑨성종成宗)							
	2	3	4	5	6	7	8	9	10	11
1463	홍문관 설치				1469	《경국대전》 완성				
中國	헌종憲宗)									
	7	8	9	10	11	12	13	14	15	16
日本	十二즉卽) 후토어문後土御門)									
	3	4	5	6	7	8	9	10	11	12
	의정義政)		족리의상足利義尚)							
기타										
									 나옹왕사 王師懶翁 1320~1376	

179	다국연표多國年表)							1481~1500, 15세기世紀)		
埤										
간지 干支	신축 辛丑	임인 壬寅	계묘 癸卯	갑진 甲辰	을사 乙巳	병오 丙午	정미 丁未	무신 戊申	기유 己酉	경술 庚戌
지지地支) 상징동물				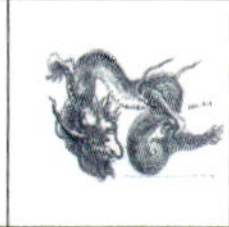						
단기	3814	3815	3816	3817	3818	3819	3820	3821	3822	3823
유기	2032	2033	2034	2035	2036	2037	2038	2039	2040	2041
불기	2025	2026	2027	2028	2029	2030	2031	2032	2033	2034
回紀	861	862	863	864	865	866	867	868	869	870
서기	1481	1482	1483	1484	1485	1486	1487	1488	1489	1490
한국	조선조선) ⑨성종成宗) 12승昇)									
	12	13	14	15	16	17	18	19	20	21
중국	명明) 헌종憲宗) 8歿몰)							효종孝宗)		
	17	18	19	20	21	22	23	1 홍치 弘治	2	3
일본	후토어문後土御門) 9몰歿)									
	12	14	15	16	17	18	1 7,20 장정 長亭	2	1 8,21 연덕 延德	2 영 전 1 永傳 복 덕 1 福德
기타										

			마르틴 루터							
			1483,11,10~ 1546,2,18							

180	다국연표多國年表)							1481~1500, 15세기世紀)		
埤										
간지 干支	신해 辛亥	임자 壬子	계축 癸丑	갑인 甲寅	을묘 乙卯	병진 丙辰	정사 丁巳	무오 戊午	기미 己未	경신 庚申
띠동물 그림										
檀紀	3824	3825	3826	3827	3828	3829	3830	3831	3832	3833
儒紀	2042	2043	2044	2045	2046	2047	2048	2049	2050	2051
佛紀	2035	2036	2037	2038	2039	2040	2041	2042	2043	2044
回紀	871	872	873	874	875	876	877	878	879	880
西紀	1491	1492	1493	1494	1495	1496	1497	1498	1499	1500
韓國	조선朝鮮)⑨성종成宗)12승昇)				12즉卽) ⑩연산군燕山君)					
	22	23	24	25	1	2	3	4	5	6
中國	효종孝宗)									
	4	5	6	7	8	9	10	11	12	13
日本	후토어문後土御門) 9몰歿)								10조祚)	
	3	1 7,19 명응 明應	2	3	4	5	6	7	8	9
			족리의전足利義詮)							

181	다국연표多國年表)								1501~1520, 16세기世紀)	
埤	폐廢폐할폐) 임금의 자리에서 물러나거나 쫓겨 난 것을 말함.									
간지 干支	신유 辛酉	임술 壬戌	계해 癸亥	갑자 甲子	을축 乙丑	병인 丙寅	정묘 丁卯	무진 戊辰	기사 己巳	경오 庚午
지지地支) 상징동물										
단기	3834	3835	3836	3837	3838	3839	3840	3841	3842	3843
유기	2052	2053	2054	2055	2056	2057	2058	2059	2060	2061
불기	2045	2046	2047	2048	2049	2050	2051	2052	2053	2054
회기	881	882	883	884	885	886	887	888	889	890
서기	1501	1502	1503	1504	1505	1506	1507	1508	1509	1510
한국	조선朝鮮) ⑩연산군燕山君) 9폐廢)						9즉卽) ⑪중종中宗)			
	7	8	9	10	11	12 1	2	3	4	5
중국	명明) 효종孝宗) 5몰歿)				무종武宗)					
	14	15	16	17	18	1	2	3	4	5
일본	후백원後柏原)									
	1 2,19 문구 文龜	2	3	1 2,30영 정 永正	2	3	4 미륵 彌勒 2私	5	6	7
의징義澄)				재임再任) 족리의식足利義植)						
기타										

			신사임당 申師任堂	고무라 카미인	코곤인		코곤인			
			1504~1551	1339-1368	1336-1348		1331-1333			
			조선중기 여성예술가							

182	다국연표多國年表)							1501~1520, 16세기世紀)		
埤	몰歿죽을몰); 임금이 죽었다는 간단한 표현.									
간지 干支	신미 辛未	임신 壬申	계유 癸酉	갑술 甲戌	을해 乙亥	병자 丙子	정축 丁丑	무인 戊寅	기묘 己卯	경진 庚辰
띠동물 그림										
檀紀	3844	3845	3846	3847	3848	3849	3850	3851	3852	3853
儒紀	2062	2063	2064	2065	2066	2067	2068	2069	2070	2071
佛紀	2055	2056	2057	2058	2059	2060	2061	2062	2063	2064
回紀	891	892	893	894	895	896	897	898	899	900
西紀	1511	1512	1513	1514	1515	1516	1517	1518	1519	1520
韓國	9즉卽) ⑪중종中宗)									
	6	7	8	9	10	11	12	13	14	15
1504	갑자사화 발생									
1506	중종반정									
1510	삼포왜란									
1519	기묘사화 발생									
中國	무종武宗)									
	6	7	8	9	10	11	12	13	14	15
日本	후백원後柏原)									
	8	9	10	11	12	13	14	15	16	17
	재임再任) 족리의식足利義植)									
기타										
가2										

183	다국연표多國年表)							1521~1540, 16세기世紀)		
埤										
간지 干支	신사 辛巳	임오 壬午	계미 癸未	갑신 甲申	을유 乙酉	병술 丙戌	정해 丁亥	무자 戊子	기축 己丑	경인 庚寅
지지地支) 상징동물										
단기	3854	3855	3856	3857	3858	3859	3860	3861	3862	3863
유기	2072	2073	2074	2075	2076	2077	2078	2079	2080	2081
불기	2065	2066	2067	2068	2069	2070	2071	2072	2073	2074
回紀	901	902	903	904	905	906	907	908	909	910
서기	1521	1522	1523	1524	1525	1526	1527	1528	1529	1530
한국	조선鮮鮮) ⑪중종中宗)									
	16	17	18	19	20	21	22	23	24	25
1527	최세진, <훈몽자회> 저술									
중국	명明) 세종世宗)									
	16	1 가정 嘉靖	2	3	4	5	6	7	8	9
일본	후박원後柏原) 四몰歿)					후내량後奈良)				
	1(8.23 대영 大永	2	3	4	5	6	7영 희2 私永熙	1(8.20 정록 亭祿	2	3
기타										

		가정제 嘉靖帝)		고나라인	서산대사	익재 益齋		틴토레토/		
		1521-1567		1526-1557	1520-1604			1518-1594		
		명제11대 황제			김한옥그림					

埤										
간지 干支	신묘 辛卯	임진 壬辰	계사 癸巳	갑오 甲午	을미 乙未	병신 丙申	정유 丁酉	무술 戊戌	기해 己亥	경자 庚子
띠동물 그림										
檀紀	3864	3865	3866	3867	3868	3869	3870	3871	3872	3873
儒紀	2082	2083	2084	2085	2086	2087	2088	2089	2090	2091
佛紀	2075	2076	2077	2078	2079	2080	2081	2082	2083	2084
回紀	911	912	913	914	915	916	917	918	919	920
西紀	1531	1532	1533	1534	1535	1536	1537	1538	1539	1540
韓國	조선鮮鮮) ⑪중종中宗)									
	26	27	28	29	30	31	32	33	34	35
中國	명明) 세종世宗)									
	10	11	12	13	14	15	16	17	18	19
日本	후내량後奈良)									
	4	1(7.29 천문 天文 보수 사保 壽私	2	3보수2 사 寶 壽 2 私	4	5	6	7	8	9 명 록 사九 命祿 私九
기타										

185	다국연표多國年表)							1541~1560, 16세기世紀)		
埤										
간지 干支	신축 辛丑	임인 壬寅	계묘 癸卯	갑진 甲辰	을사 乙巳	병오 丙午	정미 丁未	무신 戊申	기유 己酉	경술 庚戌
지지地支) 상징동물										
단기	3874	3875	3876	3877	3878	3879	3880	3881	3882	3883
유기	2092	2093	2094	2095	2096	2097	2098	2099	2100	2101
불기	2085	2086	2087	2088	2089	2090	2091	2092	2093	2094
回紀	921	922	923	924	925	926	927	928	929	930
서기	1541	1542	1543	1544	1545	1546	1547	1548	1549	1550
한국	조선鮮鮮) ⑪중종中宗)			⑫인종仁宗11 卽) 7昇)		⑬명종明宗)				
	36	37	38	39	1	1	2	3	4	5
1590	유성룡. 우의정 승진									
1542	주세붕, 백운동서원 건립									
1545	을사사화 발생									
1545~ 1598	충무공 이순신忠武公李舜臣) 을사년 뱀띠해에 태어남.									
	조선의 장군으로 임진왜란에서 삼도수군통제사로 수군을 이끌고 왜군을 물리치는데 큰 공을 세워 세계사에 그 이름을 떨쳤다.									
1547	정미약조 체결									
중국	명明) 세종世宗)									
	20	21	22	23	24	25	26	27	28	29
일본	후내량後奈良) 九몰歿)									
	10 천문 天文	11	12	13	14	15	16	17	18	19
기타										

	원균元均)	김덕령장군	곽재우 郭再祐	사명대사 四溟大師	허준許浚	메리튜더	오기마치인	요우코우인	이순신 李舜臣	유성룡 柳成龍
	1540년~ 1597		1552년	1544-1610	1539~1615	1516-1558	1557-1586		1545~ 1598	
				김한옥그림	조선중기 의관. 동의보감 저술					징비록 저술

186	다국연표多國年表)							1541~1560, 16세기世紀)		
埤										
간지 干支	신해 辛亥	임자 壬子	계축 癸丑	갑인 甲寅	을묘 乙卯	병진 丙辰	정사 丁巳	무오 戊午	기미 己未	경신 庚申
띠동물 그림										
檀紀	3884	3885	3886	3887	3888	3889	3890	3891	3892	3893
儒紀	2102	2103	2104	2105	2106	2107	2108	2109	2110	2111
佛紀	2095	2096	2097	2098	2099	2100	2101	2102	2103	2104
回紀	931	932	933	934	935	936	937	938	939	940
西紀	1551	1552	1553	1554	1555	1556	1557	1558	1559	1560
韓國	⑬명종明宗)									
	6	7	8	9	10	11	12	13	14	15
中國	후내량後奈良) 九몰歿)									
	30	31	32	33	34	35	36	37	38	39
日本	후내량後奈良) 九몰歿)						十조정친정十祚正親町)			
	20	21	22	23	1(10.23) 홍치 弘治	2	3	1(2,28 영록 永祿	2	3
기타										

	김대건 金大建	한호韓濩 한석봉韓錫琫	토정이지함 土亭李之菡	조헌趙憲	정문부 鄭文孚		주익균		허난설헌 許蘭雪軒	
	1821~1846	1544~1605	1517~1578	1544~1592	1565~1624		563~1620		1563~1589	
	우리나라최초천주교신부	우리나라 명필가	토정비결 저자	조선중기문신유학자 의병장	여진족토벌 참가의병장		명나라13 대황제		여류 문인	

187	다국연표多國年表)							1561~1580, 16세기世紀)		
坤										
간지 干支	신유 辛酉	임술 壬戌	계해 癸亥	갑자 甲子	을축 乙丑	병인 丙寅	정묘 丁卯	무진 戊辰	기사 己巳	경오 庚午
지지地支) 상징동물										
단기	3894	3895	3896	3897	3898	3899	3900	3901	3902	3903
유기	2112	2113	2114	2115	2116	2117	2118	2119	2120	2121
불기	2105	2106	2107	2108	2109	2110	2111	2112	2113	2114
회기	941	942	943	944	945	946	947	948	949	950
서기	1561	1562	1563	1564	1565	1566	1567	1568	1569	1570
한국	조선鮮鮮) ⑬명종明宗) 六승昇)							⑭선조宣祖)		
	16	17	18	19	20	21	22	1	2	3
중국	명明) 세종世宗) 12몰歿)						목종穆宗) 5몰歿)			
	40	41	42	43	44	45	1 융경 隆慶	2	3	4
일본	정친정正親町)									
	4 영록 永祿	5	6	7	8	9	10	11	12	1(4.23) 원구 元龜
	의(義輝)				의영義永					

1564~ 1616	영국 윌리엄 세익스피어			1564,~1642	이탈리아 갈릴레오 갈릴레이				
	영국의 대문호, 로미오와 줄리엣, 햄릿, 리어왕, 베니스의 상인 등 작품 다수.				현대 과학의 과학적 방법론에 기초를 다진 과학자. 그래도 지구는 돈다.				

	윌리엄 세익스피어	김덕령 장군	융경제(隆慶帝)명제 12당제	이순신李舜臣)					
	1564,4,26~ 1616,4,23		1566-1572	1545 ~ 1598					

이순신李舜臣, 1545 ~ 1598)은 한국사에서 가장 위대한 인물의 한 표상이다. 그런 추앙은 그를 수식하는 '성웅'이라는 칭호에 집약되어 있다.

188	다국연표多國年表)							1561~1580, 16세기世紀)		
塼										
간지 干支	신미 辛未	임신 壬申	계유 癸酉	갑술 甲戌	을해 乙亥	병자 丙子	정축 丁丑	무인 戊寅	기묘 己卯	경진 庚辰
띠동물 그림										
檀紀	3904	3905	3906	3907	3908	3909	3910	3911	3912	3913
儒紀	2122	2123	2124	2125	2126	2127	2128	2129	2130	2131
佛紀	2115	2116	2117	2118	2119	2120	2121	2122	2123	2124
回紀	951	952	953	954	955	956	957	958	959	960
西紀	1571	1572	1573	1574	1575	1576	1577	1578	1579	1580
韓國	六즉卽) ⑭선조宣祖)									
	4	5	6	7	8	9	10	11	12	13
中國	목종穆宗) 5 몰歿)		신종神宗)							
	5	6	1 만력 萬曆	2	3	4	5	6	7	8
日本	정친정正親町)									
	2	3	1(7.28 천정 天正	2	3	4 광영 光 永 1 私	5	6	7	8
			족리의소足利義昭)				직전신장織田信長)			
기타										

							갈릴레오 갈릴레이	김천일 金千鎰		
							156~1642			
								임실현감. 의 병 일 으 켜싸웠다.		

189	다국연표多國年表)							1581~1600, 16세기世紀)		
坤										
간지 干支	신사 辛巳	임오 壬午	계미 癸未	갑신 甲申	을유 乙酉	병술 丙戌	정해 丁亥	무자 戊子	기축 己丑	경인 庚寅
지지地支) 상징동물										
단기	3914	3915	3916	3917	3918	3919	3920	3921	3922	3923
유기	2132	2133	2134	2135	2136	2137	2138	2139	2140	2141
불기	2125	2126	2127	2128	2129	2130	2131	2132	2133	2134
回紀	961	962	963	964	965	966	967	968	969	970
서기	1581	1582	1583	1584	1585	1586	1587	1588	1589	1590
한국	조선鮮鮮) ⑭선조宣祖)									
	14	15	16	17	18	19	20	21	22	23
중국										
	9	10	11	12	13	14	15	16	17	18
일본	정친정正親町) 十一양讓)					十一즉卽) 후양성後陽成)				
	9 천정 天正	10	11	12	13	14	15	16	17	18
기타	1596~ 1650	프랑스 데카르트. 근대 철학의 아버지. 합리주의 철학자. 나는 생각한다. 고로 존재 한다.								

	신립장군 申砬	남명조식南冥曺植 선생	만력제萬曆帝)명제13대 황제	고요제이인	선조	데카르트	허준許浚			
		1501~1572	1572-1620	1586-1611	1552~1608	1596~1650				
	조선선조 때 장군	조선중기 의 문신			임란 당시 왕		동의보감 편술한 명의			

임진왜란

1592년 일본이 조선을 침략한 전쟁이다. 일본을 통일한 도요토미 히데요시는 대륙침략에 야망을 품고 조선을 침략하였다. 왜군은 4월 부산성의 함락을 시작으로 하여 제1군, 제2군, 제3군을 편성, 서울을 향하여 북상하였다. 함경도까지 침공하였으나 명나라의 지원과 조선 각 지방의 활발한 의병활동으로 퇴각을 시작하였다. 한편 바다에서는 이순신장군이 한산도대첩, 노량대첩, 명량해전에서 크게 승리하였다. 각 지방에서 활발하게 의병활동을 한 사람은 곽재우, 조헌, 김천일, 고경명, 정문부 등이 있다

190	다국연표多國年表)						1581~1600, 16세기世紀)			
埤										
간지 干支	신묘 辛卯	임진 壬辰	계사 癸巳	갑오 甲午	을미 乙未	병신 丙申	정유 丁酉	무술 戊戌	기해 己亥	경자 庚子
띠동물 그림										
檀紀	3924	3925	3926	3927	3928	3929	3930	3931	3932	3933
儒紀	2142	2143	2144	2145	2146	2147	2148	2149	2150	2151
佛紀	2135	2136	2137	2138	2139	2140	2141	2142	2143	2144
回紀	971	972	973	974	975	976	977	978	979	980
西紀	1591	1592	1593	1594	1595	1596	1597	1598	1599	1600
韓國	조선鮮鮮) ⑭선조宣祖)									
	24	25	26	27	28	29	30	31	32	33
1592	임진왜란					1593	행주대첩			
1592	한산도대첩					1597	정유재란			
1592	진주성싸움									
中國	명明) 신종神宗)									
	19	20	21	22	23	24	25	26	27	28
日本	十一즉卽) 후양성後陽成)									
	19	1(12.8 문록 文祿	2	3	4	1(11.27 경장 慶長	2	3	4	5
기타										

191	다국연표多國年表)							1601~1620, 17세기世紀)		
埤										
간지 干支	신축 辛丑	임인 壬寅	계묘 癸卯	갑진 甲辰	을사 乙巳	병오 丙午	정미 丁未	무신 戊申	기유 己酉	경술 庚戌
지지地支) 상징동물										
단기	3934	3935	3936	3937	3938	3939	3940	3941	3942	3943
유기	2152	2153	2154	2155	2156	2157	2158	2159	2160	2161
불기	2145	2146	2147	2148	2149	2150	2151	2152	2153	2154
回紀	981	982	983	984	985	986	987	988	989	990
서기	1601	1602	1603	1604	1605	1606	1607	1608	1609	1610
한국	조선朝鮮) ⑭선조宣祖) 2승昇)								⑮광해군光海君)	
	34	35	36	37	38	29	40	41	1	2
1608	경기도에 대동법 실시									
1609	기유조약									
1610	허준, 《동의보감》 완성									
중국	명明) 신종神宗) 7몰歿)									
	29	30	31	32	33	34	35	36	37	38
일본	후양성後陽成) 3양讓)									
	6 경장 慶長	7	8	9	10	11	12	13	14	15
	덕천가강德川家康)									
기타										
										 광해군 1575~1641 조선15대 왕

192	다국연표多國年表)								1601~1620, 17세기世紀)	
垾										
간지 干支	신해 辛亥	임자 壬子	계축 癸丑	갑인 甲寅	을묘 乙卯	병진 丙辰	정사 丁巳	무오 戊午	기미 己未	경신 庚申
띠동물 그림										
檀紀	3944	3945	3946	3947	3948	3949	3950	3951	3952	3953
儒紀	2162	2163	2164	2165	2166	2167	2168	2169	2170	2171
佛紀	2155	2156	2157	2158	2159	2160	2161	2162	2163	2164
回紀	991	992	993	994	995	996	997	998	999	1000
西紀	1611	1612	1613	1614	1615	1616	1617	1618	1619	1620
韓國	조선)⑮광해군光海君)									
	3	4	5	6	7	8	9	10	11	12
中國										광종 光宗 9몰
						44	45	46	47	1(8 진창 秦昌
						(청淸) 태조(太祖)				
	39	40	41	42	43	천명 天命 1	2	3	4	5
日本	후양성後陽成) 3양讓)					4즉卽)후수미後水尾)				
	16	17	18	19	1(7.13 원화 元花	2	3	4	5	6
	덕천수충德川秀忠)									
기타										

		고미즈노오인	청태조누르하지							
		1611-1629								

193	다국연표多國年表)						1621~1640, 17세기世紀)			
埤										
간지 干支	신유 辛酉	임술 壬戌	계해 癸亥	갑자 甲子	을축 乙丑	병인 丙寅	정묘 丁卯	무진 戊辰	기사 己巳	경오 庚午
지지地支) 상징동물										
단기	3954	3955	3956	3957	3958	3959	3960	3961	3962	3963
유기	2172	2173	2174	2175	2176	2177	2178	2179	2180	2181
불기	2165	2166	2167	2168	2169	2170	2171	2172	2173	2174
회기	1001	1002	1003	1004	1005	1006	1007	1008	1009	1010
서기	1621	1622	1623	1624	1625	1626	1627	1628	1629	1630
한국	⑮광해군光海君3폐廢)			조선鮮鮮) ⑯인조仁祖)						
	13	14	15	1	2	3	4	5	6	7
1623	인조반정									
1624	이괄의 난									
1627	정묘호란									
중국	명明) 희종熹宗) 8몰歿)					의종毅宗) 장열제莊烈帝)				
	1 천계 天啓	2	3	4	5	6	7	1 숭정 崇情	2	3
	청淸) 태조太祖) 9몰歿)						태종太宗)			
	6	7	8	9	10	11	1 천청 天聽	2	3	4
일본	후수미後水尾) 十一몰歿)									
	7 원화 元和	8	9	1(2.30 관영 寬永	2	3	4	5	6	7
	수충秀忠)			덕천가광德川家光)						
기타										

			청淸)태조	태창제泰昌帝)	천계제天啓帝)	김육金堉				
				1620-	1620-1627	1580~1658				
				제14대 황제	명제15대 황제	대동법실시를 주장				

194	다국연표多國年表)							1621~1640, 17세기世紀)		
埤										
간지 干支	신미 辛未	임신 壬申	계유 癸酉	갑술 甲戌	을해 乙亥	병자 丙子	정축 丁丑	무인 戊寅	기묘 己卯	경진 庚辰
띠동물 그림										
檀紀	3964	3965	3966	3967	3968	3969	3970	3971	3972	3973
儒紀	2182	2183	2184	2185	2186	2187	2188	2189	2190	2191
佛紀	2175	2176	2177	2178	2179	2180	2181	2182	2183	2184
回紀	1011	1012	1013	1014	1015	1016	1017	1018	1019	1020
西紀	1631	1632	1633	1634	1635	1636	1637	1638	1639	1640
韓國	조선鮮鮮) ⑯인조仁祖)									
	8	9	10	11	12	13	14	15	16	17
1636	병자호란					1658	나선 정벌 등 효종의 북벌정책			
1653	하멜 일행, 제주도 표착					1658	전라도에 대동법 실시			
中國	의종毅宗) 장열제莊烈帝)									
	4	5	6	7	8	9	10	11	12	13
	태종太宗)									
	5	6	7	8	9	1(5) 숭덕 崇德	2	3	4	5
日本	九즉卽) 명정明正) (여女)									
	8	9	10	11	12	13	14	15	16	17
기타										

195	다국연표多國年表)								1641~1680，17세기世紀)	
埤										
간지 干支	신사 辛巳	임오 壬午	계미 癸未	갑신 甲申	을유 乙酉	병술 丙戌	정해 丁亥	무자 戊子	기축 己丑	경인 庚寅
지지地支) 상징동물										
단기	3974	3975	3976	3977	3978	3979	3980	3981	3982	3983
유기	2192	2193	2194	2195	2196	2197	2198	2199	2200	2201
불기	2185	2186	2187	2188	2189	2190	2191	2192	2193	2194
回紀	1021	1022	1023	1024	1025	1026	1027	1028	1029	1030
서기	1641	1642	1643	1644	1645	1646	1647	1648	1649	1650
한국	조선鮮鮮) ⑯인조仁祖) 五승昇)									
	19	20	21	22	23	24	25	26	27	1
중국	명明) 의종毅宗) 三몰歿)			복왕福王9歿		당왕唐王율균律鈞		영명왕永明王)		
	14	15	16	17	7 인광 引光 융무 隆武	(11) 소무 昭武	1 영역 永曆	2	3	4
	태종太宗) 8몰			청淸) 세조世祖)						
	6	7	8	1 순치 順治	2	3	4	5	6	7
일본	명정明正) 十讓		十즉卽) 후광명(後光明) 九몰歿)							
	18 관영 寬永	19	20	1(12.1 6 정보 正保	2	3	4	1(2.15 경안 慶安	2	3
	가광家光)									
기타										
	 인조仁祖	 학성군鶴城君	 고코묘인							
	1595~1649	1470~1544	1643-1654							
	조선16대 왕	정의대부 품계받음.								

196	다국연표多國年表)							1641~1680, 17세기世紀)		
埤										
간지 干支	신묘 辛卯	임진 壬辰	계사 癸巳	갑오 甲午	을미 乙未	병신 丙申	정유 丁酉	무술 戊戌	기해 己亥	경자 庚子
띠동물 그림										
檀紀	3984	3985	3986	3987	3988	3989	3990	3991	3992	3993
儒紀	2202	2203	2204	2205	2206	2207	2208	2209	2210	2211
佛紀	2195	2196	2197	2198	2199	2200	2201	2202	2203	2204
回紀	1031	1032	1033	1034	1035	1036	1037	1038	1039	1040
西紀	1651	1652	1653	1654	1655	1656	1657	1658	1659	1660
韓國	5즉卽) ⑰효종孝宗) 五승昇								⑱현종顯宗5즉卽	
	2	3	4	5	6	7	8	9	10	1
中國	영명왕永明王)									
	5	6	7	8	9	10	11	12	13	14
	청淸) 세조世祖)									
	8	9	10	11	12	13	14	15	15	17
日本		十一조祚) 후서後西)								
	4	1(9.18 승응 昇應	2	3	1(4.13 명력 明曆	2	3	1(7.23 만치 萬治	2	3
	덕천가강德川家綱)									
기타										

				고사이인		곽원갑 郭元甲				
				1654-1663		1868~1910				
						청나라 무술가				

垾	재위在位)왕이 되어 직무를 하 때.									
간지 干支	신축 辛丑	임인 壬寅	계묘 癸卯	갑진 甲辰	을사 乙巳	병오 丙午	정미 丁未	무신 戊申	기유 己酉	경술 庚戌
지지地支) 상징동물										
단기	3994	3995	3996	3997	3998	3999	4000	4001	4002	4003
유기	2212	2213	2214	2215	2216	2217	2218	2219	2220	2221
불기	2205	2206	2207	2208	2209	2210	2211	2212	2213	2214
回紀	1041	1042	1043	1044	1045	1046	1047	1048	1049	1050
서기	1661	1662	1663	1664	1665	1666	1667	1668	1669	1670
한국	조선鮮鮮) ⑱현종顯宗)									
	2	3	4	5	6	7	8	9	10	11
1662	제언사 설치									
중국	영명왕永明王)			명明) 망亡) 청淸) 성조聖祖강희제)						
	15		16							
	15	16	2	3	4	5	6	7	8	9
일본	1양讓) 후서後西)			4즉卽) 영원靈元)						
	1(4.25 관문 寬文	2	3	4	5	6	7	8	9	10
	가강家綱)									
기타										

		레이겐인	강희제 (청淸)제4대 황제							
		1663-1687	재 위 1661-1722							

198		다국연표多國年表)						1661~1680, 17세기世紀)		
埤										
간지 干支	신해 辛亥	임자 壬子	계축 癸丑	갑인 甲寅	을묘 乙卯	병진 丙辰	정사 丁巳	무오 戊午	기미 己未	경신 庚申
띠동물 그림										
檀紀	4004	4005	4006	4007	4008	4009	4010	4011	4012	4013
儒紀	2222	2223	2224	2225	2226	2227	2228	2229	2230	2231
佛紀	2215	2216	2217	2218	2219	2220	2221	2222	2223	2224
回紀	1051	1052	1053	1054	1055	1056	1057	1058	1059	1060
西紀	1671	1672	1673	1674	1675	1676	1677	1678	1679	1680
韓國	조선鮮鮮) ⑱현종顯宗) 8몰歿)				8즉卽) ⑲숙종肅宗)					
	12	13	14	15	1	2	3	4	5	6
1678	상평통보 전국에 유통									
中國	명明) 망亡) 청淸) 성조강희제聖祖姜熙齊)									
	10	11	12	13	14	15	16	17	18	19
日本	4즉卽) 영원靈元)									
	11	12	1(9.21 연보 延寶	2	3	4	5	6	7	8
		가강家綱)								
기타										

199	다국연표多國年表)							1681~1700, 17세기世紀)		
埤										
간지 干支	신유 辛酉	임술 壬戌	계해 癸亥	갑자 甲子	을축 乙丑	병인 丙寅	정묘 丁卯	무진 戊辰	기사 己巳	경오 庚午
지지地支) 상징동물										
단기	4014	4015	4016	4017	4018	4019	4020	4021	4022	4023
유기	2232	2233	2234	2235	2236	2237	2238	2239	2240	2241
불기	2225	2226	2227	2228	2229	2230	2231	2232	2233	2234
회기	1061	1062	1063	1064	1065	1066	1067	1068	1069	1070
서기	1681	1682	1683	1684	1685	1686	1687	1688	1689	1690
한국	조선朝鮮) ⑲숙종肅宗)									
	7	8	9	10	11	12	13	14	15	16
중국	청淸) 성조聖祖)									
	20	21	22	23	24	25	26	27	28	29
일본	영원靈元) 3양讓)						4즉卽) 동산東山)			
	1(9.20) 천화 天和	2	3	1(2.2) 정정 貞亨	2	3	4	1(9.30) 원록 元祿	2	3
	덕천망길德川網吉)									
기타	1685~1750	독일 요한 세바스찬 바흐 오늘날의 음악의 아버지. 바로크 음악 작곡자.								

		이가시야인		요한 세바스찬 바흐						
		1687-1709		1685~1750						

200	다국연표多國年表)							1681~1700, 17세기世紀)		
埤										
간지 干支	신미 辛未	임신 壬申	계유 癸酉	갑술 甲戌	을해 乙亥	병자 丙子	정축 丁丑	무인 戊寅	기묘 己卯	경진 庚辰
띠동물 그림										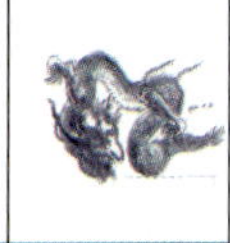
檀紀	4024	4025	4026	4027	4028	4029	4030	4031	4032	4033
儒紀	2242	2243	2244	2245	2246	2247	2248	2249	2250	2251
佛紀	2235	2236	2237	2238	2239	2240	2241	2242	2243	2244
回紀	1071	1072	1073	1074	1075	1076	1077	1078	1079	1080
西紀	1691	1692	1693	1694	1695	1696	1697	1698	1699	1700
韓國	조선朝鮮) ⑲숙종肅宗)									
	17	18	19	20	21	22	23	24	25	26
1693	안용복. 어부. 울릉도 독도가 우리 땅임을 일본에 확인시킨 인물.									
1697	장길산의 농민군 봉기.									
中國	청淸) 성조聖祖)									
	30	31	32	33	34	35	36	37	39	39
日本	4즉卽) 동산東山)									
	4	5	6	7	8	9	10	11	12	13
	덕천망길德川綱吉)									
기타										

201	다국연표多國年表)							1701~1720, 18세기世紀)		
埤										
간지 干支	신사 辛巳	임오 壬午	계미 癸未	갑신 甲申	을유 乙酉	병술 丙戌	정해 丁亥	무자 戊子	기축 己丑	경인 庚寅
지지地支) 상징동물										
단기	4034	4035	4036	4037	4038	4039	4040	4041	4042	4043
유기	2252	2253	2254	2255	2256	2257	2258	2259	2260	2261
불기	2245	2246	2247	2248	2249	2250	2251	2252	2253	2254
回紀	1081	1082	1083	1084	1085	1086	1087	1088	1089	1090
서기	1701	1702	1703	1704	1705	1706	1707	1708	1709	1710
한국	조선朝鮮) ⑲숙종肅宗) 6승昇)									
	27	28	29	30	31	32	33	34	35	36
1770	동국문헌비고 완성									
1708	대동법 전국적으로 실시									
중국	청淸) 성조聖祖)									
	40	41	42	43	44	45	46	47	48	49
일본	동산東山) 6양讓)									
	14 원록 元祿	15	16	1(3.13 보영 寶永	2	3	4	5	6	7
	망길網吉)								덕천 가선 德川 家宣	
기타	1712,6,28~ 1778,11,	프랑스 장 자크 루소. 자연주의 계몽사상가. 프랑스 혁명의 철학적 토대를 마련.'에밀'의 저자								

			이익李瀷			장 자크 루소				
			1681~1763			1712,6,28~ 1778,11,				
			유학자, 성호사설 저술							

202	다국연표多國年表)							1701~1720, 18세기世紀)		
埤										
간지 干支	신묘 辛卯	임진 壬辰	계사 癸巳	갑오 甲午	을미 乙未	병신 丙申	정유 丁酉	무술 戊戌	기해 己亥	경자 庚子
띠동물 그림										
檀紀	4044	4045	4046	4047	4048	4049	4050	4051	4052	4053
儒紀	2262	2263	2264	2265	2266	2267	2268	2269	2270	2271
佛紀	2255	2256	2257	2258	2259	2260	2261	2262	2263	2264
回紀	1091	1092	1093	1094	1095	1096	1097	1098	1099	1100
西紀	1711	1712	1713	1714	1715	1716	1717	1718	1719	1720
韓國	조선朝鮮) ⑲숙종肅宗) 6승昇)									6즉卽경종
	37	38	39	40	41	42	43	44	45	46
中國	청淸) 성조聖祖)									
	50	51	52	53	54	55	56	57	58	59
日本	6수受禪) 중어문中御門)									
	1(4.25) 정덕 正德	2	3	4	5	1(6.22) 정보 亨保	2	3	4	5
	덕천가선 德川家宣			덕천가치德川家稚				덕천길종德川吉宗)		
기타										

								김홍도 金弘道		
								1745~1806?		
								도화서 화원. 용주사 후불탱화		

203	다국연표多國年表)								1721~1740, 18세기世紀)	
埤										
간지 干支	신축 辛丑	임인 壬寅	계묘 癸卯	갑진 甲辰	을사 乙巳	병오 丙午	정미 丁未	무신 戊申	기유 己酉	경술 庚戌
지지地支) 상징동물				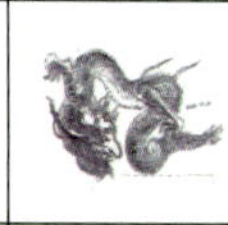						
단기	4054	4055	4056	4057	4058	4059	4060	4061	4062	4063
유기	2272	2273	2274	2275	2276	2277	2278	2279	2280	2281
불기	2265	2266	2267	2268	2269	2270	2271	2272	2273	2274
回紀	1101	1102	1103	1104	1105	1106	1107	1108	1109	1110
서기	1721	1722	1723	1724	1725	1726	1727	1728	1729	1730
한국	조선朝鮮)⑳경종景宗)8승昇)				8즉卽) ㉑영조英祖)					
	1	2	3	4	1	2	3	4	5	6
1725	탕평책 실시									
중국	12몰歿)성조聖祖)		세종(世宗) 8몰(歿)							
	60	61	1 옹정 雍正	2	3	4	5	6	7	8
일본	중어문中御門) 三양讓)									
	6 정보 亨保	7	8	9	10	11	12	13	14	15
	길종吉宗)									
기타										

	강희제 康熙帝		경종	①영조	② 영 조 英祖	③영조	사도세자			
	재 위 1661-1722		1688~1724	1724~1776			1735~1762			
	청淸) 4대황제									

204	다국연표多國年表)								1721~1740, 18세기世紀)	
埤										
간지 干支	신해 辛亥	임자 壬子	계축 癸丑	갑인 甲寅	을묘 乙卯	병진 丙辰	정사 丁巳	무오 戊午	기미 己未	경신 庚申
띠동물 그림										
檀紀	4064	4065	4066	4067	4068	4069	4070	4071	4072	4073
儒紀	2282	2283	2284	2285	2286	2287	2288	2289	2290	2291
佛紀	2275	2276	2277	2278	2279	2280	2281	2282	2283	2284
回紀	1111	1112	1113	1114	1115	1116	1117	1118	1119	1120
西紀	1731	1732	1733	1734	1735	1736	1737	1738	1739	1740
	8즉卽) ㉑영조英祖)									
	7	8	9	10	11	12	13	14	15	16
미국										
중국	세종(世宗) 8몰(歿)				고종高宗)					
	9	10	11	12	13	1 건융 乾隆	2	3	4	5
일본	중어문中御門) 三양讓)					十一즉卽) 영정櫻町)				
	16	17	18	19	20	1(4.28 원문 元文	2	3	4	5
	길종吉宗)									

					제임스 와트	아담 스미스				
					1736,1,19~1819,8,25	1732~1790				

205	다국연표多國年表)						1741~1760, 18세기世紀)			
埤										
간지 干支	신유 辛酉	임술 壬戌	계해 癸亥	갑자 甲子	을축 乙丑	병인 丙寅	정묘 丁卯	무진 戊辰	기사 己巳	경오 庚午
지지地支) 상징동물										
단기	4074	4075	4076	4077	4078	4079	4080	4081	4082	4083
유기	2292	2293	2294	2295	2296	2297	2298	2299	2300	2301
불기	2285	2286	2287	2288	2289	2290	2291	2292	2293	2294
회기	1121	1122	1123	1124	1125	1126	1127	1128	1129	1130
서기	1741	1742	1743	1744	1745	1746	1747	1748	1749	1750
한국	조선朝鮮)		㉑영조英祖)							
	17	18	19	20	21	22	23	24	25	26
1750	균역법 실시									
미국										
중국	청淸) 고종高宗)									
	6	7	8	9	10	11	12	13	14	15
일본	영정櫻町) 5양讓)					9즉卽) 도원挑圓)				
	1(2.27 관보 寬保	2	3	1(2.21 연정 延	2	3	4	1(7.12 관정 寬廷	2	3
	길종吉宗)				덕천가중德川家重)					

	모모조노인	보나파르트 나폴레옹	건융제乾隆帝묘호는 고종		김만덕 金萬德					
	1747-1762	1748~1825	재위 1735-1796		1739-1750					
			청淸) 6대 황제		제주여인					

206	다국연표多國年表)								1741~1760, 18세기世紀)	
埤										
간지 干支	신미 辛未	임신 壬申	계유 癸酉	갑술 甲戌	을해 乙亥	병자 丙子	정축 丁丑	무인 戊寅	기묘 己卯	경진 庚辰
띠동물 그림										
檀紀	4084	4085	4086	4087	4088	4089	4090	4091	4092	4093
儒紀	2302	2303	2304	2305	2306	2307	2308	2309	2310	2311
佛紀	2295	2296	2297	2298	2299	2300	2301	2302	2303	2304
回紀	1131	1132	1133	1134	1135	1136	1137	1138	1139	1140
西紀	1751	1752	1753	1754	1755	1756	1757	1758	1759	1760
韓國	조선朝鮮) ㉑영조英祖)									
	27	28	29	30	31	32	33	34	35	36
1750	균역법 실시									
미국										
중국	청淸) 고종高宗)									
	16	17	18	19	20	21	22	23	24	25
일본	9즉卽) 도원挑圓)									
	1(10.27)보력寶曆	2	3	4	5	6	7	8	9	10
	덕천가중德川家重)									

			볼프강 아마데우스 모차르트	메리 울스턴크래프트						
			1756,1,27~1791,12,5	1759~1797						

207	다국연표多國年表)							1761~1780, 18세기世紀)		
埤										
간지 干支	신사 辛巳	임오 壬午	계미 癸未	갑신 甲申	을유 乙酉	병술 丙戌	정해 丁亥	무자 戊子	기축 己丑	경인 庚寅
지지地支) 상징동물										
단기	4094	4095	4096	4097	4098	4099	4100	4101	4102	4103
유기	2312	2313	2314	2315	2316	2317	2318	2319	2320	2321
불기	2305	2306	2307	2308	2309	2310	2311	2312	2313	2314
回紀	1141	1142	1143	1144	1145	1146	1147	1148	1149	1150
서기	1761	1762	1763	1764	1765	1766	1767	1768	1769	1770
한국	조선朝鮮) ㉑영조英祖) 3승昇)									
	37	38	39	49	41	42	43	44	45	46
1764	장예원 혁파									
1770	동국문헌비고> 완성									
미국										
중국	청清) 고종高宗)									
	26	27	28	29	30	31	32	33	34	35
일본	도원7몰 桃園 7 歿	7조祚) 후영정後櫻町) 11몰(歿)								
	11 보력寶曆	12	13	1(6.2) 명화明和	2	3	4	5	6	7
	덕천가치德川家治)									
	독일 루트비히 판 베토벤 역사상 가장 위대한 작곡가로 지명되는 고전파 음악의 완성. 음악의 성인이라고 불림.						미국 찰스 베비지. 컴퓨터의 전신인 미분해석기계를 발명 컴퓨터의 아버지			

			루트비히 판 베토벤		고모모조노 인천황	찰스 베비지	고카쿠 천황			
			1770~1827		1770-1779	1777~1855	1779-1817			

208	다국연표多國年表)							1761~1780, 18세기世紀)		
竮	승昇오를승); 임금에 오르다,									
간지 干支	신묘 辛卯	임진 壬辰	계사 癸巳	갑오 甲午	을미 乙未	병신 丙申	정유 丁酉	무술 戊戌	기해 己亥	경자 庚子
띠동물 그림										
檀紀	4104	4105	4106	4107	4108	4109	4110	4111	4112	4113
儒紀	2322	2323	2324	2325	2326	2327	2328	2329	2330	2331
佛紀	2315	2316	2317	2318	2319	2320	2321	2322	2323	2324
回紀	1151	1152	1153	1154	1155	1156	1157	1158	1159	1160
西紀	1771	1772	1773	1774	1775	1776	1777	1778	1779	1780
韓國	조선朝鮮) ㉑영조英祖) 3승昇)						3즉卽) ㉒정조正祖)			
	47	48	49	50	51	52	1	2	3	4
1764	장예원 혁파									
1770	동국문헌비고> 완성									
미국										
중국	청淸) 고종高宗)									
	36	37	38	39	40	41	42	43	44	45
일본	11수선11受禪		11몰歿) 4즉卽) 후도원後桃園)						1 1 조 祚	12즉
	8	1(11.16) 안빙 安氷	2	3	4	5	6	7	8	9
	덕천가치德川家治)									
1770~1827	독일 루트비히 판 베토벤. 역사상 가장 위대한 작곡가로 지명되는 고전파 음악의 완성음악의 성인이라고 불림									
1777~1855	미국 찰스 베비지. 컴퓨터의 전신인 미분해석기계를 발명. 컴퓨터의 아버지									

		루트비히 판 베토벤		고모모조노 인천황	찰스 베비지	고카쿠 천황				
		1770~1827		1770~1779	1777~1855	1779~1817				

209	다국연표多國年表)								1781~1800, 18세기世紀)	
埤	조선朝鮮) 정조正祖)13년 서기1789년 미국 초대 대통령 선출									
간지 干支	신축 辛丑	임인 壬寅	계묘 癸卯	갑진 甲辰	을사 乙巳	병오 丙午	정미 丁未	무신 戊申	기유 己酉	경술 庚戌
지지地支) 상징동물										
단기	4114	4115	4116	4117	4118	4119	4120	4121	4122	4123
유기	2332	2333	2334	2335	2336	2337	2338	2339	2340	2341
불기	2325	2326	2327	2328	2329	2330	2331	2332	2333	2334
回紀	1161	1162	1163	1164	1165	1166	1167	1168	1169	1170
서기	1781	1782	1783	1784	1785	1786	1787	1788	1789	1790
한국	조선朝鮮) ㉒정조正祖) 6승昇)									
	5	6	7	8	9	10	11	12	13	14
1781	정조,개혁정치의 선봉. 규장각 이전				1786	서학의 금지				
1784	천주교 전도				1785	대전통편 완성				
미국									①미국美國)	
									조지워싱턴	
									1	2
중국	청淸) 고종高宗) 一양讓)									
	46	47	48	49	50	51	52	53	54	55
일본	광격光格)									
	1(4.2) 천명 天明	2	3	4	5	6	7	8	1(1.25 관정 寬政	2
	가치家治)					덕천가제(②德川家齊)				

			정약용 丁若鏞		가경제(嘉慶帝)묘호인종				①조지워싱턴	
			1762~1836		청淸)7대황제 1796~1820				1732~1799	
			목민심서 저						미국초대 대통령	

210	다국연표多國年表)							1781~1800, 18세기世紀)		
埤										
간지 干支	신해 辛亥	임자 壬子	계축 癸丑	갑인 甲寅	을묘 乙卯	병진 丙辰	정사 丁巳	무오 戊午	기미 己未	경신 庚申
띠동물 그림							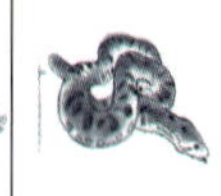			
檀紀	4124	4125	4126	4127	4128	4129	4130	4131	4132	4133
儒紀	2342	2343	2344	2345	2346	2347	2348	2349	2350	2351
佛紀	2335	2336	2337	2338	2339	2340	2341	2342	2343	2344
回紀	1171	1172	1173	1174	1175	1176	1177	1178	1179	1180
西紀	1791	1792	1793	1794	1795	1796	1797	1798	1799	1800
韓國	조선朝鮮) ㉒정조正祖) 6승昇) 7몰7歿									
	15	16	17	18	19	20	21	22	23	24

1786	서학을 금함	1791	신해통공을 실시, 신해사옥 일어남
1786	천주교 금지령을 발표	1792	정약용, 거중기 발명
1791	신해통공을 실시, 신해사옥 일어남	1796	수원 화성 완공
1791	정조, 시전 상인의 특권인 금난전권 폐지	1800	조선 순조 즉위

미국		미국美國)								
		①조지워싱턴					②존 애덤스			
	3	4	5	6	7	8	1	2	3	4
중국	청淸) 고종高宗) 一양讓)					인종仁宗)				
	56	57	58	59	60	1	2	3	4	5
일본	광격光格)									
	3	4	5	6	7	8	9	10	11	12
	덕천가제(②德川家薺)									

②존 애덤스

1735~1826

미국2대 대통령

211	다국연표多國年表)								1801~1820, 19세기世紀)	
埤										
간지 干支	신유 辛酉	임술 壬戌	계해 癸亥	갑자 甲子	을축 乙丑	병인 丙寅	정묘 丁卯	무진 戊辰	기사 己巳	경오 庚午
지지地支) 상징동물										
단기	4134	4135	4136	4137	4138	4139	4140	4141	4142	4143
유기	2352	2353	2354	2355	2356	2357	2358	2359	2360	2361
불기	2345	2346	2347	2348	2349	2350	2351	2352	2353	2354
회기	1181	1182	1183	1184	1185	1186	1187	1188	1189	1190
서기	1801	1802	1803	1804	1805	1806	1807	1808	1809	1810
한국	조선朝鮮) ㉓순조純祖)									
	1	2	3	4	5	6	7	8	9	10
1801	신유박해.									
1801	공노비 완전 폐지.									
미국	③토마스 재퍼슨							④제임스 메디슨		
	1	2	3	4	5	6	7	8	1	2
중국	청淸) 인종仁宗) 七몰歿)									
	6	7	8	9	10	11	12	13	14	15
일본	광격光格) 三양讓)									
	1(2.5 정화 亭和	2	3	1(2.11 문화 文化	2	3	4	5	6	7
	가제家蒼)									

	방랑시인 김삿갓 김병연金炳淵	찰스 다윈	토머스 제퍼슨							
	1807-0000?	1809~1882	1743~1826,							
	떠돌이지식인방랑시인		미국3대 대통령							

212	다국연표多國年表)							1821~1840, 19세기世紀)		
埤										
간지 干支	신미 辛未	임신 壬申	계유 癸酉	갑술 甲戌	을해 乙亥	병자 丙子	정축 丁丑	무인 戊寅	기묘 己卯	경진 庚辰
띠동물 그림										
檀紀	4144	4145	4146	4147	4148	4149	4150	4151	4152	4153
儒紀	2362	2363	2364	2365	2366	2367	2368	2369	2370	2371
佛紀	2355	2356	2357	2358	2359	2360	2361	2362	2363	2364
回紀	1191	1192	1193	1194	1195	1196	1197	1198	1199	1200
西紀	1811	1812	1813	1814	1815	1816	1817	1818	1819	1820
韓國	조선朝鮮) ㉓순조純祖)									
	11	12	13	14	15	16	17	18	19	20
1801	신유박해.				1811	홍경래의 난(평안도 농민전쟁).				
1801	공노비 완전 폐지.				1818	정약용, 목민심서 저술.				
미국	④제임스 메디슨						⑤제임스 먼로			
	3	4	5	6	7	8	1	2	3	4
1804~ 1964	미국 마틴 루터킹 자유와 평등을 외친 흑인인권운동가									
1809~1865	미국 아브라함 링컨 노예해방을 이룬 미국의 대통령.									
중국	청淸) 인종仁宗) 七몰歿)									
	16	17	18	19	20	21	22	23	24	25
일본	광격光格) 三양讓)						九즉(卽) 인효(仁孝)			
	8	9	10	11	12	13	14	1(4.22 문정 文政	2	3
809~1882	영국 찰스 다윈 진화론 창시. 지금까지 신의 창조론을 뒤엎는 과학적 방법으로 생물의 유전을 이해함.									
1818,5,5~ 1883,3,14	독일 칼 마르크스. 사회주의 이론 창시자.									

			칼 마르크스	도널드 재퍼슨	제임슨메디슨4대	닌코천황	레프톨스토	김정희 金正喜		
			1818,5,5~ 1883,3,14			1817-1846	1828～1910	1786~1856		
								1836, 이조참판		

213	다국연표多國年表)						1821~1840, 19세기世紀)			
埤										
간지 干支	신사 辛巳	임오 壬午	계미 癸未	갑신 甲申	을유 乙酉	병술 丙戌	정해 丁亥	무자 戊子	기축 己丑	경인 庚寅
지지地支) 상징동물										
단기	4154	4155	4156	4157	4158	4159	4160	4161	4162	4163
유기	2372	2373	2374	2375	2376	2377	2378	2379	2380	2381
불기	2365	2366	2367	2368	2369	2370	2371	2372	2373	2374
回紀	1201	1202	1203	1204	1205	1206	1207	1208	1209	1210
서기	1821	1822	1823	1824	1825	1826	1827	1828	1829	1830
한국	조선朝鮮) ㉓순조純祖) 11승昇)									
	21	22	23	24	25	26	27	28	29	30
1831	천주교 조선 교구 설치.									
1832	영국의 로드 암허스트호가 최초로 통상을 요구.									
1836	헌종2년 프랑스 신부. 모방에게서 영세를 받았다.									
미국	⑤제임스 먼로				⑥존 퀸시 에덤스				⑦앤드류 잭슨	
	5	6	7	8	1	2	3	4	1	2
중국	청淸) 선종(宣宗)									
	1도광 道光	2	3	4	5	6	7	8	9	10
일본	인효仁孝)									
	4 문정文政	5	6	7	8	9	10	11	12	1(12.10 천보天保
	가제(家薺)									
기타	1830	프랑스 베리에르 목재상 아들 나폴레옹.								
	1822,12,27~1895,9,28	프랑스 루이 파스퇴르, 질병과 미생물의 연관 관계를 밝힘.								
	1822~1884	멘델 성직자였으나 완두콩실험을 통해 유전의 법칙을 발견함.								

	존퀸시에덤스	흥선대원군	앤드류잭슨	최익현	마틴밴 뷰런	나폴레옹				
	1767~1848	1820~1898	1767~1845	1833~1906	1782~1862	1769~1821				
	미국6대 대통령	정치가	미국7대 대통령	항일운동가	미국8대 대통령	군인. 제1통령				

214 | 다국연표多國年表) | 1821~1840, 19세기世紀)

埤										
간지 干支	신묘 辛卯	임진 壬辰	계사 癸巳	갑오 甲午	을미 乙未	병신 丙申	정유 丁酉	무술 戊戌	기해 己亥	경자 庚子
띠동물 그림										
檀紀	4164	4165	4166	4167	4168	4169	4170	4171	4172	4173
儒紀	2382	2383	2384	2385	2386	2387	2388	2389	2390	2391
佛紀	2375	2376	2377	2378	2379	2380	2381	2382	2383	2384
回紀	1211	1212	1213	1214	1215	1216	1217	1218	1219	1220
西紀	1831	1832	1833	1834	1835	1836	1837	1838	1839	1840
韓國	조선朝鮮) ㉓순조純祖) 11승昇)				11즉卽) ㉔헌종憲宗)					
	31	32	33	34	1	2	3	4	5	6
1834	조선 헌종 즉위.									
1839	기해사옥 일어남.									
1839	기해박해. 천주교 4대 박해중의 하나.									
미국	⑦앤드류 잭슨				⑧마틴 밴 뷰런					
	5	6	7	8	1	2	3	4	1	2
중국	청淸) 선종(宣宗)									
	11	12	13	14	15	16	17	18	19	20
일본	인효仁孝)									
	2	3	4	5	6	7	8	9	10	11
	가제家齊)							덕천가도德川家度)		
기타	1900	"아래사진" 톨스토이와 20세기 초 유명한 러시아 작가 막심고리키								
	19085	월 야야나 폴랴나에서 찍은 유일한 컬러사진								

	김대건 金大建	톨스토이			루이 파스퇴르	멘델	김정호			
	1821~1846	1828. 9.9~1910.11.20.			1822,12,27~1895,9,28	1822~1884	1804~1866			
	천주교 최초의 신부	러시아대문호			생물학자	유전학자	대동여지도			

215	다국연표多國年表)							1841~1860, 19세기世紀)		
埤										
간지 干支	신축 辛丑	임인 壬寅	계묘 癸卯	갑진 甲辰	을사 乙巳	병오 丙午	정미 丁未	무신 戊申	기유 己酉	경술 庚戌
지지地支) 상징동물										
단기	4174	4175	4176	4177	4178	4179	4180	4181	4182	4183
유기	2392	2393	2394	2395	2396	2397	2398	2399	2400	2401
불기	2385	2386	2387	2388	2389	2390	2391	2392	2393	2394
回紀	1221	1222	1223	1224	1225	1226	1227	1228	1229	1230
서기	1841	1842	1843	1844	1845	1846	1847	1848	1849	1850
한국	조선朝鮮) ㉔헌종憲宗) 6승6昇)									㉕6즉철종哲宗
	7	8	9	10	11	12	13	14	15	1
1846	병오사옥 일어남.									
1846	최초의 한국인신부 김대건, 새남터에서 순교.									
1848	이양선. 경상. 전라. 황해. 함경. 강원 5도에 나타남.									
미국	⑨월리엄 헨리				⑪제임스 포크				⑫제커리 테일러	
	1	1	2	3	1	2	3	4	1	1
		⑩존 일러								
중국	청淸) 선종宣宗)									
	21	22	23	24	25	26	27	28	29	30
일본	인효仁孝) 2몰歿)					2祚	9즉 卽) 효명孝明)			
	12 천보 天保	13	14	1(12,2 홍화 弘化	2	3	4	1(2.28 가영嘉永	2	3
	덕천가도德川家度									

216	다국연표多國年表)							1841~1860, 19세기世紀)		
埤										
간지 干支	신해 辛亥	임자 壬子	계축 癸丑	갑인 甲寅	을묘 乙卯	병진 丙辰	정사 丁巳	무오 戊午	기미 己未	경신 庚申
띠동물 그림										
檀紀	4184	4185	4186	4187	4188	4189	4190	4191	4192	4193
儒紀	2402	2403	2404	2405	2406	2407	2408	2409	2410	2411
佛紀	2395	2396	2397	2398	2399	2400	2401	2402	2403	2404
回紀	1231	1232	1233	1234	1235	1236	1237	1238	1239	1240
西紀	1851	1852	1853	1854	1855	1856	1857	1858	1859	1860
韓國	6즉卽) ㉕철종哲宗)									
	2	3	4	5	6	7	8	9	10	11
1848	이양선, 경상 · 전라 · 황해 · 함경 · 강원 5도에 나타남					1846	김대건 순교			
1860	최제우, 동학 창시, 경신사옥 일어남, 최제우가 동학 창도					1860	최제우, 동학 창시			
미국	⑬밀러드필모어		⑭프랭클린 피어스				⑮제임스 뷰캐넌			
	2	3	1	2	3	4	1	2	3	4
1847,2,11~1931, 10.18	미국 토마스 에디슨. 발명왕. 대표적인 발명품 전구									
중국	문종文宗)									
	1 함풍咸豊	2	3	4	5	6	7	8	9	10
일본	2 즉卽) 효명孝明)									
	4	5	6	1911.27) 안정安政	2	3	4	5	6	1(3.18 만연萬延
				덕천가정德川家定)					가술(家茂)	
기타	1856,5,6~ 1939,83세망	오스트리아 지그문트 프로이트 정신분석학의 창시자								
	1847,3,3,~ 1922,8.21	영국 알렉산더 그레이엄 벨전화기 발명가.하지만 그레이의 아이디어를 빼아 특허를 냈다는 의혹과 미국의 발명가 무치노가 특허를 내진 않았지만 더 먼저 전화기를 발명했다는 설이 있음.								

		이준 열사	지그문트 프로이트	토마스 에디슨		니콜로 마키아벨리	알렉산더 그레이엄 벨	최익현		
		1859~1907	1856,5,6~1939,83세망	1847,2,11~1931,10.18		1469,5,3~1527,6,22	1847,3,3,~1922,8.21	1833~1906		
		동립운동 애국지사	정신 분석학자	발명왕 과학자		군주론 저자	과학자	항일운동가		

217	다국연표多國年表)							1861~1880, 19세기世紀)		
埤	이준(李儁, 1859년 1월 21일 ~ 1907년 7월 14일)은 구한말의 검사이자 외교관이다. 1907년 만국평화회의가 개최된 헤이그에 특사로 파견되어 외교활동 중 사망하였다.									
간지 干支	신유 辛酉	임술 壬戌	계해 癸亥	갑자 甲子	을축 乙丑	병인 丙寅	정묘 丁卯	무진 戊辰	기사 己巳	경오 庚午
지지地支) 상징동물										
단기	4194	4195	4196	4197	4198	4199	4200	4201	4202	4203
유기	2412	2413	2414	2415	2416	2417	2418	2419	2420	2421
불기	2405	2406	2407	2408	2409	2410	2411	2412	2413	2414
회기	1241	1242	1243	1244	1245	1246	1247	1248	1249	1250
서기	1861	1862	1863	1864	1865	1866	1867	1868	1869	1870
한국	㉕철종哲宗) 十二승昇)			조선朝鮮) ㉖고종高宗)						
	12	13	14	1	2	3	4	5	6	7
1861	김정호, 대동여지도 제작					1863	고종 즉위, 흥선대원군 정권 장악			
1862	농민 봉기(충청도·전라도·경상도)					1865	경복궁 중건			
미국	⑯에이브러햄 링컨				⑰앤드류 존슨				⑱율리시스 그랜드	
	1	2	3	4	1	2	3	4	1	2
1867~1871	미국 라이트형제 비행기 발명									
중국	(청清)목종穆宗) 十二몰歿)							덕종德宗)		
	11	동치 同治1	2	3	4	5	6	7	8	9
일본	효명(孝明) 十二몰(歿)						1조 1祚	八즉(卽) 명치(明治)		
	1,2.19 문구文久	2	3	1,2.20 원치元治	14.7) 경응慶應	2	3	1,9.8 명치明治	2	3
	가도(家度)					경희慶喜				
기타	1881~1955	영국 알렉산더 플레밍 몸에 해를 입히지 않고 살균효과를 내는페니실린 발견. 노벨 의학상 수상								
	1863,7,30~1947,4,7	미국 헨리 포드 자동차 대량 양산 체제를 구축하여 미국의 산업혁명 주도자동차왕. 자동차 회사 포드사 설립								

		라이트형제	링컨		알렉산더 플레밍					
		1867~1871	1809-1865		1881~1955					
		비행기 발명가	미국16대대통령.흑인노예 해방		미생물학자 페니실린 발견					

218	다국연표多國年表)								1861~1880, 19세기世紀)	
埤	이준(李儁, 1859년 1월 21일 ~ 1907년 7월 14일)은 구한말의 검사이자 외교관이다. 1907년 만국평화회의가 개최된 헤이그에 특사로 파견되어 외교활동 중 사망하였다									
간지 干支	신미 辛未	임신 壬申	계유 癸酉	갑술 甲戌	을해 乙亥	병자 丙子	정축 丁丑	무인 戊寅	기묘 己卯	경진 庚辰
띠동물 그림										
檀紀	4204	4205	4206	4207	4208	4209	4210	4211	4212	4213
儒紀	2422	2423	2424	2425	2426	2427	2428	2429	2430	2431
佛紀	2415	2416	2417	2418	2419	2420	2421	2422	2423	2424
回紀	1251	1252	1253	1254	1255	1256	1257	1258	1259	1260
西紀	1871	1872	1873	1874	1875	1876	1877	1878	1879	1880
韓國	조선朝鮮) ㉖고종高宗)									
	8	9	10	11	12	13	14	15	16	17
1866	제너럴셔먼호사건				1875	운요호사건				
					1875	이승만을해생 돼지띠로 태어났다.				
1866	병인양요				1876	강화도조약(병자수호조약) 체결				
					1876	김구 병자년 쥐띠로 태어났다.				
1871	신미양요				1879	지석영, 종두법 전래				
미국	⑱율리시스 그랜드						⑲러더퍼드 헤이스			
	3	4	5	6	7	8	1	2	3	4
1867~1871	미국 라이트형제 비행기 발명									
중국	덕종(德宗)									
	10	11	12	13	1 광저 光楮	2	3	4	5	6
일본	八즉(卽) 명치(明治)									
	4	5	6	7	8	9	10	11	12	13
기타	1870,4,10~1924,1,21	소련 블라디미르 레닌 소련에 공산주의 혁명을 일으킨 마르크스 신봉자								
	1869~1848,1	인도 마하트마 간디 비폭력 저항으로 인도를 독립시킴.								

		마하트마 간디	헨리 포드	블라디미르 레닌	이준열사					
		1869 ~1848,1.	1863,7,30~1947,4,7	1870,4,10~1924,1,21	1859~1907					
		인도 정치가	자동차대중화	러시아 정치가	항일독립운동가					

219	다국연표多國年表)							1881~1900, 19세기世紀)		
埤										
간지 干支	신사 辛巳	임오 壬午	계미 癸未	갑신 甲申	을유 乙酉	병술 丙戌	정해 丁亥	무자 戊子	기축 己丑	경인 庚寅
지지地支) 상징동물										
단기	4214	4215	4216	4217	4218	4219	4220	4221	4222	4223
유기	2432	2433	2434	2435	2436	2437	2438	2439	2440	2441
불기	2425	2426	2427	2428	2429	2430	2431	2432	2433	2434
回紀	1261	1262	1263	1264	1265	1266	1267	1268	1269	1270
서기	1881	1882	1883	1884	1885	1886	1887	1888	1889	1890
한국	조선朝鮮) ㉖고종高宗)									
	18	19	20	21	22	23	24	25	26	27
1882	삼국동맹성립 (~1915)					1882	조미수호조규 체결, 임오군란 일어남, 일본과 제물포조약 체결, 청국과 조청상민수륙무역장정 체결			
1882	임오군란. 청의 간섭 강화									
1885	일본과 한성조약 체결, 영국군이 거문도를 불법으로 점령					1883	〈한성순보〉 발간. 원산 학사 설립			
미국	⑳제임스 가필드				㉒그로버클리브랜드				㉓벤자민해리슨	
		㉑체스터앨런								
	1	1	2	3	1	2	3	4	1	2
1886	미국, 시카고 헤이마켓 투쟁									
중국	淸) 덕종德宗)									
	7	8	9	10	11	12	13	14	15	16
1893~ 1975	중국 마오쩌둥대장정작전'으로 장제스와의 내전에서 승리하고중국인민공화국 초대 주석에 오름.중국을 공산주의 국가로 탈바꿈.독재와 문화대혁명의 오점을 남김					1898	청, 독일이 산둥의 자오저우 만 조차. 무술 변법, 의화단 운동(~1900). 필리핀, 아기날도 독립 선언			
일본	명치明治)									
	14	15	16	17	18	19	20	21	22	23
1881	일본으로 조사시찰단 파견, 별기군 설치									
1881	수단 마흐디항쟁(~1898)									
1588~1679	영국 존 로크 계몽철학과 경험 철학의 원조									
1889,4,20 ~ 1945,4,30	독일 아돌프 히틀러 독일 나치당의 총통으로 유럽을 전쟁에 몰아넣음.유대인 학살, 잘못된 민족우월주의자									

	존 로크	아돌프 히틀러	마가렛 생어	마오쩌둥	그로버 클리브랜드					
	1632~1704	1889,4,20 1945,4,30	1879~ 1966	1893~1975	1837~1908					
	근대철학자	독일 정치가 유대인 말살 정책	여성사회 계량가	중국공산당 초대주석	미국22대~24대 대통령					

220	다국연표多國年表)							1881~1900, 19세기世紀)		
간지 干支	신묘 辛卯	임진 壬辰	계사 癸巳	갑오 甲午	을미 乙未	병신 丙申	정유 丁酉	무술 戊戌	기해 己亥	경자 庚子
띠동물 그림										
檀紀	4224	4225	4226	4227	4228	4229	4230	4231	4232	4233
儒紀	2442	2443	2444	2445	2446	2447	2448	2449	2450	2451
佛紀	2435	2436	2437	2438	2439	2440	2441	2442	2443	2444
回紀	1271	1272	1273	1274	1275	1276	1277	1278	1279	1280
西紀	1891	1892	1893	1894	1895	1896	1897	1898	1899	1900
韓國	조선朝鮮) ㉖ 고종高宗)			개국開國503	504	505	506	대한제국 大韓帝國		
	28	29	30	31	32	1건양 建陽	1광무 光武	2	3	4

1883	조일통상 체결.	1896	연호를 건양으로 정함, 독립협회 결성.
1883	한성순보〉 발간. 원산 학사 설립.	1897	대한제국 1897년 대한제국 고종이 제위에 등극하고, 대한제국을 수립해 연호를 광무로 고침.
1884	우정국 설치. 갑신정변.	1888	민란의 전국적 확산.
1884	갑신정변 일어남.	1889	함경도, 곡식 수출 금지(방곡령).
1893	전국 65곳에서 민란 일어남. 보은·금구 집회.	1898	만민 공동회 운동. 독립협회 해산. 찬양회 결성.
1894	동학 농민 운동 일어남. 청·일 전쟁 일어남. 갑오개혁 추진. 공문서에 처음 한글 사용.	1887	1907년 이날은 이준 열사가 네덜란드 헤이그에서 순국했습니다. 1907년 4월 22일, 헤이그에서 열리는 제2회 만국평화회의.
1885	서양식 병원(광혜원) 설립 영국, 거문도 불법 점령(~1887).	1889	일본, 제국 헌법(메이지 헌법) 발표.
1899	대한 국제 반포. 최초의 철도(경인선) 개통경복궁에 전등 설치.	1899	대한국 국제를 공포, 동대문-서대문 전차 개통.
1885	일본과 한성조약 체결, 영국군이 거문도를 불법으로 점령.	1900	경인선 철도 개통, 만국 우표 연합 가입, 종로에 가로등 설치.
1895	을미사변. 단발령. 항일 의병 운동.	1899	대한제국. 소파 방정환 선생 태어남.
1896	양력 사용. 아관 파천. 〈독립신문〉 창간. 독립협회 창립.		

미국	㉓벤자민 해리슨		㉔그로버클리 브랜드				㉕윌리엄 매킨리			
	3	4	1	2	3	4	1	2	3	4
1886	미국, 시카고 헤이마켓 투쟁									
중국	淸) 덕종德宗)									
	17	18	19	20	21	22	23	24	25	26
일본	명치明治)									
	24	25	26	27	28	29	30	31	32	33

1884	청·프랑스 전쟁 ~1885)	1889	히틀러. 오스트리아 국경지대 소도시 브라우나우에서 태어남.
1885	베트남, 간뿌옹 운동. 인도 국민 회의 결성청·프텐진 조약 체결.	1887	프랑스령 인도차이나 연방 성립.
1892	호세 리살, 필리핀 연맹 결성.	1898	청, 독일이 산둥의 자오저우 만 조차. 무술 변법, 의화단 운동(~1900). 필리핀, 아기날도 독립 선언.
1893	뉴질랜드, 여성 참정권 인정.		

		윌리엄 매킨리	김옥균 金玉均,	서재필 徐載弼	김좌진 金佐鎭	방정환 方定煥				
		1843~1901	1851~1894	1864 ~ 1951	1889~1930	1899-1931				
		미국25대 대통령								

221	다국연표多國年表)						1901~1920, 20세기世紀)			
간지 干支	신축 辛丑	임인 壬寅	계묘 癸卯	갑진 甲辰	을사 乙巳	병오 丙午	정미 丁未	무신 戊申	기유 己酉	경술 庚戌
지지地支) 상징동물										
단기	4234	4235	4236	4237	4238	4239	4240	4241	4242	4243
유기	2452	2453	2454	2455	2456	2457	2458	2459	2460	2461
불기	2445	2446	2447	2448	2449	2450	2451	2452	2453	2454
回紀	1281	1282	1283	1284	1285	1286	1287	1288	1289	1290
서기	1901	1902	1903	1904	1905	1906	1907	1908	1909	1910
한국	대한제국大韓帝國) ㉖고종高宗) 7양讓)						8국치國恥) 7즉卽) ㉗순종順宗)			
	광무 光武	6	7	8	9	10	융희隆熙	2	3	4

1901	제주민란 발생.	1907	헤이그밀사사건.
1903	대한YMCA 창립.	1907	한일신협약 체결.
1904	러일전쟁 발발	1908	전명운·장인환, 스티븐스 저격.
1904	한일의정서 강제 체결.	1908	동양척식주식회사 설립.
1905	을사조약 강제 체결.	1909	나철, 대종교 창시.
1905	장지연, 황성신문에 <시일야방성대곡> 발표.	1909	안중근, 이토 히로부미 암살.
1905	손병희, 동학을 천도교로 개칭.	1910	한일병합조약 조인 공포.
1906	통감부 설치, 이토 히로부미 부임.		
1907	국채보상운동 시작.		

	㉖테오도어 스벨트								㉗윌리엄태프트	
	1	2	3	4	5	6	7	8	1	2
중국	청淸) 덕종德宗)								선통제 宣統帝	중화민국
	27	28	29	30	31	32	33	34		2

1911	청, 신해혁명	1912	중화 민국 성립, 쑨원이 임시 대총통에 취임.

일본	명치明治) 7몰(歿)									
	명치 明治	35	36	37	38	39	40	41	42	43

1911	청, 신해혁명	1912	중화 민국 성립, 쑨원이 임시 대총통에 취임

	우드로우 윌슨	유관순	윤봉길	이범석 李範奭	안중근의사와어머니	안중근安重根
			1908~1932	1900~1972		1879~1910
			호커우공원 폭탄투척	초대국무총리		독립운동가.이토히로부미 저격.

을사조약乙巳條約) 1905년에 일본이 한국의 외교권을 빼앗기 위하여 강제적으로 맺은 조약.

222	다국연표多國年表)							1901~1920, 20세기世紀)		
埤										
간지 干支	신해 辛亥	임자 壬子	계축 癸丑	갑인 甲寅	을묘 乙卯	병진 丙辰	정사 丁巳	무오 戊午	기미 己未	경신 庚申
띠동물 그림							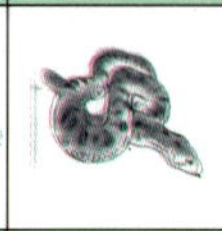			
檀紀	4244	4245	4246	4247	4248	4249	4250	4251	4252	4253
儒紀	2462	2463	2464	2465	2466	2467	2468	2469	2470	2471
佛紀	2455	2456	2457	2458	2459	2460	2461	2462	2463	2464
回紀	1291	1292	1293	1294	1295	1296	1297	1298	1299	1300
西紀	1911	1912	1913	1914	1915	1916	1917	1918	1919	1920
韓國	일제침략하한국日帝侵略下韓國)						대한민국임시정부			
	의친왕						1		2	

1911	신민회, 105인사건.	1919	대한민국 임시정부수립.
1913	안창호, 흥사단 조직.	1919	제암리 학살사건.
1915	대한광복회 결성.	1919	3·1 운동. 대한민국 임시 정부 수립. 의열단 조직. 한국인이 처음으로 영화 제작.
1916	박중빈, 원불교 창설.	1919	3월 1일을 기하여 일어난 범민족 항일독립운동.
1918	토지조사사업 완료.	1920	김좌진, 청산리전투.
1918	대한독립선언서 발표.	1920	유관순 옥사.
1919	2·8 독립선언.		

미국	㉗윌리엄 태프트		㉘우드로우 윌슨							
	3	4	1	2	3	4	5	6	7	8
중국	중화민국中華民國)									
	3	1,1)	2	3	4	5	6	7	8	9
	1912	중화 민국 성립. 쑨원이 임시 대총통에 취임.								
일본	七조祚)				11즉卽) 대정大正)					
	44	17.30 대정 大正	2	3	4	5	6	7	8	9

1881	피카소, 10월 25일 스페인 말라가에서 출생. 1973년 4월 8일 폐렴으로 사망.	1905	이란, 입헌 혁명. 인도, 벵골 분할령 발표. 탄자니아, 마지마지 봉기. 러시아, 피의 일요일 사건.
1917	러시아 혁명. 인도네시아, 이슬람 정당 '사레카트 이슬람이 민족 운동 전개.	1906	인도, 스와데시 · 스와라지 운동.

한일병합조약 일제강점 일제 침략으로 국권을 상실한 1910년의 경술국치 전반을 일컫는 말. 경술국치·국권피탈·일제강점·일제병탄 등으로 불리기도 한다. 대원군 집정 이후 쇄국 정책을 고수하여오던 조선은 1876년(고종 13) 일제의 강압적인 외교에 눌려 강화도 조약을 체결함으로써 개항을 맞이하였고, 제국주의 열강에 의한 군사·경제·정치적 압력에 직면하게 되었다.

안중근의 어머님 편지 네가 어미보다 먼저 죽는 것을 불효라 생각하면 이 어미는 웃음거리가 될 것이다.
너의 죽음은 한사람 것이 아닌 조선인 전체의 공분을 짊어진 것이다. 네가 항소한다면 그건 일제에 목숨을 구걸하는 것이다! 나라를 위해 딴 맘먹지 말고 죽어라! 아마도 이 어미가 쓰는 마지막 편지가 될 것이다. 네 수의 옷을 지어 보내니 이 옷을 입고 가거라. 어미는 현세에서 재회하길 기대하지 않았으니! 다음 세상에는 선량한 천부의 아들이 돼 이 세상에 나오거라. 31세 젊은 나이로 형장에서 이슬로 사라져버린 대한민국의 영웅이 사형선고를 받은 날이 2월 14일 그날이다. 우리 모두 이 사실을 알아야 대한민국은 영원한 나라가 될 것이다. 2월 14일 " 안중근 " 몰랐습니다. 죄송합니다. 다시는 같은 잘못을 하지 않겠습니다. 우리가 아는 1910년 우리나라의 영웅 안중근 의사가 사형선고를 받은 날입니다. 안중근는 뤼순 다롄 요동반도 남쪽 끝에 위치한 감옥에서 순국하셨습니다.

223	같은 년도라도 역사 내용이 다르다.				다국연표多國年表)			1921~1940, 20세기世紀)		
간지 干支	신유 辛酉	임술 壬戌	계해 癸亥	갑자 甲子	을축 乙丑	병인 丙寅	정묘 丁卯	무진 戊辰	기사 己巳	경오 庚午
지지地支) 상징동물										
단기	4254	4255	4256	4257	4258	4259	4260	4261	4262	4263
유기	2472	2473	2474	2475	2476	2477	2478	2479	2480	2481
불기	2465	2466	2467	2468	2469	2470	2471	2472	2473	2474
회기	1301	1302	1303	1304	1305	1306	1307	1308	1309	1310
서기	1921	1922	1923	1924	1925	1926	1927	1928	1929	1930
한국	일제침략하한국日帝侵略下韓國) 대한민국임시정부(大韓民國臨時政府)									
	3	4	5	6	7	8	9	10	11	12
1934	안재홍 등 조선학 운동 전개.									
1934	조선 농지령 공포.									
1935	민족혁명당 결성.									
1936	손기정, 베를린올림픽에서 마라톤 우승(세계 신기록)									
미국	㉙워런하딩워		㉚캘빈클리지						㉛하버트후버	
	1	2	1	2	3	4	5	6	1	2
1933	미국, 뉴딜 정책(~1936)				1928~왓슨 1961~크릭	미국 제임스 왓슨. 생물학자. 영국 프렌시스 크릭, DNA의 이중나선 구조를 밝혀낸 분자생물학자.				
중국	중화민국中華民國)									
	10	11	12	13	14	15	16	17	18	19
1921	중국, 공산당 창당.				1925	페르시아, 팔레비 왕조 성립, 카자르 왕조 멸망.				
1924	중국, 제1차 국공 합작(~1927)									
일본	대정大正) 12몰(歿)						12조十二祚)			
	10	11	12	13	14	12,25 소화 昭和	2	3	4	5
1931	일본, 만주사변 일으킴.									
기타 여러나라										
1922	소비에트 사회주의 공화국 연방(소련) 수립.				1922	소비에트 사회주의 공화국 연방(소련) 수립.				
1923	터키 공화국 수립.				1923	터키 공화국 수립.				
1930	호찌민, 베트남 공산당 창당.				1930	호찌민, 베트남 공산당 창당.				

	제임스 왓슨, 영국 프렌시스크릭 릭	테오도어 스벨트	캘빈 클리지	하버트 후버	프랭클린 루스벨트	의친왕				
	1928~왓슨 1961~크릭		1872-1933	1874-1964	1882-1945	1877-1955				
					뉴딜정책					

224	같은 년도라도 역사 내용이 다르다.	다국연표多國年表)	1921~1940, 20세기世紀)

간지 干支	신유 辛酉	임술 壬戌	계해 癸亥	갑자 甲子	을축 乙丑	병인 丙寅	정묘 丁卯	무진 戊辰	기사 己巳	경오 庚午
띠동물 그림									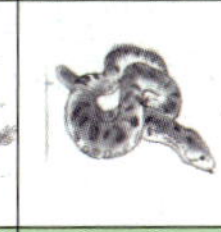	
단기	4254	4255	4256	4257	4258	4259	4260	4261	4262	4263
유기	2472	2473	2474	2475	2476	2477	2478	2479	2480	2481
불기	2465	2466	2467	2468	2469	2470	2471	2472	2473	2474
회기	1301	1302	1303	1304	1305	1306	1307	1308	1309	1310
서기	1921	1922	1923	1924	1925	1926	1927	1928	1929	1930
한국	일제침략하한국日帝侵略下韓國) 대한민국임시정부(大韓民國臨時政府)									
	3	4	5	6	7	8	9	10	11	12

1921	부산 부두 노동자 총파업.	1927	신간회 창립.
1922	이광수, 민족 개조론 발표. 어린이날 행사 치름.	1928	한글날 제정.
1923	암태도 농민 항쟁(~1924). 민립 대학 설립 운동. 물산 장려 운동.활발히 전개. 일본, 관동에서 조선인 대학살.	1929	국민부 조직.
		1929	광주학생운동.
1923	상해에서 국민대표회의 개최.	1929	원산 총파업, 광주 학생 항일 운동이 일어남.
1923	조선물산장려회 창립.	1931	일제의 만주 침략. 동아일보, 브나로드 운동 전개 ~1934). 5월 16일 신간회 해산
1923	일본에서 관동대지진 발생하여 동포 대학살.	1932	이봉창 · 윤봉길 의거.
1923	상해에서 국민대표회의 개최.	1933	조선어학회, 한글맞춤법통일안 발표.
1925	조선 공산당 결성.	1933	한글 맞춤법 통일안 제정. 조선 총독부, 농촌 진흥 운동시작.
1926	6 · 10만세 운동 시작.	1924	북률 농민 항쟁조선 청년 동맹, 조선 노 · 농 총동맹 결성.

미국	㉙워런하딩워		㉚캘빈클리지						㉛하버트후버	
	1	2	1	2	3	4	5	6	1	2

1933	미국, 뉴딜 정책(~1936)	1928~왓슨 1961~크릭	미국 제임스 왓슨, 영국 프렌시스 크릭 DNA의 이중 나선 구조를 밝혀낸 유전학자

중국	중화민국中華民國)									
	10	11	12	13	14	15	16	17	18	19

1921	중국, 공산당 창당	1925	페르시아, 팔레비 왕조 성립, 카자르 왕조 멸망
1924	중국, 제1차 국공 합작(~1927)		

일본	대정12몰大正) 12몰(歿)						12조十二祚			
	10	11	12	13	14	12, 25 소화昭和	2	3	4	5
1931	일본, 만주사변 일으킴									

기타 여러나라

1922	소비에트 사회주의 공화국 연방(소련) 수립	1922	소비에트 사회주의 공화국 연방(소련) 수립
1923	터키 공화국 수립	1923	터키 공화국 수립
1930	호찌민, 베트남 공산당 창당	1930	호찌민, 베트남 공산당 창당

	제임스 왓슨, 영국 프렌시스 크릭	테오도어 스벨트	캘빈 클리지	하버트 후버	프랭클린 루스벨트	의친왕				
	1928~왓슨 1961~크릭		1872-1933	1874-1964	1882-1945	1877-1955				

225	다국연표多國年表)							1941~1960, 20세기世紀)		
埤										
간지 干支	신미 辛未	임신 壬申	계유 癸酉	갑술 甲戌	을해 乙亥	병자 丙子	정축 丁丑	무인 戊寅	기묘 己卯	경진 庚辰
지지地支) 상징동물										
檀紀	4264	4265	4266	4267	4268	4269	4270	4271	4272	4273
儒紀	2482	2483	2484	2485	2486	2487	2488	2489	2490	2491
佛紀	2475	2476	2477	2478	2479	2480	2481	2482	2483	2484
回紀	1311	1312	1313	1314	1315	1316	1317	1318	1319	1920
西紀	1931	1932	1933	1934	1935	1936	1937	1938	1939	1940
韓國	일제침략하 한국日帝侵略下韓國)									
	대한민국임시정부(大韓民國臨時政府)									
	13	14	15	16	17	18	19	20	21	22
					1939					
					1940	대한민국 임시정부.				
1935	민족 혁명당 조직									
1936	손기정, 베를린 올림픽 대회 마라톤 우승. 남승룡이 동메달을 수상. 동아일보 일장기 말살 사건				1940	한국 광복군 창설				
1938	강제 연행 시작(국민 징용령), 1945년까지 45만명 연행				1940	창씨개명 실시				
미국			㉜프랭클린루스벨트							
	3	4	1	2	3	4	5	6	7	8
1929	미국, 대공황 발생(~1932)				1933	미국, 뉴딜 정책(~1936)				
중국										
		21	22	23	24	25	26	27	28	29
		만주滿洲) 부의溥儀)								
	20	1	2	1	2	3	4	5	6	7
				大同		康德				
일	소화昭和)									
	6	7	8	9	10	11	12	13	14	15
기타 여러나라										
1928	인도의 네루, 인도 독립 연맹 결성				1936	에스파냐, 인민 전선 정부 수립, 파시스트 반란으로 내전 ~1939)				

	백 범 김 구 (김창수)	테오도어 스벨트	캘빈클리지	하 버 트 후 버	프 랭 클 린 루스벨트	의친왕				
	1876-1949		1872-1933	1874-1964	1882-1945	1877-1955				

김구金九) 1876년 8월 29일~1949년 6월 26일. 황해도 해주. 가족 슬하 2남 2녀. 수상1962년 건국훈장 대한민국장. 경력1944 대한민국임시정부 주석. 1928 한국독립당 총재. 대한민국임시정부 국무령.

1893년 동학 농민 운동을 지휘하였고, 이후 의병단에 가입하였다. 3·1 운동 후 대한민국 임시 정부에 참여하였다.

226	같은 년도라도 역사 내용이 다르다			다국연표多國年表)				1941~1960, 20세기世紀)		
간지 干支	신사 辛巳	임오 壬午	계미 癸未	갑신 甲申	을유 乙酉	병술 丙戌	정해 丁亥	무자 戊子	기축 己丑	경인 庚寅
띠동물 그림										
단기	4274	4275	4276	4277	4278	4279	4280	4281	4282	4283
유기	2492	2493	2494	2495	2496	2497	2498	2499	2500	2501
불기	2485	2486	2487	2488	2489	2490	2491	2492	2493	2494
回紀	1321	1322	1323	1324	1325	1326	1327	1328	1329	1330
서기	1941	1942	1943	1944	1945	1946	1947	1948	1949	1950
한국	대한 민국 임시정부 수립				8.15정부수립					
	김구金九									
	23	24	25	26	27	한국		(7.)		
	일제침략하한국日帝侵略下韓國)					이북	김일성金日成)			

이승만은 1·2대 대통령을 하면서 3대 대통령선거에서 이기붕 박마리아 부부와 최인규 등 자유당의 조직적 부정선거로 장기집권을 하려다 학생과 양심적 지식인들의 저항을 받아 4.1,9 민주학생혁명으로 대통령직에서 "국민이 원하면 하야하겠습니다" 라는 말을 남기고 하야 하였다.
이기붕 박마리아는 자기 아들이고 이승만 양아들인 이강석에게 총살당하는 불행한 사태가 되기도 하였다. 이승만은 미국 하와이로 망명하였다.

미국	㉜프랭클린 루스벨트				㉝해리 트루먼					
	9	10	11	12	1	2	3	4	5	6
1945	미군정기 1945년 8월 15일 일제 패망으로 광복. 조선인민공화국 수립. 군정청 설치									
중국	중화민국中華民國)									
	30	31	32	33	34				1	2
	만주 부의 滿洲 浮儀								10,1) 중화인민공화국中華人民共和國)	
	8	9	10	11	12	35	36	37	38	39
1949	중화인민공화국 수립.									
일본	소화昭和)									
	소화 昭和	17	18	19	20	21	22	23	24	25
1941	일본, 하와이 진주만 기습 공격(태평양 전쟁 발발) 영국·소련, 이란 분할 점령									

기타 여러나라

1948	제1차 아랍·이스라엘 전쟁(~1949), 이스라엘 건국 미얀마 독립	1949	인도네시아 공화국 수립

장개석 蔣介石	모택동 毛澤東	이승만 李承晩,	신익희 申翼熙	허정虛政) 정치인	김일성 金日成	해리트루먼	아이젠하워	윤보선 尹潽善,	장면張勉) 박사
1887-1975	1893-1976	1875-1965	1894-1956	1896~1988	1912-1994	1884-1972	1890-1969	1887-1990	1899-1966
대만총통		①②③대							

227	같은 년도라도 역사 내용이 다르다			다국연표多國年表)			1941~1960, 20세기世紀)			
간지 干支	신사 辛巳	임오 壬午	계미 癸未	갑신 甲申	을유 乙酉	병술 丙戌	정해 丁亥	무자 戊子	기축 己丑	경인 庚寅
지지地支) 상징동물										
단기	4274	4275	4276	4277	4278	4279	4280	4281	4282	4283
유기	2492	2493	2494	2495	2496	2497	2498	2499	2500	2501
불기	2485	2486	2487	2488	2489	2490	2491	2492	2493	2494
回紀	1321	1322	1323	1324	1325	1326	1327	1328	1329	1330
서기	1941	1942	1943	1944	1945	1946	1947	1948	1949	1950
한국	대한민국 임시정부 수립				8.15정부수립					
	김구金九									
	23	24	25	26	27	한국		(7.)		
	일제침략하한국日帝侵略下韓國)					이북	김일성金日成)			

연도	내용	연도	내용
1941	임시 정부, 건국 강령 발표 및 대일 선전 포고.	1945	얄타 회담, 독일 항복, 유엔 성립. 미국, 일본에 원자 폭탄 투하, 일본 항복. 중국, 국·공 내전 시작. 아랍 연맹 결성베트남 민주 공화국 수립. 캄보디아 독립 선언. 인도네시아 독립 선언.
1942	조선 독립 동맹 및 조선 의용군 결성. 조선어 학회 사건 일어남. 서울 인구 100만명을 넘어섬.		
1942	조선어학회 사건		
1943	일제, 징병제·학병제 실시로 조선 청년을 일본군으로 끌고 감		
1943	카이로회담, 한국의 독립 약속	1946	북한 임시 인민 위원회 발족. 북한, 토지 개혁 실시. 제1차 미·소 공동 위원회 개최. 38도선 이북으로 통행 금지. 좌·우 합작 회담 시작.
1944	조선 총독부, 여자 정신대 근무령 공포 및 시행. 여운형, 건국 동맹 결성		
1944	얄타회담, 한반도문제 언급	1946	조선정판사위폐사건
1945	해방. 건국 준비 위원회 발족. 미·소 군정 실시. 모스크바 3국 외상 회의 개최	1949	6월 21일 국회 프락치 사건 일어남
1945	8·15광복	1950	6월 25일 한국 전쟁이 발발
1945	조선건국준비위원회, 조선인민공화국 수립 공포	1949	반민족 행위 특별 조사 위원회(반민특위) 발족. 정부, 농지 개혁법 공포. 김구 순국.

미국	㉜프랭클린루스벨트				㉝해리트루먼					
	9	10	11	12	1	2	3	4	5	6
1945	미군정기 1945년 8월 15일 일제 패망으로 광복, 북한. 조선인민공화국 수립, 군정청 설치									
중국	중화민국中華民國)									
	30	31	32	33	34				1	2
	만주 부의 滿洲 浮儀								10,1) 중화인민공화국中華人民共和國)	
	8	9	10	11	12	35	36	37	38	39
1949	중화 인민 공화국 수립.									
일본	소화昭和)									
	소화	17	18	19	20	21	22	23	24	25
1941	일본, 하와이 진주만 기습 공격(태평양 전쟁 발발). 영국·소련, 이란 분할 점령									

기타 여러나라

연도	내용	연도	내용
1948	제1차 아랍·이스라엘 전쟁(~1949), 이스라엘 건국. 미얀마 독립	1949	인도네시아 공화국 수립

해리트루먼 1884-1972

이승만

마턴루터킹 ?~1968 흑인운동가

228	같은 년도라도 역사 내용이 다르다	다국연표多國年表)	1941~1960, 20세기世紀)

간지 干支	신사 辛巳	임오 壬午	계미 癸未	갑신 甲申	을유 乙酉	병술 丙戌	정해 丁亥	무자 戊子	기축 己丑	경인 庚寅
띠동물 그림										
단기	4274	4275	4276	4277	4278	4279	4280	4281	4282	4283
유기	2492	2493	2494	2495	2496	2497	2498	2499	2500	2501
불기	2485	2486	2487	2488	2489	2490	2491	2492	2493	2494
回紀	1321	1322	1323	1324	1325	1326	1327	1328	1329	1330
서기	1941	1942	1943	1944	1945	1946	1947	1948	1949	1950
한국	대한민국임시정부 수립				8.15 정부수립					
	김구金九									
	23	24	25	26	27	한국		(7.)		
	일제침략하한국日帝侵略下韓國)					이북	김일성金日成)			

1946	북조선 임시 인민 위원회 발족. 북한, 토지개혁실시. 제1차 미·소 공동 위원회 개최. 38도선 이북으로 통행 금지. 좌·우 합작 회담 시작.	1948	제주 4·3 항쟁 시작. 유엔 감시하에 남한 총선거 실시.
1947	제2차 미·소 공동 위원회 개최. 여운형 피살.	1948	9월 9일 북한. 조선민주주의인민공화국 정부 수립.
1948	4월 3일. 제주 4·3 항쟁 일어남.	1949	반민족행위특별조사위원회(반민특위) 발족
1948	5월 10일 남한 총선거 실시.	1948	김구, 남북 협상 제의.
1948	8월 15일 대한민국 정부수립.	1949	김구 피살.
1948	9월 9일. 조선민주주의인민공화국 정부수립.	1950	6월 25일. 북한군 남한 침투 전쟁 발발(6,25 사변). 한국 전쟁.

미국	㉜프랭클린 루스벨트				㉝해리 트루먼					
	9	10	11	12	1	2	3	4	5	6
1945	비군정기 1945년 8월 15일 일제 패망으로 광복. 조선인민공화국 수립, 군정청 설치.									
중국	중화민국中華民國)									
	30	31	32	33	34				1	2
	만주 부의 滿洲 浮儀)								10,1 중화인민공화국中華人民共和國)	
	8	9	10	11	12	35	36	37	38	39
1949	중화 인민 공화국 수립.									
일본	소화昭和)									
	소화 昭和	17	18	19	20	21	22	23	24	25
1941	일본, 하와이 진주만 기습 공격(태평양 전쟁 발발). 영국·소련·이란 분할 점령									

기타 여러나라

1946	필리핀 공화국 수립	1949	인도네시아 공화국 수립
1948	제1차 아랍·이스라엘 전쟁(~1949), 이스라엘 건국. 미얀마 독립		

	장개석 蔣介石	모택동 毛澤東	이승만 李承晩,	신익희 申翼熙	허정虛政) 정치인	김일성 金日成	해리트루먼	아이젠하워	윤보선 尹潽善,	장면張勉) 박사
	1887-1975	1893-1976	1875-1965	1894-1956	1896~1988	1912-1994	1884-1972	1890-1969	1887-1990	1899-1966
	대만총통		①②③대							

229	다국연표多國年表)							1941~1960, 20세기世紀)		
埤	같은 년도라도 역사 내용이 다르다. 중요한 역사내용을 많이 넣은 쪽.									
간지 干支	신묘 辛卯	임진 壬辰	계사 癸巳	갑오 甲午	을미 乙未	병신 丙申	정유 丁酉	무술 戊戌	기해 己亥	경자 庚子
지지地支) 상징동물										
檀紀	4284	4285	4286	4287	4288	4289	4290	4291	4292	4293
儒紀	2502	2503	2504	2505	2506	2507	2508	2509	2510	2511
佛紀	2495	2496	2497	2498	2499	2500	2501	2502	2503	2504
回紀	1331	1332	1333	1334	1335	1336	1337	1338	1339	1340
西紀	1951	1952	1953	1954	1955	1956	1957	1958	1959	1960
韓國	대통령大統領)이승만李承晩)							허정許政). 윤보선尹潽善)		
			8				8			(4)(8)
	이북			김일성(金日成)						

이승만 대한민국 1~3대 대통령. 학력 프린스턴대학교 대학원 국제정치학 박사. 수상 1949년 건국훈장 대한민국장. 가족은 배우자 프란체스카 도너 리, 1960년 제4대 대통령선거에 부통령후보 이기붕과 러닝메이트로 출마. 3.15부정선거로 4.19 혁명이 발발하자 미국 하와이로 망명. 1965년 7월 19일 하와이 호놀룰루요양원에서 사망.

미국	㉝해리트루먼		㉞ 아이젠하워							
	7	8	1	2	3	4	5	6	7	8
중국	중화민국中華民國) 장개석章介石) 총통總統									
	40	41	42	43	44	45	46	47	48	49
일본	소화昭和)									
	26	27	28	29	30	31	32	33	34	35
					1960	나이지리아 독립				

	철종哲宗	이승만 李承晩)	신익희 申翼熙)	허정(전)	김일성 김성주)	해리트루먼	아이젠하워	빌게이츠		
	1831~1863	1875~1965	1894~1956	1896~1988	1912~1994	1884~1972	1890~1969	1955~		
	조선 25대왕	초대대통령	정치인	정치인	북한최고지도자	33대.미국대통령	34대.미국대통령	마이크로소프트창업자		

230	다국연표多國年表)							1961~1980.20세기世紀)		
埤	같은 년도라도 역사 내용이 다르다 중요한 역사내용을 많이 넣은 쪽.									
간지 干支	신묘 辛卯	임진 壬辰	계사 癸巳	갑오 甲午	을미 乙未	병신 丙申	정유 丁酉	무술 戊戌	기해 己亥	경자 庚子
띠동물 그림										
檀紀	4284	4285	4286	4287	4288	4289	4290	4291	4292	4293
儒紀	2502	2503	2504	2505	2506	2507	2508	2509	2510	2511
佛紀	2495	2496	2497	2498	2499	2500	2501	2502	2503	2504
回紀	1331	1332	1333	1334	1335	1336	1337	1338	1339	1340
西紀	1951	1952	1953	1954	1955	1956	1957	1958	1959	1960
韓國	대통령大統領 이승만李承晚							허정許政 윤보선尹潽善		
			8				8			(4)(8)
	이북			김일성(金日成)						
허정, 해방 이후 서울특별시장. 외무부장관. 국민의당 대표최고위원 역임한 정치인. 1986년 부산출생. 보성전문학교 법과 졸업. 하야한 이승만을 하와이로 망명하게 하였으며, "국민의당" 을 창당하여 대표최고위원이 되어 대통령후보로 내정되었으나 윤보선과 야당후보단일화를 이루어 자리를 양보하였다.										
미국	㉝해리트루먼		㉞ 아이젠하워							
	7	8	1	2	3	4	5	6	7	8
중국	중화민국中華民國) 장개석章介石) 총통總統									
	40	41	42	43	44	45	46	47	48	49
일본	소화昭和)									
	26	27	28	29	30	31	32	33	34	35
					1960	나이지리아 독립				

	철종哲宗	이승만 李承晚,	신익희 申翼熙	허정(전) 정치인	김일성 김성주)	해리트루먼	아이젠하워			
	1831-1863	1875-1965	1894-1956	1896~1988	1912-1994	1884-1972	1890-1969			

231			다국연표多國年表)					1961~1980.20세기世紀)		
埤	같은 년도라도 역사 내용이 다르다. 중요한 역사내용을 많이 넣은 쪽.									
간지 干支	신묘 辛卯	임진 壬辰	계사 癸巳	갑오 甲午	을미 乙未	병신 丙申	정유 丁酉	무술 戊戌	기해 己亥	경자 庚子
지지地支) 상징동물										
檀紀	4284	4285	4286	4287	4288	4289	4290	4291	4292	4293
儒紀	2502	2503	2504	2505	2506	2507	2508	2509	2510	2511
佛紀	2495	2496	2497	2498	2499	2500	2501	2502	2503	2504
回紀	1331	1332	1333	1334	1335	1336	1337	1338	1339	1340
西紀	1951	1952	1953	1954	1955	1956	1957	1958	1959	1960
韓國	초대 대통령大統領) 이승만李承晩).							허정許政). 윤보선尹潽善).		
			8				8			(4)(8
	이북			김일성(金日成)						
1958	1월 13일 진보당 사건이 일어남.									
1960	제2공화국 1960년 3월 15일. 3·15 부정선거.									
1960	4월 19일 4·19 혁명 시작.									
1960	4월 26일 이승만 대통령 하야.									
1960	6월 15일 대한민국 제2공화국 헌법 공포, 윤보선 대통령 취임.									
미국	㉝해리트루먼		㉞ 아이젠하워							
	7	8	1	2	3	4	5	6	7	8
중국	중화민국中華民國) 장개석章介石) 총통總統)									
	40	41	42	43	44	45	46	47	48	49
1959	중국·인도 국경 분쟁									
일본	소화昭和)									
	26	27	28	29	30	31	32	33	34	35

	철종哲宗	이승만 李承晩,	신익희 申翼熙	허정(전) 정치인	김일성 김성주)	해리트루먼	아이젠하워			
	1831-1863	1875-1965	1894-1956	1896~1988	1912-1994	1884-1972	1890-1969			

다국연표多國年表)

1961~1980, 20세기世紀)

간지 干支	신축 辛丑	임인 壬寅	계묘 癸卯	갑진 甲辰	을사 乙巳	병오 丙午	정미 丁未	무신 戊申	기유 己酉	경술 庚戌
띠동물 그림										
단기	4294	4295	4296	4297	4298	4299	4300	4301	4302	4303
유기	2512	2513	2514	2515	2516	2517	2518	2519	2520	2521
불기	2505	2506	2507	2508	2509	2510	2511	2512	2513	2514
回紀	1341	1342	1343	1344	1345	1346	1347	1348	1349	1350
서기	1961	1962	1963	1964	1965	1966	1967	1968	1969	1970
한국	장면張勉)		政變 ⑤~⑨박정희朴正熙)							
			12④윤보선尹潽善⑤⑨박정희朴正熙				7.)			

1967	크리스찬 바나드박사. 세계최초의 심장이식수술	1966	8월 3일 산림청 발족.
1964	6·3사태.	1966	한·미 행정 협정 조인
1964	베트남 파병.	1967	4월 1일 구로동 수출공업단지 준공.
1965	향토예비군 창설	1968	10월 31일 동양최대 쌍용시멘트 동해공장 준공
1965	이승만 대통령.1965년 7월 19일. 망명지 하와이 호놀룰루요양원에서 사망.	1968	국민 교육 헌장 선포미국 정보함 푸에블로 호 사건 발생
1965	한일 국교정상화/1·21사태	1969	3선 개헌 국민 투표 법안 국회서 변칙 통과
1966	불국사 석가탑에서 다라니경 발견	1970	경부 고속 도로 개통. 새마을 운동 시작. 서울 평화 시장 노동자 전태일, 노동 조건 개선을 요구하며 분신
1966	4월 9일 인천제철공장 기공.	1970	새마을운동 시작

미국										
	㉟존에프 케네디	㊱린든존슨						㊲리차드 닉슨		
		케네디암살								
	1	2	1	2	3	4	5	6	1	2

1969	아라파트, PLO 의장에 취임미국, 각지에서 베트남 반전 시위		

중국	
	중화민국中華民國)
	총통總統) 장제스 장개석蔣介石)
	중화인민공화국中華人民共和國)
	류사오치. 유소기劉少奇) / 명예주석名譽主席) 쑹칭링. 송경령宋慶齡)

1966	중국, 문화 대혁명 ~1977)		

일본	소화昭和)									
	36	37	38	39	40	41	42	43	44	45

기타 여러나라

1962	알제리 독립	1967	동남 아시아 국가 연합ASEAN) 결성
1963	말레이시아 연방 발족. 아프리카 통일기구(OAU) 결성.	1968	체코슬로바키아, 민주화 선언에 소련군 개입프라하 의 봄). 프랑스, 파리에서 학생들의 5월 혁명.

	유소기 劉少奇)	등소평 鄧小平)	크리스찬 바나드		유소기	경허선사			
	1898~1969	1904~1997	1922~2001		1898~1969	김한옥그림			

233	다국연표多國年表)							1961~1980, 20세기世紀)		
간지 干支	신해 辛亥	임자 壬子	계축 癸丑	갑인 甲寅	을묘 乙卯	병진 丙辰	정사 丁巳	무오 戊午	기미 己未	경신 庚申
지지地支) 상징동물										
檀紀	4304	4305	4306	4307	4308	4309	4310	4311	4312	4313
儒紀	2522	2523	2524	2525	2526	2527	2528	2529	2530	2531
佛紀	2515	2516	2517	2518	2519	2520	2521	2522	2523	2524
回紀	1351	1352	1353	1354	1355	1356	1357	1358	1359	1360
西紀	1971	1972	1973	1974	1975	1976	1977	1978	1979	1980
韓國	장면張勉)	政變	⑤~⑨박정희朴正熙)						政變	
	6				12		10 12)⑩최규하崔圭夏)			
1972	7·4 남북 공동 성명 발표. 유신 헌법 확정. 북한, 사회주의 헌법 공포. 주석제 신설.									
1974	8월 15일 서울 지하철 1호선이 개통. 영부인 육영수 피격당해 서거.				1980	10월 27일 대한민국 제5공화국 헌법 공포.				
1975	대통령 긴급 조치 9호 발표. 북한, 비동맹 회원국 가입.									
1979.10.26	부마항쟁釜馬抗爭). 부산과 마산지역에서 유신 독재 정권에 반대하여 벌인 반정부 항쟁 사건.				1980,5,18~27, 사이	전남광주시민들이 군사독재통치 반대. 계엄령 철폐를 외치면서 민주정치지도자석방을 요구하면서 벌인 민주화 운동.				
1979,10,26	오후 7시 43분. 종로구 궁정동 중앙정보부 안가에서 파티를 하다가 정보부장 김재규가 차지철과 박정희를 사살하였다.				1980,12,12,	박정희가 김재규에게 시해되자 노태우 등의 신군부가 쿠데타를 일으켰다.				
미국	㊲리차드 닉슨			㊳제랄드 포드			㊴지미 카터			
	3	4	5	1	2	3	1	2	3	4
1965	미국, 북베트남 폭격. 베트남 전(~1975).				1978	미·중 국교 정상화. 제2차 석유 파동(~1980)				
중국				엄가감嚴家淦)				장징궈蔣經國)		
			5							
	중화인민공화국中華人民共和國)									
	류사오치. (유소기劉少奇)			명예주석名譽主席) 쑹칭링(송경령宋慶齡)						
일본	소화昭和)									
	46	47	48	49	50	51	52	53	54	55
기타 여러나라										
1975	유엔 국제 여성의 해. 국제 여성 집회(멕시코).									
1979	소련, 아프가니스탄 침공(~1988). 이란, 호메이니의 이란 혁명, 팔레비 왕조 붕괴.				1980	이란·이라크 전쟁(~1988). 폴란드 "자유 노조 연대" 탄생.				

	민주화 운동			민주화 운동		김재규 연행			최규하⑩	⑪~⑫ 전두환

234	다국연표多國年表)							1961~1980, 20세기世紀)		
간지 干支	신해 辛亥	임자 壬子	계축 癸丑	갑인 甲寅	을묘 乙卯	병진 丙辰	정사 丁巳	무오 戊午	기미 己未	경신 庚申
띠동물 그림										
檀紀	4304	4305	4306	4307	4308	4309	4310	4311	4312	4313
儒紀	2522	2523	2524	2525	2526	2527	2528	2529	2530	2531
佛紀	2515	2516	2517	2518	2519	2520	2521	2522	2523	2524
回紀	1351	1352	1353	1354	1355	1356	1357	1358	1359	1360
西紀	1971	1972	1973	1974	1975	1976	1977	1978	1979	1980
韓國	장면張勉)	政變 ⑤~⑨박정희朴正熙)						政變		
	6				12		10 12)⑩최규하崔圭夏)			

1971	무령왕릉 발굴.	1966	4월 9일. 인천제철공장 기공.
1972	남북적십자회담. 10월 유신. 제4공화국 수립.	1975	2월 12일, 유신헌법 찬반 국민투표 실시. 가결.
1972	제3차 경제개발 5개년 계획. 김두한 사망.	1977	한국 등반대. 에베레스트 산 등정. 수출 100억 달러 달성
1972	7·4 남북 공동 성명 발표. 유신헌법 확정. 북한, 사회주의 헌법 공포. 주석제 신설.	1978	7월 6일. 박정희 통일주체국민회의에서 제9대 대통령으로 선출.
1973	김대중피랍사건. 경주고분에서 신라 금관과 천마도 발굴.	1979	부·마 항쟁. 박정희 대통령, 김재규 정보부장의 총에 피격 사망. 신군부 쿠데타, 정승화 육군 참모 총장 체포.
1974	8월 15일 서울 지하철 1호선이 개통. 영부인 육영수 피격당해 서거.	1979	5월 5일. 박정희 대통령, 발트하임 유엔사무총장 회담.
1975	대통령 긴급 조치 9호 발표. 북한, 비동맹 회원국 가입.	1979	6월 30일. 박정희 대통령-카터 미 대통령 정상회담.
		1980	제5공화국. 1980년 5월 18일 5·18 광주 민주화 운동이 일어남.

미국	㊲리차드 닉슨			㊳제랄드 포드			㊴지미 카터			
	3	4	5	1	2	3	1	2	3	4

1965	미국, 북베트남 폭격, 베트남 전쟁 (~1975)	1978	미·중 국교 정상화, 제2차 석유 파동 (~1980)

중국				엄가감嚴家淦)				장징귀蔣經國)		
			5							
	중화인민공화국中華人民共和國)									
	류사오치. 유소기劉少奇).			명예주석名譽主席) 쑹칭링. 송경령宋慶齡).						
일본	소화昭和)									
	46	47	48	49	50	51	52	53	54	55

기타 여러나라

1975	유엔 국제 여성의 해, 국제 여성 집회(멕시코).		
1979	소련, 아프가니스탄 침공(~1988)이란, 호메이니의 이란 혁명, 팔레비 왕조 붕괴.	1980	이란·이라크 전쟁(~1988). 폴란드 자유 노조연대 탄생.

	린든존슨	리차드 닉슨	제랄드 포드	지미카터	주덕(朱德)	주은래 周恩來	모택동 毛澤東	④윤보선 尹潽善	장면 張勉	박정희 朴正熙

235	다국연표多國年表)							1981~2000, 20세기世紀)		
埤										
간지 干支	신유 辛酉	임술 壬戌	계해 癸亥	갑자 甲子	을축 乙丑	병인 丙寅	정묘 丁卯	무진 戊辰	기사 己巳	경오 庚午
지지地支) 상징동물									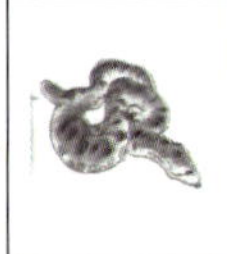	
단기	4314	4315	4316	4317	4318	4319	4320	4321	4322	4323
유기	2532	2533	2534	2535	2536	2537	2538	2539	2540	2541
불기	2525	2526	2527	2528	2529	2530	2531	2532	2533	2534
회기	1361	1362	1363	1364	1365	1366	1367	1368	1369	1370
서기	1981	1982	1983	1984	1985	1986	1987	1988	1989	1990
한국	대통령) ⑪~⑫ 전두환全斗煥)						대통령) ⑬노태우盧泰愚)			
	2							2		
	이북以北) 김일성金日成)									

1981	전두환, 대통령 당선.	1987	전국적인 민주화 시위(6월 민주 항쟁). 7·8·9월 노동자 대투쟁.
1982	야간 통행 금지 전면 해제. 정부, 일본에 역사 교과서 왜곡 내용 시정요구.	1987	10월 29일 대한민국 현행 헌법 공포.
1983	6월 30일 KBS 이산가족 찾기 생방송 시작.	1997	8월 6일 대한항공 801편이 괌에서 추락. 11월 21일 대한민국 정부가 국제통화기금(IMF)에 구제금융을 요청
1983	10월 9일 아웅산묘역 폭탄테러사건이 일어남.	1987	
1984	5월 18일 민주화추진협의회 발족.	1987	11월 29일 대한항공 858편 폭파사건이 일어남.
1994	북한, 김일성 주석 사망. 북·미 제네바 핵 합의.	1988	노태우 정부 1988년 9월 17일 1988년 서울 올림픽이 개막.
		1988	노태우, 대통령 당선. 서울 올림픽 개최.
1985	1985년 7월 19일, 부산 도시철도 1호선이 개통.	1990	소련과 국교 수립.
1985	남북 고향 방문단 상호 교류. 북한, 핵 확산 금지 조약(NPT) 가입.	1990	1월 22일 노태우·김영삼·김종필이 3당 합당을 선언하고 민주자유당을 결성.
1986	서울 아시안 게임 개최.		

미국	⑩로널드 레이건							㊶조지 부시		
	1	2	3	4	5	6	7	8	1	2
중국	대만) 장경국蔣經國)							리덩후이, 이등휘李登輝)		
	중국中國)				리시엔넨. 이선념李先念)				양상쿤. 양상곤 楊尚昆)	
			4						3	
일본	소화昭和)									
	56	57	58	59	60	61	62	63	64	1

	⑪~⑫ 전두환	⑬노태우	송미령	⑭김영삼	⑮김대중	이선염	오란부			
				⑭	⑮					

236	다국연표多國年表)						2001~2020, 21세기世紀)			
간지 干支	신미 辛未	임신 壬申	계유 癸酉	갑술 甲戌	을해 乙亥	병자 丙子	정축 丁丑	무인 戊寅	기묘 己卯	경진 庚辰
띠동물 그림										
檀紀	4324	4325	4326	4327	4328	4329	4330	4331	4332	4333
儒紀	2542	2543	2544	2545	2546	2547	2548	2549	2550	2551
佛紀	2535	2536	2537	2538	2539	2540	2541	2542	2543	2544
回紀	1371	1372	1373	1374	1375	1376	1377	1378	1379	1380
西紀	1991	1992	1993	1994	1995	1996	1997	1998	1999	2000
韓國	대통령大統領) ⑬노태우盧泰愚)		대통령大統領) ⑭김영삼金泳三)					대통령大統領) ⑮김대중金大中)		
			2					2		
	이북以北) ①김일성金日成)				김정일金正日)					

1992	중국과 국교 수립. 김영삼, 대통령 당선.		
1993	3월 12일 북한이 핵 확산 금지 조약 탈퇴를 선언.	1997	김대중 정부 출범.
1993	문민정부 2월 25일 김영삼 대통령 취임. 문민정부 출범.	2000	김대중 대통령 1차 남북정상회담.
1993	8월 12일 금융실명제 실시.		

미국	㊶조지 부시		㊷빌 클린턴							
	3	4	1	2	3	4	5	6	7	8
중국	리덩후이. 이등휘李登輝)				천수이벤. 진수편陣水扁)					
	양상쿤.양상곤楊尙昆)			장쩌민. 강택민江澤民)						
				3						
일본	평성平成)									
	1	2	3	4	5	6	7	8	9	10

기타 여러나라

1982	이스라엘, 레바논 침공.	1993	우루과이 라운드 타결, 유럽 연합 출범.
1984	유엔 식량 기구, 아프리카 24개국 기아 상태 발표.	1996	영국다이애나비 찰스와 이혼.
1992	소련의 해체, 독립 국가 연합(CIS) 성립. 동유럽 공산권의 붕괴.	1997	영국 다이애나비 교통사고로 사망.

		⑪~⑫ 전두환	⑬노태우	송미령	⑭김영삼	⑮김대중	이선염	오란부	
					⑭	⑮			

김대중대통령노벨상수상

2000년 12월 10일. 노르웨이 오슬로에서 김대중 대통령이 "한국인 최초로 노벨 평화상을 수상"했다. 민주주의와 인권을 향한 40여 년에 걸친 긴 투쟁 역정과 6·15 남북 공동선언을 이끌어 내어 한반도 긴장 완화에 기여한 공로를 국제사회에서 인정.
노벨 평화상 부문에서 세계 81번째로 수상했다. 김대중 대통령은 노벨상 시상식 연설 등을 통해 국제사회가 북한의 개혁·개방에 좀 더 많이 지원해 줄 것을 당부했다.
김대중 대통령의 노벨상 수상은 한반도 문제에 대한 국제사회의 관심을 더욱 높여 한반도 평화와 통일을 앞당기는 데 도움을 준 것으로 평가된다.

237	다국연표多國年表)	2001~2020, 21세기世紀)

埤										
간지 干支	신사 辛巳	임오 壬午	계미 癸未	갑신 甲申	을유 乙酉	병술 丙戌	정해 丁亥	무자 戊子	기축 己丑	경인 庚寅
지지地支) 상징동물										
단기	4334	4335	4336	4337	4338	4339	4340	4341	4342	4343
유기	2552	2553	2554	2555	2556	2557	2558	2559	2560	2561
불기	2545	2546	2547	2548	2549	2550	2551	2552	2553	2554
回紀	1381	1382	1383	1384	1385	1386	1387	1388	1389	1390
서기	2001	2002	2003	2004	2005	2006	2007	2008	2009	2010
한국	⑮김대중	⑯노무현盧武鉉)					⑰이명박李明博)			
		2					2			

2001	8월 10일. IMF 구제금융 조기 상환.		
2002	5월 31일. 2002년 축구 월드컵이 한국과 일본에서 공동 개최.	2005	아시아 태평양 경제 협력체(APEC) 정상 회의 개최
2002	12월 미군 장갑차에 의한 여중생 사망사건을 규탄하는 대규모 촛불집회.	2005	2월 3일. 대한민국의 헌법재판소가 호주제에 대해 헌법불합치 선고를 내림.
2002	6월 29일. 서해교전사건 발생.	2007	2차 노무현 대통령 남북 정상 회담, 남북 관계 발전과 평화 번영을 위한 선언(10.4 선언).
2002	2월 18일. 대구 지하철 화재사고가 일어남.	2008	2월 25일. 이명박 대통령 취임, 이명박 정부 출범
2004	노무현 대통령 탄핵 사건. 경부·호남 고속철도 동시 개통.	2010	3월 26일. 천안함 침몰.
2004	10월 21일 대한민국의 헌법재판소가 신행정수도법 위헌 확인 결정. 행정수도 이전법을 위헌이라고 확인.	2010	11월 23일. 연평도 북한방사포 공격으로 민간인 2명, 군인 2명 사망.

미국	㊸조지 부시								㊹버락오바마	
중국	천수이벤. 진수편陣水扁)								마잉주. 마영구 馬英九)	
	강택민江澤民)			후진타오. 호금도胡錦濤)						
일본	평성平成)									
	11	12	13	14	15	16	17	18	19	20

		㊸조지 w 부시	㊹버락 오바마	㊺도널드 트럼프	장쩌민 江澤民	후진타오 胡錦도	습근평 習近平	⑯노무현 盧武鉉	⑰이명박 李明博	
		1946~	1961~	1946~	1926~	1942~	1953~	1946~	1941~	
		코네티컷주	하와이	뉴욕시퀸스	1993~2003	2003~2013		경남김해	일본	

238	다국연표多國年表)							2001~2020, 21세기世紀)		
간지 干支	신사 辛巳	임오 壬午	계미 癸未	갑신 甲申	을유 乙酉	병술 丙戌	정해 丁亥	무자 戊子	기축 己丑	경인 庚寅
띠동물 그림										
단기	4334	4335	4336	4337	4338	4339	4340	4341	4342	4343
유기	2552	2553	2554	2555	2556	2557	2558	2559	2560	2561
불기	2545	2546	2547	2548	2549	2550	2551	2552	2553	2554
回紀	1381	1382	1383	1384	1385	1386	1387	1388	1389	1390
서기	2001	2002	2003	2004	2005	2006	2007	2008	2009	2010
한국	⑮김대중 金大中	⑯노무현盧武鉉)					⑰이명박李明博)			
		2					2			

국민의 탄핵반대 노무현대통령 탄핵 사유 (2004. 10.)

노무현대통령 탄핵과정

재신임 투표 제안행위. 대통령의 재신임 국민투표 제안과 관련, 대통령의 신임 여부를 국민투표로 묻는 것은 명문에 나와 있지 않는 등, 형식상 옳지 않을 뿐 아니라 권한을 넘어선 것으로 국민투표 부의권을 위헌적으로 해석한 것 이라고 판단했다. 헌재의 이 같은 판단은 정치권에서 논란을 빚었던 재신임 국민투표 제안을 사법적인 관점에서 견제 및 금지한 것이다.

측근 비리는 탄핵사유 안된다. 측근비리에 대해 헌재는 탄핵사유가 되지 못한다는 최종 판단을 내렸다. 헌재는 노 대통령이 최도술, 안희정, 여택수 등과 관련된 비리사실을 지시·방조했거나 불법적으로 관여한 사실이 인정되지 않는다고 판단, 대통령의 비리연루 혐의 자체를 인정하지 않았다. 또 대통령 취임 전 측근 비리 사실은 대통령의 개입 여부 확인을 떠나 대통령의 직무 관련성이 없으므로 판단대상에서 배제했다고 밝혔다.

경제 파탄은 사법적 판단대상 아니다. 소추위원 측은 대통령의 취임선서에 나오는 '성실한 국정수행 의무'를 언급하며 노 대통령의 국정 수행 능력이 미약한 점 역시 탄핵 사유에 해당한다고 주장했지만, 헌재는 사법적 판단대상으로 볼 수 없다는 결론을 내렸다. 헌재는 대통령의 성실한 직무수행이 헌법적 의무이기는 하지만 규범적으로 그 이행이 관철될 수 있는 성격이 아니므로 사법적 판단을 속성으로 하는 탄핵 심판의 사유가 될 수 없다고 보고 있다.

노무현 대통령 탄핵 반대 집회가 연이어 계속되었으나, 탄핵 인용하라는 집회는 없었다.

미국	㊸조지 부시								㊹버락 오바마	
중국	천수이벤.진수편陣水扁)							마잉주(마영구馬英九)		
	강택민(江澤民)		후진타오. 호금도胡錦濤)							
일본	평성平成)									
	11	12	13	14	15	16	17	18	19	20

		후진타오 胡錦도	시진핑 習近平	⑯노무현 盧武鉉						
		1942~	1953~	1946~2009						
		2003~2013		경남김해						

堣										
간지 干支	신묘 辛卯	임진 壬辰	계사 癸巳	갑오 甲午	을미 乙未	병신 丙申	정유 丁酉	무술 戊戌	기해 己亥	경자 庚子
지지地支) 상징동물										
檀紀	4344	4345	4346	4347	4348	4349	4350	4351	4352	4353
儒紀	2562	2563	2564	2565	2566	2567	2568	2569	2570	2571
佛紀	2555	2556	2557	2558	2559	2560	2561	2562	2563	2564
回紀	1391	1392	1393	1394	1395	1396	1397	1398	1399	1400
西紀	2011	2012	2013	2014	2015	2016	2017	2018	2019	2020
韓國			⑱박근혜朴槿惠)					⑲문재인文在寅)		

국민이 원한 박근혜대통령 탄핵 사유事由)

박근혜대통령 탄핵과정

헌법위배행위

가. 국민주권주의헌법 제1조), 대의민주주의헌법 제67조 제1항), 국무회의에 관한 규정헌법 제88조, 제89조), 대통령의 헌법수호 및 헌법준수의무헌법 제66조 제2항, 제69조) 조항 위배

나. 직업공무원 제도헌법 제7조), 대통령의 공무원 임면권헌법 제78조), 평등원칙헌법 제11조) 조항 위배

다. 재산권 보장헌법 제23조 제1항), 직업선택의 자유헌법 제15조), 기본적 인권보장 의무헌법 제10조), 시장경제질서헌법 제119조 제1항), 대통령의 헌법수호 및 헌법준수의무헌법 제66조 2항, 제69조) 조항 위배

라. 언론의 자유헌법 제21조 제1항), 직업선택의 자유 헌법 제15조) 조항 위배

마. 생명권 보장헌법 제10조) 조항 위배

가. 재단법인 미르, 재단법인 케이스포츠 설립 모금 관련 범죄

나. 롯데그룹 추가 출연금 관련 범죄

다. 최순실 등에 대한 특혜 제공 관련 범죄

1) 케이디코퍼레이션 관련 특정범죄 가중처벌 등에 관한 법률 위반(뇌물)죄, 직권남용권리행사방해죄, 강요죄

2) 플레이그라운드 관련 직권남용권리행사방해죄, 강요죄

3) 주식회사 포스코 관련 직권남용권리행사방해죄, 강요죄

4) 주식회사 케이티 관련 직권남용권리행사방해죄, 강요죄

5) 그랜드코리아레저 관련 직권남용권리행사방해죄, 강요죄

라. 문서 유출 및 공무상 취득한 비밀 누설 관련 범죄

2016,12,9

이런 일로 새누리당 국회의원 일부가 새누리당을 탈당하였다. 탈당한 의원들은 바른정당을 만들고 탄핵소추위원장에 권선동 국회법제사법위원장이 되었다.

헌법재판소는 2016년 12월 9일 소추서를 접수받고 동년12월16일 까지 답변요구서를 제출하라는 피청구인측에 송달하였다. 강일원 헌법재판관이 주심재판관에 배당되었고 주심인 강 재판관과 김이수 재판관을 뺀 7명은 접수 당일 회의를 열었다. 12월 12일 재판관 8인이 회의를 열었다. 소추 사유를 선별로 심리해 탄핵 사유가 인정되면 나머지 사유를 판단을 어떻게 할지 논의 후, 결과와 상관없이 모두 심리 할지에 대한 '법률상 선별 심리가 불가능하다고 보고, 모두 심리한다고 밝혔다. 12월 14일, 변론 준비절차를 주재하는 재판관에 강일원 재판관 주심과 이정미 재판관, 이진성 재판관이 지명됐다. 2016년 12월 16일 박근혜 대통령 측은 탄핵이 부당하다는 답변서를 제출했다. 헌법재판소는 12월 22일 1차 변론 준비절차에서 박근혜 대통령의 헌법과 법률 위배 혐의 소추 사유를 5가지 유형으로 압축시켰다. 5가지 유형은 1. 비선조직 운영으로 국민주권주의와 법치주의 위배 2. 대통령 권한남용 3. 언론 자유 침해 4. 세월호 참사 관련 생명권 보호 의무 위반 5. 뇌물 수수와 관련한 각종 위배행위 이다. 12월 27일 2차 준비절차에서 1차 변론을 2017년 1월 3일 오후 2시, 2차 변론은 1월 5일 오후 2시에 열기로 결정했다. 첫 변론은 피청구인 박근혜 측의 불참으로 9분 만에 끝났고, 2차 변론에서는 양측이 공방을 벌였다.

일부 국민은 박근혜 대통령 탄핵 반대 태국기집회를 하였으나 큰 타격을 주지 못하였다.

	2011	2012	2013	2014	2015	2016	2017	2018	2019	2020
미국	㊹버락 오바마						㊺도널드 트럼프			
	3	4	5	6	7	8	1	2	3	4
중국	마잉주. 마영구馬英九)									
		11.즉卽)시징핀習近平)								
일본	평성平成)									
	21	22	23	24	25	26	27	28	29	

다국연표多國年表)

2001~2020, 21세기世紀)

坤										
간지 干支	신묘 辛卯	임진 壬辰	계사 癸巳	갑오 甲午	을미 乙未	병신 丙申	정유 丁酉	무술 戊戌	기해 己亥	경자 庚子
띠동물 그림										
檀紀	4344	4345	4346	4347	4348	4349	4350	4351	4352	4353
儒紀	2562	2563	2564	2565	2566	2567	2568	2569	2570	2571
佛紀	2555	2556	2557	2558	2559	2560	2561	2562	2563	2564
回紀	1391	1392	1393	1394	1395	1396	1397	1398	1399	1400
西紀	2011	2012	2013	2014	2015	2016	2017	2018	2019	2020
韓國			⑱박근혜朴槿惠)					⑲문재인文在寅)		
					2018, 9,18,	북한평양에서 남한 문재인대통령이 북한 김정은 위원장과 정상회담.				
					2018, 6,12	싱가포르1차 북한김정은과 미국트럼프간 정상회담.				
					2019. 2. 28.	베트남 하노이에서 2차 북한 김정은과 미국 트럼프간 정상회담.				
					2019. 7. 2	판문점에서3차 북한김정은과 미국트럼프간정상회담 문재인 대통령과 김정은,트럼프 같은장소에서 상봉				
					2019	중국 우한에서 코로나19 발병되어 전세계로 전염.				
					20					
2018.4,27	판문점에서 남한 문재인대통령과 북한 김정은 위원장과 정상회담, 판문점선언을 채택하였다.									
2018	판문점에서 남한 문재인대통령과 북한 김정은 위원장과 비공식 회담.									
미국	㊹버락 오바마						㊺도널드 트럼프			
	3	4	5	6	7	8	1	2	3	4
중국	마잉주. 마영구馬英九)									
		11.즉卽)시징핀習近平)								
일본	평성平成)									
	21	22	23	24	25	26	27	28	29	

	버락오바마	시징핑 습근평 習近平			도널드 트럼프	반기문 潘基文	⑰이명박	⑱박근혜	⑲문재인	
						출1944~	1941,12,19	1952,2,2.	1953,1,24	
	미국㊹대				미국㊺대	충북음성	일본	대구	경남거제	
						유엔총장				

241			다국연표多國年表)					2001~2020, 21세기世紀)		
埤										
간지 干支	신묘 辛卯	임진 壬辰	계사 癸巳	갑오 甲午	을미 乙未	병신 丙申	정유 丁酉	무술 戊戌	기해 己亥	경자 庚子
지지地支) 상징동물										
檀紀	4344	4345	4346	4347	4348	4349	4350	4351	4352	4353
儒紀	2562	2563	2564	2565	2566	2567	2568	2569	2570	2571
佛紀	2555	2556	2557	2558	2559	2560	2561	2562	2563	2564
回紀	1391	1392	1393	1394	1395	1396	1397	1398	1399	1400
西紀	2011	2012	2013	2014	2015	2016	2017	2018	2019	2020
韓國			⑱박근혜朴槿惠)					⑲문재인文在寅)		
					2018, 9,18,	북한평양에서 남한 문재인대통령이 북한 김정은 위원장과 정상회담.				
					2019.	중국 우한에서 코로나19가 발병되었다.				
					2020,	전 세계에 코로나19가 전염병이 퍼졌다				
					2018, 6,12	싱가포르1차 북한 김정은과 미국 트럼프간정상회담				
					2019. 2. 28.	베트남 하노이에서 2차 북한 김정은과 미국 트럼프간 정상회담.				
					2019. 7. 2	판문점에서3차북한김정은과미국 트럼프간정상회담. 문재인 대통령과 김정은,트럼프 같은장소에서 상봉				
					2019	중국우한에서 코로나발병되어 전세계로 번졌다.				
					2020,10,2	이명박 사스 실소유자 판결 대법원. 실형17년확정.				
2018.4,27	판문점에서 남한 문재인대통령과 북한 김정은 위원장과 정상회담 판문점선언을 채택하였다.									
2018	판문점에서 남한 문재인대통령과 북한 김정은 위원장과 비공식 회담.									
미국	㊹버락 오바마						㊺도널드 트럼프			
	3	4	5	6	7	8	1	2	3	4
중국	마잉주. 마영구馬英九)									
		11.즉卽)시징핑習近平)								
일본	평성平成)									
	21	22	23	24	25	26	27	28	29	

	버락오바마	시징핑 習近平			도널드 트럼프	반기문 潘基文	⑰이명박	⑱박근혜	⑲문재인	
	1961~	1953~			1946~	1944~	1941~	1952~	1953~	
	미국㊹대				미국㊺대	충북음성	일본	대구	경남거제	

242	다국연표多國年表)						2021~2040, 21세기世紀)			
埤										
간지 干支	신축 辛丑	임인 壬寅	계묘 癸卯	갑진 甲辰	을사 乙巳	병오 丙午	정미 丁未	무신 戊申	기유 己酉	경술 庚戌
다1										
단기	4354	4355	4356	4357	4358	4359	4360	4361	4362	4363
유기	2572	2573	2574	2575	2576	2577	2578	2579	2580	2581
불기	2564	2565	2566	2567	2568	2569	2570	2571	2572	2573
回紀	1401	1402	1403	1404	1405	1406	1407	1408	1409	1410
서기	2021	2022	2023	2024	2025	2026	2027	2028	2029	2030
한국										
미국										
중국										
일본										

243-①	제3장. 고조선왕조계보				B,C,2333~1048-1081년
몇대	왕명	연대	몇대	왕명	연대
제1대	왕검王儉	B,C,2333	제25대	솔라率那	B,C,1150
	初代 檀君임검태자(太子)				
제2대	부루扶婁	B,C,2240	제26대	추로鄒魯	B,C,1062
	태자太子)태자(太子)				
제3대	가륵嘉勒	B,C,2182	제27대	두밀豆密	B,C,997
	태자太子)			27대까지는 제왕운기에 나온 자료이고 그 이후는 출처 미상이다	
제4대	오사구烏斯丘	B,C,2137	제28대	해모奚牟	B,C,971
	태자太子				
제5대	구을丘乙	B,C,1099	제29대	마휴摩休	B,C,943
	양가羊加)				
제6대	달문達門	B,C,2083	제30대	내휴奈休	B,C,909
	우가 牛加)			태자(太子)	
제7대	한율翰栗	B,C,2047	제31대	등올登恕	B,C,874
	양가羊加)				
제8대	우서한于西翰	B,C,1993	제32대	추밀鄒密	B,C,849
				아들	
제9대	아술阿述	B,C,1985	제33대	감물甘物	B,C,819
	태자太子)				
제10대	노을魯乙	B,C,1950	제34대	오루문	B,C,795
	우가 牛加)				
제11대	도해道奚	B,C,1891	제35대	사벌	B,C,772
제12대	아한	B,C,1834	제36대	매륵	B,C,704
	우가 牛加)				
제13대	흘달屹達	B,C,1782	제37대	마물	B,C,646
	우가 牛加)				
제14대	고불古弗	B,C,1721	제38대	다물	B,C,590
	우가 牛加)				
제15대	대음代音	B,C,1661	제39대	두홀	B,C,545
제16대	윤석尉那	B,C,1610	제40대	달음	B,C,509
	우가 牛加)				
제17대	여을余乙	B,C,1552	제41대	음차	B,C,491
	태자太子				
제18대	동엄冬奄	B,C,1484	제42대	을우지	B,C,471
	태자太子				
제19대	구모소牟蘇	B,C,1435	제43대	물리	B,C,461
	태자太子				
제20대	고홀固忽	B,C,1380	제44대	구물	B,C,425
	우가 牛加)				
제21대	소태蘇台	B,C,1337	제45대	여루	B,C,396
	태자太子				
제22대	색불루索弗婁	B,C,1285	제46대	보을	B,C,341
제23대	아흘阿忽	B,C,1237	제47대	고열가	BC,295~ B,C,239
제24대	연나延那	B,C,1161	제47대		B,C,

제왕운기帝王韻紀). 고려 충열왕 13년 1287년. 학자 이승휴李承休)가 한중역사를 시로 쓴 역사책이다. 상하 2권으로 집필하였고 단군부터 충열왕 까지 기록된 책이다. 1360년 공민왕 조선태조13년 1413년)에도 간행 되었다.
현재 유포된 책은 3간행본을 영인影印) 한 것이다.

건국배경: 단군왕검이 유일한 한민족의 나라를 수립하여 단군檀君)이라는 군주 이름을 사용하였다.

영토: 남만주지역과 한반도 북부 지역 일대를 다스렸다.

제4장 1.신라왕조계보

B.C.57~A.D.935

몇대	왕명	연대	몇대	왕명	연대
제1대	혁거세거서간朴赫居世)	B.C.57 - A.D. 4	제17대	내물마립간奈勿王	356 - 402
	신라 최초의 왕, 박씨의 시조. 60년 통치統治).			김씨에 의한 왕위독점세습 이룸. 왕권 강화되어 대군장 뜻하는 '마립간' 왕호를 사용함(왕호는 삼국유사 기록에 따름). 낙동강 유역까지 영토를 확장함. 고구려 광개토대왕 도움으로 왜군 격퇴함.	
제2대	남해차차웅南解王)	4 - 24	제18대	실성마립간實聖王	402 - 417
	1대 혁거세의 맏아들(박씨).			김알지의 후손(김씨). 왕비는 제13대 미추이사금의 딸. 내물마립간의 태자인 눌지를 제거하려다 오히려 죽임을 당함. 왕호는 삼국유사 기록에 따름.	
제3대	유리이사금瑠璃王)	24 - 57	제19대	눌지마립간訥祇王	417 - 458
	2대 남해차차웅의 아들. 석탈해에게 왕위를 양보했다고 전함.			17대 내물마립간의 아들(김씨). 맏아들이 왕위를 계승하는 "장자상속제를 확립" 함. 433년 백제와 연합하여 고구려를 견제함(나제동맹).	
제4대	탈해이사금脫解王)	57 - 80	제20대	자비마립간慈悲王	458 - 479
	2대 남해차차웅의 사위(석씨). 왜국의 다파나국 출신으로 석씨의 시조.			19대 눌지마립간의 맏아들(김씨). 왜와 고구려의 잦은 침략에 시달림.	
제5대	파사이사금婆娑王)	80 - 112	제21대	소지마립간炤智王	479 - 500
	3대 유리이사금의 둘째 아들(박씨).			20대 자비마립간의 아들(김씨). 백제·가야와의 동맹을 공고히 하고 민생을 중시하는 정치를 펼침.	
제6대	지마이사금祇摩王)	112 - 134	제22대	지증왕智證王	500 - 514
	5대 파사이사금의 아들(박씨).			17대 내물마립간의 증손. 503년 나라이름을 '신라'로, 왕호를 '왕'으로 바꾸며 왕권을 강화함. 순장법을 폐지하고 울릉도 우산국을 정복함.	
제7대	일성이사금逸聖王)	134 - 154	제23대	법흥왕法興王	514 - 540
	3대 유리이사금의 맏아들(박씨), 혹은 일지갈문왕의 아들이라고도 함.(삼국사기 기록)			22대 지증왕의 맏아들. 율령 반포, 불교 공인(백성의 사상 통합), 골품제 정비, 상대등 설치 등을 통해 중앙집권적 고대 국가 체제를 완성함. 금관가야 병합.	
제8대	아달라이사금阿達羅)	154 - 184	제24대	진흥왕眞興王	540 - 576
	7대 일성이사금의 맏아들(박씨)왕비는 지마왕의 딸.			화랑도를 국가조직으로 공인하고, 황룡사 건립하여 신라의 국력 과시. 한강 유역 모두 장악, 대가야 병합, 함흥평야 진출 등 신라 최대의 영토를 개척함(진흥왕 순수비).	
제9대	벌휴이사금伐休	184 - 196	제25대	진지왕眞智王	576 - 579
	4대 탈해이사금의 손자(석씨).			24대 진흥왕의 둘째 아들. 거칠부를 상대등에 임명해 국정을 맡김. 방탕한 생활을 하다가 재위 4년 만에 폐위됨.	
제10대	내해이사금奈解	196 - 230	제26대	진평왕眞平王	579 - 632
	9대 벌휴이사금의 손자(석씨).			24대 진흥왕의 손자. 행정조직을 정비해 왕권을 강화하고 적극적인 외교정책을 실시함.	
제11대	조분이사금助賁	230 - 247	제27대	선덕여왕善德女王	632 - 647
	9대 벌휴이사금의 손자이자, 내해왕의 사촌(석씨). 왕비는 내해왕의 딸.			26대 진평왕의 맏딸이자 신라 최초의 여왕.	
제12대	첨해이사금沾解	247 - 261	제28대	진덕여왕眞德女王	647 - 654
	9대 벌휴이사금의 손자이자, 조분왕의 친동생(석씨).			성골 출신의 마지막 왕. 당나라와의 외교관계를 더욱 강화함.	
제13대	미추이사금味鄒王	262 - 284	제29대	태종무열왕太宗武烈王	654 - 661
	김알지의 7대손(김씨). 왕비는 석씨, 광명부인으로 조분왕의 딸.			신라 최초의 진골 출신 왕(폐위된 진지왕의 손자). 당나라와 연합하여 백제를 멸망시켜 삼국 통일의 기반을 다짐.	
제14대	유례이사금儒禮	284 - 298	제30대	문무왕文武王	661 - 681
	11대 조분이사금의 맏아들(석씨).			29대 무열왕의 맏아들. 삼국 통일을 이루어 낸 왕.	
제15대	기림이사금基臨	298 - 310	제31대	신문왕神武王	681 - 692
	11대 조분이사금의 아들·손자·증손이라는 여러 설이 있음.			30대 문무왕의 맏아들. 전제왕권이 확고하게 자리잡힌 시기	
제16대	흘해이사금흘해	310 - 356	제32대	효소왕孝昭王	692 - 702
	10대 내해이사금의 손자이자, 제11대 조분이사금의 외손자.			31대 신문왕의 맏아들. 6세의 어린 나이에 즉위.	

245-③	신라왕조계보				B.C.57~A.D.935
몇대	왕명	연대	몇대	왕명	연대
제33대	성덕왕聖德王	702 - 737	제45대	신무왕神武王	839 - 839
	31대 신문왕의 둘째 아들. 신라 역사상 가장 태평성대한 시기로 평가됨. 당나라와 우호적 관계를 유지함.			38대 원성왕의 증손자, 조부는 원성왕의 셋째아들인 김예영이며, 제43대 희강왕의 사촌임. (관련인물: 장보고)	
제34대	효성왕孝成王	737 - 742	제46대	문성왕文聖王	839 - 857
	33대 성덕왕의 둘째 아들. 왕실의 전제왕권이 점차 약화됨.			45대 신무왕의 맏아들.	
제35대	경덕왕景德王	742 - 765	제47대	헌안왕憲安王	857 - 861
	33대 성덕왕의 셋째 아들. 전제왕권 재강화를 위해 노력함.			45대 신무왕의 이복동생.	
제36대	혜공왕惠恭王	765 - 780	제48대	경문왕景文王	861 - 875
	35대 경덕왕의 아들(태종무열왕의 마지막 직계손). 8세에 즉위, 왕권이 약해지고 정치적 반란 사건이 많았음.			43대 희강왕의 손자이자 제47대 헌안왕의 사위.	
제37대	선덕왕宣德王	780 - 785	제49대	헌강왕憲康王	875 - 886
	17대 내물왕의 10대손. 신라 하대(下代)의 첫 번째 왕.			48대 경문왕의 맏아들.	
제38대	원성왕元聖王	785 - 798	제50대	정강왕定康王	886 - 887
	17대 내물왕의 12대손. 788년, 독서삼품과를 실시함.			48대 경문왕의 둘째 아들.	
제39대	소성왕昭聖王	799 - 800	제51대	진성여왕眞聖女王	887 - 897
	38대 원성왕의 손자.			48대 경문왕의 딸로 신라시대 마지막 여왕.	
제40대	애장왕哀莊王	800 - 809	제52대	효공왕효공왕	897 - 912
	39대 소성왕의 맏아들. 13세에 즉위함. 숙부들이 일으킨 반란에 의해 시해됨.			49대 헌강왕의 서자. 후백제와 후고구려의 공격에 시달림.	
제41대	헌덕왕憲德王	809 - 826	제53대	신덕왕神德王	912 - 917
	38대 원성왕의 손자이자 소성왕의 친동생.			8대 아달라왕의 먼 후손(박씨). 916년 견훤에게 대야성을 공격당함.	
제42대	흥덕왕興德王	826 - 836	제54대	경명왕景明王	917 - 924
	38대 원성왕의 손자이자 소성왕/헌덕왕의 친동생.			53대 신덕왕의 아들(박씨). 신라 국력이 크게 쇠퇴하여 경주를 중심으로 한 주변지역만 다스리게 됨.	
제43대	희강왕僖康王	836 - 838	제55대	경애왕景哀王	924 - 927
	38대 원성왕의 증손자, 조부는 원성왕의 셋째아들인 김예영.			54대 경명왕의 동생(박씨). 927년 포석정에서 연회를 하다가 견훤의 습격을 받고 스스로 목숨을 끊음.	
제44대	민애왕閔哀王	838 - 839	제56대	경순왕敬順王	927 - 935
	38대 원성왕의 증손자, 조부는 원성왕의 맏아들인 혜충태자 김인겸.			신라의 마지막 왕(김씨), 견훤에 의해 왕위에 오름. 경순왕 9년에 자진하여 고려 태조에게 항복함.	

출처:[네이버 지식백과] 신라 왕 계보 - B.C.57 ~ A.D.935, 삼국사기 기준 (역대 왕 계보,)

246-④	2. 고구려왕조계보				B.C.37~A.D.668
몇대	왕명	연대	몇대	왕명	연대
제1대	동명성왕東明聖王	B.C.37~B.C. 19	제15대	미천왕美川王	A.D. 300~331
	고구려의 시조.			13대 서천왕의 손자. 봉상왕을 피해 숨어서 소금장수를 하다가 국상 창조리에 의해 왕으로 옹립. 낙랑군 멸망시킴. 대동강 유역을 확보함.	
제2대	유리명왕瑠璃明王	B.C. 19~A.D. 18	제16대	고국원왕故國原王	A.D. 331~371
	1대 동명성왕의 맏아들. 유리왕 22년, 수도를 졸본에서 국내성으로 옮김.			15대 미천왕의 아들. 백제 근초고왕 군과 평양성에서 싸우다가 전사함.	
제3대	대무신왕神武神王	A.D. 18~44	제17대	소수림왕小獸林王	A.D. 371~384
	2대 유리왕의 셋째 아들. <광개토대왕릉비문>에 '나라의 기틀을 다진 왕'으로 기록되어 있음.			16대 고국원왕의 맏아들. 율령 반포, 불교 수용, 태학 설립 등을 통해 국가 체제를 정비함. 삼국 중 가장 먼저 중앙 집권 체계를 갖춤	
제4대	민중왕閔中王	A.D. 44~48	제18대	고국양왕故國壤王	A.D. 384~391
	3대 대무신왕의 동생(삼국사기 기록)			17대 소수림왕의 동생. 재위기간은 광개토왕릉비에 근거함.	
제5대	모본왕慕本王	A.D. 48~53	제19대	광개토대왕廣開土大王	A.D. 391~412
	3대 대무신왕의 맏아들. 성품이 포악하고 정사를 돌보지 않음. 신하 두로에게 피살됨.			18대 고국양왕의 아들. 백제 공격으로 한강 이북 지역을 차지하고, 신라에 침입한 왜를 격퇴함(신라에 대한 영향력 강화). 재위기간은 광개토왕릉비에 근거함.	
제6대	태조왕太祖王	A.D. 53-146	제20대	장수왕長壽王	A.D. 412~491
	2대 유리왕의 손자. 옥저 정복. 중앙 집권 체제를 정비하여 고대 국가를 완성함(왕위세습확립)			19대 광개토대왕의 맏아들. 평양으로 천도하고, 적극적인 남진정책을 추진함. 남한강 유역까지 진출 후 충주고구려비를 세움. 재위기간은 광개토왕릉비에 근거함	
제7대	차대왕次大王	A.D. 146~165	제21대	문자왕文咨王	A.D. 491~519
	6대 태조왕의 동생. 왕의 횡포가 심해 백성들의 원성을 들었음. 차대왕 20년에 명림답부에게 살해됨			20대 장수왕의 손자	
제8대	신대왕新大王	A.D. 165~179	제22대	안장왕安臧王	A.D. 519~531
	6대 태조왕의 막내동생. 77세에 즉위함			21대 문자왕의 맏아들	
제9대	고국천왕故國川王	A.D. 179~197	제23대	안원왕安原王	A.D. 531~545
	8대 신대왕의 둘째 아들. 왕위의 부자 상속을 확립함. 을파소를 등용함. 진대법을 실시하여 빈민구휼책을 마련함으로써 왕권을 강화해나감			22대 안장왕의 동생. 왕의 후사를 둘러싼 귀족세력들의 무력충돌 속에서 세상을 떠남.	
제10대	산상왕山上王	A.D. 197~227	제24대	양원왕陽原王	A.D. 545~559
	9대 고국천왕의 동생. 도읍을 환도성으로 옮김.			23대 안원왕의 맏아들. 신라·백제에게 한강 유역을 잃음.	
제11대	동천왕東川王	A.D. 227~248	제25대	평원왕平原王	A.D. 559-590
	10대 산상왕의 아들. 위나라와의 전쟁으로 환도성이 함락되었으나, 위기를 극복함.			24대 양원왕의 맏아들. 586년 평양 대성산성에서 장안성으로 궁을 옮김.	
제12대	중천왕中川王	A.D. 248~270	제26대	영양왕嬰陽王	A.D. 590~618
	11대 동천왕의 맏아들			25대 평원왕의 맏아들. 을지문덕을 시켜 살수에서 수나라군을 섬멸함.	
제13대	서천왕西川王	A.D. 270-292	제27대	영류왕榮留王	A.D. 618~642
	12대 중천왕의 둘째 아들. 286년 반란을 도모한 동생 일우와 소발을 처단함.			26대 영양왕의 이복동생. 천리장성을 쌓기 시작하면서 연개소문에게 감독을 맡김. 연개소문에 의해 비참하게 죽음.	
제14대	봉상왕烽上王	A.D. 292-300	제28대	보장왕寶藏王	A.D. 642~668
	13대 서천왕의 아들. 동생 돌고(미천왕의 아버지)를 죽임. 계속된 흉년에도 화려한 궁실을 지으려 함. 결국 국상 창조리에 의해 폐위됨.			고구려 마지막 왕. 연개소문의 추대로 왕위에 오름. 나당연합군의 침공으로 평양성이 함락되고 결국 고구려는 멸망함.	

출처 [네이버 지식백과] 고구려 왕 계보 - B.C.37 ~ A.D.668 (역대 왕 계보,)

247-⑤	3. 백제왕조계보	B.C.18~A.D.660			
제1대	온조왕溫祚王	B.C 18년~ A.D 28년	제17대	아신왕阿莘王	392-405
	고구려의 셋째 왕자인 온조, 백제를 세웠다.			15대 침류왕의 맏아들. 396년, 광개토대왕이 이끄는 고구려군에 크게 패함.	
제2대	다루왕多婁王	A.D 28년~77년	제18대	진지왕眞智王	405-420
	1대 온조왕의 맏아들.			17대 아신왕의 맏아들. 상좌평(백제의 최고 관직)을 처음 설치함.	
제3대	가루왕可婁王	77-128	제19대	구이신왕久爾辛王	420-427
	2대 다루왕의 맏아들.			18대 전지왕의 맏아들. 고구려를 견제하기 위해 중국 송나라와 외교관계를 맺음.	
제4대	개루왕蓋婁王	128-166	제20대	비유왕毗有王	427-455
	3대 기루왕의 맏아들.			19대 구이신왕의 맏아들(제18대 전지왕의 서자라는 설도 있음). 고구려를 견제하기 위해 신라, 왜, 중국 송나라 등과 우호관계를 형성함.	
제5대	초고왕肖古王	166-214	제21대	개로왕蓋鹵王	455-475
	4대 개루왕의 맏아들.			20대 비유왕의 맏아들. 475년 고구려 장수왕에게 한강유역 일대를 빼앗기고 목숨을 잃음.	
제6대	구수왕仇首王	214-234	제22대	문주왕文周王	475-477
	5대 초고왕의 맏아들.			21대 개로왕의 맏아들. 웅진으로 도읍을 옮김. 병관좌평 해구에 의해 목숨을 잃음.	
제7대	사반왕沙伴王	234-234	제23대	삼근왕三斤王	477-479
	6대 구수왕의 맏아들. 나이가 어려 정사를 감당하지 못하여 곧 폐위됨.			22대 문주왕의 맏아들. 13세의 어린 나이에 즉위, 15세에 죽음.	
제8대	고이왕古爾王	234-286	제24대	동성왕東城王	479-501
	4대 개루왕의 둘째 아들(삼국사기 기록). 삼국 중 가장 먼저 한강 유역을 차지함. 율령 반포, 관리 등급 마련(6좌평) 등 중앙 집권 체제를 정비하여 고대 국가의 기틀을 마련함.			22대 문주왕의 동생인 곤지의 아들. 신라 왕실과 혼인 관계를 맺어 고구려 남진정책에 대항함. 신진 세력 등용.	
제9대	책계왕責稽王	286-298	제25대	무령왕武寧王	501-523
	8대 고이왕의 맏아들.			24대 동성왕의 둘째 아들. 고구려에 적극적으로 맞서며 백제를 안정시키기 위해 애쓴 왕. 지방에 22담로를 설치하고 왕족을 파견하는 등 중앙집권체제를 강화함.	
제10대	분서왕汾西王	298-304	제26대	성왕聖王	523-554
	9대 책계왕의 맏아들. 분서왕 7년에 낙랑의 태수가 보낸 자객에게 살해됨.			25대 무령왕의 아들. 사비성(지금의 부여)으로 도읍을 옮기고 백제 부흥을 이끈 왕. 554년 신라 진흥왕과의 격전에서 전사함. 이로써 나제동맹 관계는 결렬됨.	
제11대	비류왕比流王	304-344	제27대	위덕왕威德王	554-598
	6대 구수왕의 둘째 아들(삼국사기 기록).			26대 성왕의 맏아들.	
제12대	계왕계왕	344-346	제28대	혜왕惠王	598-599
	10대 분서왕의 맏아들. 고이왕계의 마지막 백제왕			26대 성왕의 둘째 아들. 즉위하고 이듬해에 죽음.	
제13대	근초고왕近肖古王	346-375	제29대	법왕法王	599-600
	11대 비류왕의 둘째 아들. 백제의 전성기를 이룩한 왕. 왕위의 부자 상속을 확립함. 고구려 고국원왕을 전사 시킴. 가야/왜와는 교류하는 반면 고구려/신라는 견제함.			28대 혜왕의 맏아들(삼국사기 기록). 즉위하고 이듬해에 죽음.	
제14대	근구수왕近仇首王	375-384	제30대	무왕武王	600-641
	13대 근초고왕의 맏아들.			29대 법왕의 아들. [삼국유사]에 무왕과 관련된 서동설화가 전해짐.	
제15대	침류왕枕流王	384-385	제31대	의자왕義慈王	641-660
	14대 근구수왕의 맏아들. 불교를 수용하여 백성의 사상을 통합하고 왕권을 강화함.			30대 무왕의 맏아들. 백제의 마지막 왕. 의자왕 초기에는 대야성 전투 등 신라에 적극적 공세를 취함. 그러나 660년 나당연합군의 공격으로 백제가 멸망함.	
제16대	진사왕辰斯王	385-392			
	14대 근구수왕의 둘째 아들. 392년 광개토대왕이 이끄는 고구려군에 패하여 많은 영토를 잃음.				

출처 [네이버 지식백과] 고구려 왕 계보 - B.C.37 ~ A.D.668 (역대 왕 계보, NAVER Corp.)

248-⑥	4. 가야 · 발해왕조계보	가야42~158 ※발해698~926

가야왕조계보		42~532, 490년간, 총10대	발해왕조계보		B.C.698~A.D.926
제1대	수로왕首露王	42~199(개설재위)	제1대	고왕高王	698-719(개설재위)
	42년 알에서 낳아서 바로 왕에 오름. 아유타국(인도의 한 국가)공주 허황옥과 결혼함.			발해를 건국한 대조영.	
제2대	거등왕居登王)	199~259	제2대	무왕武王	719-737
	수로왕의 아들 모친 허황옥.			1대 고왕 대조영의 아들. 중국 당나라와 대립함.	
제3대	마품왕麻品王)	259~291	제3대	문왕文王	737-793
	거등왕의 아들.			2대 무왕의 아들. 당과 친선관계를 맺고 당의 문물을 받아들임.	
제4대	거질미왕居叱彌王)	291~346	제4대	대원의廢王	793-793
	마품왕의 아들.			즉위한지 1년도 채 되지 않아 죽임을 당함.	
제5대	이시품왕伊尸品王)	346~407	제5대	성왕成王	793-794
	거질마왕의 아들.			3대 문왕의 손자.	
제6대	좌지왕坐知王)	407~421	제6대	강왕康王	794-809
	이사품왕의 아들,금토왕金吐王) ,김질金叱)왕비 용녀의 사람들을 관리로 등용하여 시끄러웠다, 후에 왕비를 귀양 보내고 백성을 편안히 다스렸다.			3대 문왕의 막내아들.	
제7대	취희왕吹希王)	421~451	제7대	정왕定王	809-812
	좌지왕의 아들.			6대 강왕의 아들.	
제8대	질지왕銍知王)	451~492	제8대	희왕僖王	812-817
	취희왕의 아들.			6대 강왕의 아들이자 정왕의 동생.	
제9대	겸지왕鉗知王)	492~521	제9대	간왕簡王	817-818
	고이왕 아들.			6대 강왕의 아들이자 정왕/희왕의 동생.	
제10대	구형왕仇衡王)	521~593	제10대	선왕宣王	818-830
	겸지왕 의아들 신라 진흥왕이 처들어가자 영토를 바치고 신라로 귀순하였다.			1대 고왕의 동생인 내야발의 4내손. 빌해를 중흥시킨 군주로 해동성국이라는 칭호를 얻음.	
			제11대	대이진彝震	830-857
				10대 선왕의 손자.	
			제12대	대건황	857-871
				11대 대이진의 동생.	
			제13대	대현석虔晃	871-894
				12대 대건황의 아들.	
			제14대	대위해景王	894-906
			제15대	대인선哀王	906-926
				발해의 마지막 왕	

출처 [네이버 지식백과] 고구려 왕 계보 - B.C.37 ~ A.D.668 (역대 왕 계보, NAVER Corp.)

249-⑦

5. 고려왕조계보

918~1392

제1대	태조왕건太祖王建)	918~943

왕건, 고려 건국 고려의 시조. 북진정책. 혼인관계를 통해 호족세력을 포섭함(왕권 안정)후삼국 시대를 통일하여, 한반도의 재통일을 이룩한 고려의 창업주 태조 왕건. 분열과 혼란의 시기에서 탁월한 정치적 식견으로 나라를 세우고, 통일 전쟁을 수행하였다.

제2대	혜종惠宗	943~945

태조 왕건의 맏아들. 이복동생들과 왕위 다툼에 시달림고려의 제2대 왕(재위 943~945). 태조 왕건의 맏아들로 즉위 후, 이복동생 요·소와 왕규의 왕권 다툼 속에서 곤란을 겪었다. 자는 승건(承乾), 휘(諱)는 무(武), 시호는 의공(義恭)이다. 태조 왕건(王建)

제3대	정종定宗)	945~949

1대 태조 왕건의 아들이자 혜종의 이복동생. 서경(평양)으로 수도를 옮기려고 했으나 실패함. 재위기간은 4년고려 시대의 제3대 왕(재위 945~949). 정적을 제거하며 왕위에 올랐다. 서경으로 천도하려 했으나 개경 세력의 반발과 백성의 원성으로 실패하였다. 거란 침입에 대비하기 위해 광군을 조직했으며 불교 중흥에

제4대	광종光宗)	949~975

1대 태조 왕건의 아들이자 정종의 동생. 왕권 강화를 위해 노비 안검법을 제정하고, 과거 제도를 실시함광종_고려왕조의 기틀 마련광종은 고려 4대 왕으로 고려왕조의 기반을 세운 왕으로 평가받고 있다. 고려 태조의 왕건의 아들로서 왕위에 올라 태조와 혜종, 정종이 이루지 못한 공신세력을 약화시키고 왕권을 강화하여 고려왕조가 500년간 지속하는 데 큰 업적을 남겼다.

제5대	경종景宗)	975~981

4대 광종의 맏아들. 976년 전시과 제정, 6년간 재위함고려의 제5대 왕(재위 975~981). 광종의 장남. 어머니는 대목왕후 황보씨. 즉위해 전시과를 제정했다. 뒤에 정치를 등한시하고 음탕한 생활에 빠져 소인과 사귀기를 좋아하고, 군자를 멀리하였다. 휘(諱) 유(伷).

제6대	성종成宗	981~997

1대 태조 왕건의 손자. 유교를 정치이념으로 채택(최승로의 시무28조 수용), 중앙집권적 국가운영체계의 기틀을 세운 왕고려 제6대 왕(재위 981~997). 내치·외교에 많은 치적을 남겼다. 내치 중에서는 관제개혁을 들 수 있고 유교를 국가의 지도원리로 삼아 중앙집권적 봉건제도를 확립했다. 요나라 군대가 침입하자 서희를.

제7대	목종穆宗	997~9009

5대 경종의 맏아들. 전시과를 개정하고 학문을 장려함고려 제7대 왕(재위 997~1009). 경종의 맏아들. 관리 봉급제도인 전시과를 개정하고 학문을 장려하는 등 치적이 많았다. 이름 송(誦). 자 효신(孝伸). 시호 선양(宣讓). 경종(景宗)의 맏아들이며, 어머니는

제8대	현종顯宗	1009~1031

1대 태조 왕건의 손자. 거란군의 침략을 불력(佛力)으로 물리치기 위해 대장경(6천여권)을 제작함. 관련사건: 강감찬의 귀주대첩992(성종 11)~1031(현종 22). 고려 제8대 왕. 재위 1009~1031. [개설] 이름은 왕순(王詢). 자는 안세(安世). 아버지는 태조(太祖)의 여덟 째 아들인 안종(安宗)욱(郁)이다. 어머니는

제9대	덕종德宗	1031~1034

8대 현종의 맏아들. 국자감시를 실시함. 현종 때 시작한 국사편찬사업을 완성함.고려 제9대 왕(재위 1031~1034). 압록강구부터 동해안의 도련포까지 천리장성을 축성하게 하여 동여진인과 거란인들의 투항이 속출하였다. 국자감시를 실시하고 현종 때 시작한 국사편찬사업을 완성하였다

제10대	정종定宗	1034~1046

8대 현종의 둘째 아들. 1044년 천리장성을 완성함. 노비종모법과 장자상속법을 제정함.고려 시대 제10대 왕(재위 1034~1046). 거란 침입 이후 북방 민족의 침입에 대비하여 1044년 천리장성을 완성시켰다. 예성강의 병선 180척으로 군수물자를 운반하여 서북계 주진의 창고에 보관하게 하는 등.

제11대	문종文宗	1046~1083

8대 현종의 셋째 아들. 고려시대 중 가장 찬란한 문화황금기를 이룩한 왕.고려의 제11대 왕(재위 1046~1083). 법률 제정으로 내치에 힘썼다. 불교를 신봉했고, 유학도 장려하였다. 동여진의 침입을 토벌했고, 송나라의 선진문화를 수입했다. 고려시대 중 가장 찬란한 문화황금기를

제12대	순종順宗	1083

11대 문종의 맏아들. 재위 3개월만에 죽음고려 제12대 왕. 자 의공(義恭). 휘 훈(勳). 시호 선혜(宣惠). 문종(文宗)의 장자. 인예태후(仁睿太后) 이씨 소생. 1054년(문종 8) 왕태자에 책립되었고, 1083년 문종이 죽자 즉위하였으나 그해에 죽었다. 능은

제13대	선종宣宗	1083~1094

11대 문종의 둘째 아들. 송나라의 제도를 받아들임고려의 제13대 왕(재위 1083~1094). 군비를 강화하여 요나라의 침입에 대비하였으며 송나라의 제도를 받아들였다. 유학을 장려하였으나, 불교 또한 신봉하여 국청사를 짓는 등 토목공사를 일으켜 백성들이..

제14대	헌종憲宗	1094~1095

13대 선종의 맏아들. 즉위 1년만에 왕위를 숙부(숙종)에게 물려줌고려 시대의 제14대왕(재위 1094~1095). 즉위 후 이자의의 난이 있었으나 곧 평정하였다. 신병으로 왕위를 숙부 계림공(鷄林公) 희(熙:숙종)에게 물려준 뒤, 후궁에서 지내다가 14세에 요절하였다. 휘(諱) 욱(昱)...

제15대	숙종肅宗	1095~1105

11대 문종의 11대 문종의 셋째 아들. 주전관을 두고 주화인 은병을 만들어 통용하게 함셋째 아들. 주전관을 두고 주화인 은병을 만들어 통용하게 함

제16대	예종睿宗	1105~1122

11대 문종의 셋째 아들. 주전관을 두고 주화인 은병을 만들어 통용하게 함15대 숙종의 맏아들. 국학에 양현고라는 장학재단 설립하는 등 학문 진흥에 힘씀고려 제16대 왕(재위 1105~1122). 윤관(尹瓘)에게 여진(女眞)을 경략하게 하여 함흥평야에 9성을 쌓았다. 학교를 세우고 국학(國學)에 양현고(養賢庫)를 설치하는 등 학문을 진흥시켰다. 휘(諱) 우(俁). 자

제17대	인종仁宗	1122~1146

16대 예종의 맏아들. 김부식에게 명하여 [삼국사기]를 편찬하게 함. 관련사건: 이자겸의 난, 묘청의 난고려 제17대 왕(재위 1122~1146). 이자겸이 난을 일으키자 반란을 평정하고 이자겸을 귀양보냈다. 서경에서 묘청이 난을 일으켰으나 김부식을 서경 정토대장으로 삼아 이를 평정했다. 주 · 현에 학교를.

제18대	의종毅宗	1146~1170

17대 인종의 맏아들. 정중부, 이의방 등이 무신정변을 일으켜 폐위됨고려의 제18대 왕(재위 1146~1170). 1170년 정중부 ·이의방 등이 난을 일으켜 폐위되었으며, 거제도로 쫓겨났다. 1173년(명종 3) 김보당의 복위운동이 실패하자 계림에 유폐되었다가 살해되었다. 휘 현(晛). 자

제19대	명종(明宗	1170~1197

7대 인종의 셋째 아들. 정권을 장악한 무신 최충헌에 의해 폐위됨고려의 제19대 임금(재위 1170~1197)으로 1170년 무신정변 이후 정중부 등에 의해 왕위에 올랐으나, 1197년 최충헌에 의해 폐위되었다. 성(姓)은 왕(王), 이름(名)은 호(晧)이다. 초명(初名)은 흔(昕)이며 자

제20대	신종新宗	1197~1204

17대 인종의 다섯째 아들. 최충헌이 실권을 잡았으며, 만적의 난 등 민란이 잇달아 일어남고려 제20대 왕(재위 1197~1204). 1154년 평량후에 책봉되었다가 1197년 최충헌이 명종을 폐함으로써 뒤를 이어 옹립되었다. 휘 탁(晫). 초명 민(旼). 자 지화(至華). 시호 정효(靖孝). 인종의 다섯째 아들.

250-⑧ 고려왕조계보 918~1392

제21대	희종熙宗	1204~1211

20대 신종의 맏아들. 최충헌을 죽이려다 실패하여 폐위됨.고려 제21대 왕(재위 1204~1211). 왕 즉위의 공으로 권신(權臣) 최충헌을 문하시중(門下侍中) ·진강군개국후(晉康郡開國侯)에 봉했으나 횡포가 심하자 그를 죽이려다 실패.

제22대	강종(康宗	1211~1213

19대 명종의 맏아들. 1197년 최충헌에게 쫓겨 강화도로 갔다가 1211년 최충헌에 의해 왕위에 오름고려 제22대 왕(재위 1211~1213). 1197년 최충헌에게 쫓겨 강화도로 갔다. 소환된 후 희종(熙宗)을 폐한 최충헌에게 옹립되어 왕위에 올랐다. 자 대수(大華). 이름 숙(璹)·정(貞)·오(祦). 시호 원효(元孝).

제23대	고종高宗	1213~1259

22대 강종의 맏아들. 몽골의 침입으로 강화로 천도하며 28년간 항쟁함.1192년(명종22)~1259년(고종46) 고려 23대 왕(재위 1213~1259). 이름은 철(瞮), 초명은 진(瞋), 질(晊), 자는 대명(大命), (天祐)이다. 강종의 맏아들, 어머니 원덕태후(元德太后) 유씨의

제24대	원종元宗	1259~1274

23대 고종의 맏아들. 친몽정책과 개경환도를 추진하다가 임연에게 폐위(1269), 4개월 만에 복위함. 개경환도(1270) 후, 이에 반기를 든 삼별초의 항쟁 일어남.고려 제24대 왕(재위 1260~1274). 개경 환도를 선언하자 삼별초의 항쟁이 일어났으며 여원(麗元) 연합군에 의해 평정되었다. 원나라에서 매빙사(妹聘使)가 오자 결혼도감을 설치, 원성을 샀다. 자 일신(日新).

제25대	충렬왕忠烈王	1274~1298, 1296~1308

24대 원종의 맏아들. 고려왕이면서, 원나라의 사위로 살아간 왕.여몽연합군의 일본 정벌 고려 25대 왕인 충렬왕은 고려왕이면서, 원 세조 쿠빌라이의 사위였다. 원나라의 부마가 된 첫 번째 왕으로, 충(忠)자로 시작하는 고려왕실의 계보를 열었다. 원 세조의 요청으로 일본 정벌을 위한 동로군을 2차에 걸쳐 파견했다.

제26대	충선왕忠宣王	1308~1313

25대 충렬왕의 아들. 한국사 최초의 혼혈왕. 개혁을 시도하였으나, 원의 간섭과 권문세족의 반발로 성과를 거두지 못함한국사 최초의 혼혈왕충렬왕과 원세조 쿠빌라이 칸의 딸 사이에서 태어난 충선왕. 한국사 최초의 혼혈왕이었던 그는 재위 기간 동안 고려보다 원에 더 오래 있었던 반쪽짜리 왕이었다

제27대	충숙왕忠肅王	1313~1330, 1332~1339

26대 충선왕의 둘째 아들. 심양왕 고(충선왕의 조카)와의 정권다툼에 시달림.고려 제 27대 왕. 1313년 왕위에 올랐으나 심양왕 고(暠)가 왕위를 노리고 그를 헐뜯어, 5년간 연경에 체류해야 했다. 1325년 귀국하였으나 눈과 귀가 멀어 정사를 못 돌본다는 조적 일당의 거짓 고발 때문에...

제28대	충혜왕忠惠王	1330~1332 1339~1344

27대 충숙왕의 맏아들. 방탕한 행동으로 원나라에 의해 폐위되었다가 복위됨방탕한 행동을 일삼았던 원 간섭기의 고려 왕충혜왕은 주색을 일삼으며 방탕한 행동을 하다가 원나라에 의해 폐위된 고려의 임금이다. 패륜으로 오명을 남긴 그이지만, 한국 상업사에서는 매우 특별한 인물이었다.

제29대	충목왕忠穆王	1344~1348

충혜왕의 아들. 8세에 즉위해 12세에 죽음. 어머니인 덕녕공주가 섭정을 함.고려 제 29대 왕(재위 1344~1348). 1344년 8세의 나이로 즉위하였으므로 어머니 덕녕공주가 섭정을 했다. 보흥고 · 내승 · 응방 등을 철폐하고 서연(書筵)을 열었다. 또한 권신들이 독점하였던 녹과전(祿科田)을

제30대	충정왕忠定王	1349~1351

28대 충혜왕의 서자. 12세에 원나라로부터 왕으로 책봉되었으나 3년만에 폐위됨고려 제 30대 왕(재위 1349~1351). 1349년 충목왕을 이어 왕으로 책봉되었다. 외척들의 세도 정치와 왜구의 잦은 침입으로 국정이 문란해지자 충목왕의 후계자로 함께 물망에 올랐던 강릉대군에게 민심이.

제31대	공민왕恭愍王	1351~1374

27대 충숙왕의 둘째 아들. 고려 재건을 위해 개혁과 반원정책을 단행하였으나, 권문세족 반발, 공민왕 시해로 개혁 중단됨.고려 재건을 위한 개혁 단행고려 말기 어지러운 국내외 정세에서 반원의 기치를 내걸고 나라를 재건하기 위해 많은 노력을 한 공민왕을 한마디로 표현하면 개혁군주이다.

제32대	우왕禑王	1374~1388

공민왕이 시해되자 10세의 어린 나이로 즉위. 이성계의 위화도회군 후 폐위되어 강화도로 추방됨고려의 제32대 왕(재위 1374~1388). 성은 왕(王), 이름[諱]은 우(禑)이다. 어렸을 때의 이름은 모니노(牟尼奴)이며 왕위에 오르기 전에는 강녕대군(江寧大君)으로 불렸다. 뒷날 여흥군(驪興郡, 지금의 경기도

제33대	창왕昌王	1388~1389

32대 우왕의 아들. 9세에 즉위, 이성계에 의해 폐위됨
고려의 제33대 왕(재위 1388~1389). 이성계의 위화도회군 후 아버지인 우왕이 강화도로 추방되자 9살의 나이로 왕위에 올랐다. 토지제도를 바로 잡고 전선법(銓選法)을 복구하기도 했다. 이성계에 의해 폐위된 후.

제34대	공양왕恭讓王	1389~1392

신종의 7대손. 고려의 마지막 왕.1345(충목왕 1)~1394(태조 3). 고려 제34대 왕. 재위 1389~1392. [개설] 이름은 요(瑤). 신종(神宗)의 7대손으로 정원부원군(定原府院君) 균(鈞)의 아들이며, 어머니는 국대비 왕씨.

출처 [네이버 지식백과] 고구려 왕 계보 - B.C.37 ~ A.D.668 (역대 왕 계보, NAVER Corp.)

251-⑨	6. 조선왕조계보	1392~1897

제1대	태조이성계太祖李成桂	1392~1398,(6년

고려 우군도통사로서 요동정벌을 위해 북진하다가 위화도에서 회군하여 막강한 권력을 잡았다. 전제개혁을 단행하여 신진세력의 경제적 토대를 구축한 뒤 조선왕조를 개창하였다. 도읍을 한양으로 옮겨 초기 국가의 기틀을 다졌다

제2대	정종正祖	1398~1400,(2년

조선 제2대 왕(재위 1398~1400). 제1차 왕자의 난이 수습된 뒤 왕위에 올랐으며, 재임 2년 후 보위를 이방원에게 양위하였고 상왕으로 물러났다. [출생과 세자 책봉] 자 광원(光遠), 휘(諱) 경(曔), 초명 방과(芳果).

제3대	태종太宗	1400~1418,(18년

1대 태조의 다섯째 아들. 왕권을 강화하기 위해 사병을 없애고 관직제도를 개혁함.태종 이방원_새로운 왕조의 기틀 마련태종은 새 왕조 개창기에 많은 공을 세웠음에도 불구하고 정도전 등에 의해서 견제되었다. 제1차 왕자의 난을 계기로 재기에 성공, 그러나 왕위에 오르는 과정이나 왕위에 오른 뒤 계속된 피의 숙청을 단행하였다.

제4대	세종世宗	1418~1450,(32년

3대 태종의 셋째 아들. 훈민정음을 창제함. 정치, 사회, 경제, 문화, 과학, 음악 등 전 분야를 발전시켜 조선의 황금시대를 연 성군.세종대왕_훈민정음 창제 '성군' 또는 '대왕' 이라는 호칭이 붙는 세종은 우리 역사에서 가장 존경 받는 인물이다. 당대에 이미 '해동요순' 이라 불렸으며, 초인·신화화 되었다. 세종은 우리 역사상 가장 훌륭한 유교 정치와 찬란한 민족문화를 꽃 피웠다.

제5대	문종文宗	1450~1452,(2년

4대 세종의 맏아들. 성품이 온화하고 학문을 좋아한 왕.1414(태종 14)~1452(문종 2). 조선 제5대 왕. 재위 1450~1452. 본관은 전주(全州). 이름은 향(珦), 자는 휘지(輝之). 세종의 맏아들이며, 어머니는 소헌왕후 심씨(昭憲王后沈氏)이다.

제6대	단종端宗	1452~1455,(3년

5대 문종의 아들. 정치적 야심에 희생된 비운의 소년 국왕정치적 야심에 희생된 비운의 소년 국왕조선의 제6대 국왕인 단종(端宗, 1441~1457, 재위 1452~1455). 한국사 전체에서 가장 비극적인 운명의 국왕. 조선이 개창된 지 꼭 60년 만에 11세의 어린 나이로 등극한 국왕은 권력의 공백이 빚어낸 투쟁의 희생양이 되었다

제7대	세조世祖	1455~1468,(13.

4대 세종의 둘째 아들(수양대군). 계유정난을 일으키고 조카인 단종의 왕위를 찬탈함.계유정난 수양대군으로 더 많이 알려진 조선 7대왕 세조. 그에 대한 역사의 평가는 엇갈린다. 어린 조카인 단종의 왕위를 찬탈하고 수많은 신하를 죽인 피의 군주이면서, 부친인 세종의 위업을 계승한 치적군주의 이미지도 함께 가지고 있기 때문이다

제8대	예종睿宗	1468,1469,(1.

7대 세조의 둘째 아들. 재위 13개월 만에 죽음.조선 제8대 왕(재위 1468~1469)으로 재위 13개월 만에 죽었다. 재위 중 직전수조법(職田收租法)을 제정하여 둔전(屯田)의 민경(民耕)을 허락하였다. 휘(諱) 황(晄). 자 명조(明照.

제9대	성종成宗	1469~1494,(25

7대 세조의 손자. 조선의 기본 법전인 경국대전을 완성함. 조선 전기의 문물제도를 완성시켰다는 평가를 받음.조선 제9대 왕(재위 1469~1494). 휘(諱)는 혈(娎), 시호(謚號)는 성종강정인문헌무흠성공효대왕(成宗康靖仁文憲武欽聖恭孝大王)이다. 세조의 장남인 의경세자(懿敬世子) 이장.

제10대	연산군燕山君	1494~1506,(12,

9대 성종의 맏아들이자 폐비 윤씨의 아들. 조선 최초의 반정으로 폐위됨.조선 제10대의 왕(재위 1494~1506). 많은 신진 사류를 죽이는 무오사화를 일으키고 생모 윤씨의 폐비에 찬성했던 윤필상 등 수십명을 살해하였다. 또한 경연을 없애고 사간원을..

제11대	중종中宗	1506~1544,(38

제9대 성종의 둘째 아들이자 연산군의 이복동생. 관련어: 조광조, 기묘사화1488(성종 19)~1544(중종 39). 조선 제11대 왕. [개설] 재위 1506~1544. 본관은 전주(全州)이다. 이름은 역(懌)이다. 자는 낙천(樂天)이다. 성종의 둘째 아들로, 어머니는 정현왕후

제12대	인종仁宗	1544~1545,(1,

11대 중종의 맏아들. 성품이 온화하고 효심이 깊었던 왕, 재위 8개월 만에 사망함.1515(중종 10)~1545(인종 1). 조선 제12대 왕. [개설] 본관은 전주(全州)이다. 이름은 호(岵)이다. 자는 천윤(天胤)이다. 중종의 맏아들로 어머니는 영돈녕부사 윤여필(尹汝弼)의 딸

제13대	명종明宗	1545~1567,(22

1대 중종의 둘째 아들. 12세에 즉위. 관련사건: 을사사화1534(중종 29)~1567(명종 22). 조선 제13대 왕. [개설] 재위 1545~1567. 본관은 전주(全州). 이름은 환(峘), 자는 대양(對陽). 중종의 둘째 아들로 인종의 아우이고, 어머니는 영돈녕부사.

제14대	선조宣祖	1567~1608,(41

11대 중종의 손자. 당쟁과 왜군의 침입에 휩싸인 왕. 사림의 중앙정계 진출이 활발해짐. 붕당 형성.1552년(명종 7)~1608년(선조 41). 조선 제14대 왕. [내용] 재위 1567~1608. 본관은 전주(全州). 초명은 균(鈞), 뒤에 연(昖)으로 개명하였다. 1552년 11월 11일 한성(漢城) 인달방(仁達坊)에서..

제15대	광해군光海君	1608~1623,(15

14대 선조의 둘째 아들. 조선 중기의 격동기에 실리외교를 택한 군주. 대동법을 실시함.에서는 실리외교를 선택하였다. 이런 그의 정치적 태도는 결국 인조반정으로 축출되기에 이르렀고 끝내 묘호조차 갖지 못한 군주가 되었다.광해군(光海君, 1575~1641)은 재위기간(1608~1623) 동안 자신의 왕위를 위협하는 정적들을 대상으로 수 차례 옥사를 일으켰고, 외교

제16대	인조仁祖	1623~1649,(26

14대 선조의 손자. 반정으로 왕위에 올라 삼전도 굴욕을 겪은 왕.인조반정도덕적 가치를 내세우며 성공한 인조반정이었지만, 인조의 치세를 보면 그의 왕위등극과 함께 백성의 고난이 시작. 물론 인조 또한 마음편히 왕위에 있었던 것은 아니다

제17대	효종孝宗	1649~1659,(10

16대 인조의 둘째 아들. 북벌을 국시로 내세웠으나, 북벌의 기회를 얻지는 못함 효종_북벌을 국시로 내세운 군주효종은 인조의 둘째 아들로 인조반정 이후 봉림대군에 봉해졌고, 소현세자 급서 후 조선의 17대 왕이 되었다. 정통성의 약점을 안은 효종은 북벌을 추진해 왕권을 강화하고자 하였다

제18대	현종顯宗	1659~1674,(15,

17대 효종의 아들. 남인과 서인의 당쟁(예송논쟁)이 계속되어 국력이 쇠퇴해짐1641(인조 19)~1674(현종 15). 조선 제18대 왕. [개설] 재위 1659~1674. 본관은 전주(全州)이다. 이름은 연(棩)이다. 자는 경직(景直)이다. 효종의 맏아들로 어머니는 우의정 장유(張維)..

제19대	숙종肅宗	1674~1720,(46,

18대 현종의 아들. 대동법을 전국에 실시함. 당쟁과 궁중암투가 극에 달함. 관련인물: 인현왕후, 희빈 장씨, 숙빈 최씨숙종_환국 정치의 명암조선 후기 당쟁의 격화 속에서 그는 왕권 강화를 위해 세 차례 환국을 주도했으며 여러 업적을 남겼다.19대 숙종과 희빈 장씨의 아들. 노론과 소론 당쟁의 절정기.

제20대	경종景宗	1720~1724,(4.

1688(숙종 14)~1724(경종 4). 조선 제20대 왕. [개설] 재위 1720~1724. 본관은 전주(全州). 이름은 윤(昀), 자는 휘서(輝瑞). 숙종의 맏아들로, 어머니는 희빈 장씨(禧嬪張氏)이다. 비(妃)

출처 [네이버 지식백과] 고구려 왕 계보 - B.C.37 ~ A.D.668 (역대 왕 계보, NAVER Corp.)

252-⑩ | **조선왕조계보** | 1392~1897

제21대	영조英祖	1724~1776,(52

조선의 제21대 왕. 과열된 붕당의 대립을 완화하는 탕평정책을 시행하였으며 균역법을 시행하고 청계천 준설, 신문고 설치 등을 통해 민생 정치를 폈다. 문화를 부흥시키고 많은 책을 간행하였으며 사치를 근절시켜 모든 방면에서 조선후기

제22대	정조正祖	1776~1800,(24

21대 영조의 손자이자 사도세자의 아들. 탕평책을 계승하고 인재를 고루 등용함. 조선 후기 문화의 황금기를 이루었다고 평가됨조선 후기의 개혁과 대통합 실현조선의 제22대왕 정조는 지난한 여정을 거쳐 왕위에 올라, 갖가지 개혁 정책 및 탕평을 통해 대통합을 추진하였다. 그러나 그의 갑작스러운 죽음으로 그가 재위기간에 추진했던 각종 정책은 대부분 폐기되었다

제23대	순조純祖	1800~1834,(34

22대 정조의 둘째 아들. 11세에 즉위. 김조순 등 안동 김씨가 세도정치를 하던 시대로 백성들의 생활이 매우 힘들었음. 1811년 홍경래의 난 발생함.조선의 제23대 왕(재위 1800~1834). 김조순 및 외가 인물들의 권력 강화에 맞서 선왕의 여러 정책을 모범으로 국정을 주도하려고 노력하였다. 암행어사 파견, 《만기요람》 편찬.

제24대	헌종(憲宗	1834~1849,(15

23대 순조의 손자. 8세에 즉위. 안동 김씨와 풍양 조씨의 권력 투쟁에 휘말림.1827(순조 27)~1849(헌종 15). 조선 제24대 왕. [개설] 재위 1834~1849. 본관은 전주(全州)이다. 이름은 환(奐)이다. 자는 문응(文應)이다. 호는 원헌(元軒)이다. 순조의 손자이다

제25대	철종哲宗	1849~1863,(14

22대 정조의 동생인 은언군의 손자. 1844년 강화도에 유배되었다가 19세 나이로 즉위.1831(순조 31)~1863(철종 14). 조선 제25대 왕. [개설] 재위 1849~1863. 본관은 전주(全州)이다. 이름은 이변(李昪)이다. 초명은 이원범(李元範)이다. 자는 도승(道升), 호는 대용재..

제26대	고종高宗	1863~1907,(44

흥선대원군의 둘째 아들. 12세에 즉위. 조선 제26대 왕이자 대한제국 제1대 황제.고종_대한제국을 탄생시킨 조선의 26대 왕조선왕조가 거의 수명이 다해 갈 무렵에 왕이 된 고종 또한 역사적 평가가 인색한 왕 가운데 하나다. 망국의 책임이 그에게 있기 때문일 것이다. 그는 과연 구국의 황제인가? 아니면 망국의 황제인가?

제27대	순종順宗	1907~1910,(3

26대 고종의 둘째 아들. 조선의 마지막 국왕1874(고종 11)~1926. 조선 제27대 왕. 재위 1907~1910. [개설] 이름은 척(坧), 자는 군방(君邦), 호는 정헌(正軒). 1874년 2월 창덕궁의 관물헌(觀物軒)에서 고종과 명성황후(明成皇后)의

제대	의친왕	

제대	영친왕英親王	

253	제5장 1.신라왕조초상화 건국B.C.57 -				①
몇대	왕명	역사 내용 연대	몇대	왕명	역사 내용 연대
		신라 최초의 왕, 박씨의 시조.			1대 혁거세의 맏아들(박씨).
제1대	**혁거세거서간**朴赫居世)	B.C.57 - A.D. 4	제 2 대	**남해차차웅**南解王)	4 - 24
		2대 차차웅의 아들 석달해에게 왕위를 양보했다고도 전함.			2대 남해차차웅의 사위(석씨). 왜국의 다파나국 출신으로 석씨의 시조.
제3대	**유리이사금**瑠璃王)	24 - 57	제 4 대	**탈해이사금**脫解王)	57 - 80
		3대 유리이사금의 둘째 아들(박씨).			5대 파사이사금의 아들(박씨).
제5대	**파사이사금**婆娑王)	80 - 112	제6대	**지마이사금**祇摩王)	112 - 134

254	신라왕조초상화				②
몇대	왕명	역사 내용 연대	몇대	왕명	역사 내용 연대
		3대 유리이사금의 맏아들(박씨) 혹은 일지갈문왕의 아들이라고도 함.(삼국사기 기록)			7대일성이사금의 맏아들(박씨)왕비는 지마왕의 딸.
제7대	일성이사금逸聖王)	134 - 154	제8대	아달라이사금阿達羅)	154 - 184
		4대 탈해이사금의 손자(석씨)			9대 벌휴이사금의 손자(석씨)
제9대	벌휴이사금伐休	184 - 196	제 1 0 대	내해이사금奈解	196 - 230
		9대 벌휴이사금의 손자이자 내해왕의 사촌(석씨). 왕비는 내해왕의 딸.			9대 벌휴이사금의 손자이자 조분왕의 친동생(석씨)
제11대	조분이사금助賁	230 - 247	제12대	첨해이사금沾解	247 - 261

255	신라왕조초상화				③
몇대	왕명	역사 내용 연대	몇대	왕명	역사 내용 연대
		김알지의 7대손(김씨). 왕비는 석씨 광명부인으로 조분왕의 딸.			11대 조분이사금의 맏아들(석씨)
제13대	**미추이사금**味鄒王	262 - 284	제14대	**유례이사금**儒禮	284 - 298
		11대 조분이사금의 아들 · 손자 · 증손이라는 여러 설이 있음.			10대 내해이사금의 손자이자 제11대 조분이사금의 외손자.
제15대	**기림이사금**基臨	298 - 310	제16대	**흘해이사금**흘해	310 - 356
		김씨에 의한 왕위 독점세습 이룸. 왕권 강화되어 대군장 뜻하는 '마립간' 왕호를 사용함(왕호는 삼국유사 기록에 따름). 낙동강 유역까지 영토를 확장함. 고구려 광개토대왕 도움으로 왜군격퇴함.			김알지의 후손(김씨). 왕비는 제13대 미추이사금의 딸. 내물마립간의 태자인 눌지를 제거하려다 오히려 죽임을 당함. 왕호는 삼국유사 기록에 따름.
제17대	**내물마립간**奈勿王	356 - 402	제18대	**실성마립간**實聖王	402 - 417

256	신라왕조초상화				④
몇대	왕명	역사 내용 연대	몇대	왕명	역사 내용 연대
		17대 내물마립간의 아들(김씨). 맏아들이 왕위를 계승하는 장자상속제를 확립함. 433년 백제와 연합하여 고구려를 견제함(나제동맹).			19대 눌지마립간의 맏아들(김씨). 왜와 고구려의 잦은 침략에 시달림.
제19대	눌지마립간訥祇王	417 - 458	제20대	자비마립간慈悲王	458 - 479
		20대 자비마립간의 아들(김씨). 백제. 가야와의 동맹을 공고히 하고 민생을 중시하는 정치를 펼침.			17대 내물마립간의 증손. 503년 나라 이름을 '신라'로, 왕호를 '왕'으로 바꾸며 왕권을 강화함. 순장법을 폐지하고 울릉도 우산국을 정복함.
제21대	소지마립간炤智王	479 - 500	제22대	지증왕智證王	500 - 514
		22대 지증왕의 맏아들. 율령 반포, 불교 공인(백성의 사상 통합), 골품제 정비, 상대등 설치 등을 통해 중앙집권적 고대 국가 체제를 완성함. 금관가야 병합.			화랑도를 국가조직으로 공인하고, 황룡사 건립하여 신라의 국력 과시. 한강 유역 모두 장악, 대가야 병합, 함흥평야 진출 등 신라 최대의 영토를 개척함(진흥왕 순수비).
제23대	법흥왕法興王	514 - 540	제24대	진흥왕眞興王	540 - 576

257	신라왕조초상화				⑤
몇대	왕명	역사 내용 연대	몇대	왕명	역사 내용 연대
		24대 진흥왕의 둘째 아들. 거칠부를 상대등에 임명해 국정을 맡김. 방탕한 생활을 하다가 재위 4년만에 폐위됨.			24대 진흥왕의 손자. 행정조직을 정비해 왕권을 강화하고 적극적인 외교정책을 실시함.
제25대	진지왕眞智王	576 - 579	제26대	진평왕眞平王	579 - 632
		26대 진평왕의 맏딸이자 신라 최초의 여왕.			성골 출신의 마지막 왕. 당나라와의 외교관계를 더욱 강화함.
제27대	선덕여왕善德女王	632 - 647	제28대	진덕여왕眞德女王	647 - 654
		신라 최초의 진골 출신 왕(폐위된 진지왕의 손자). 당나라와 연합하여 백제를 멸망시켜 삼국 통일의 기반을 다짐.			29대 무열왕의 맏아들. 삼국 통일을 이루어 낸 왕.
제29대	태종무열왕太宗武烈王	654 - 661	제30대	문무왕文武王	661 - 681

258	신라왕조초상화				⑥
몇대	왕명	역사 내용 연대	몇대	왕명	역사 내용 연대
		30대 문무왕의 맏아들. 전제왕권이 확고하게 자리잡힌 시기.			31대 신문왕의 맏아들. 6세의 어린 나이에 즉위.
제31대	**신문왕**神武王	681 - 692	제32대	**효소왕**孝昭王	692 - 702
		31대 신문왕의 둘째 아들. 신라 역사상 가장 태평성대한 시기로 평가됨. 당나라와 우호적 관계를 유지함.			33대 성덕왕의 둘째 아들. 왕실의 전제왕권이 점차 약화됨.
제33대	**성덕왕**聖德王	702 - 737	제34대	**효성왕**孝成王	737 - 742
		33대 성덕왕의 셋째 아들. 전제왕권 재강화를 위해 노력함.			35대 경덕왕의 아들(태종무열왕의 마지막 직계손). 8세에 즉위, 왕권이 약해지고 정치적 반란사건이 많았음.
제35대	**경덕왕**景德王	742 - 765	제36대	**혜공왕**惠恭王	765 - 780

259	신라왕조초상화				⑦
몇대	왕명	역사 내용 연대	몇대	왕명	역사 내용 연대
		17대 내물왕의 10대 손. 신라 하대(下代)의 첫 번째 왕.			17대 내물왕의 12대 손. 788년, 독서 삼품과를 실시함.
제37대	선덕왕宣德王	780 - 785	제38대	원성왕元聖王	785 - 798
		38대 원성왕의 손자.			39대 소성왕의 맏아들. 13세에 즉위함. 숙부들이 일으킨 반란에 의해 시해됨.
제39대	소성왕昭聖王	799 - 800	제40대	애장왕哀莊王	800 - 809
		38대 원성왕의 손자이자 소성왕의 친동생.			38대 원성왕의 손자이자 소성왕/헌덕왕의 친동생.
제41대	헌덕왕憲德王	809 - 826	제42대	흥덕왕興德王	826 - 836

260	신라왕조초상화				⑧
몇대	왕명	역사 내용 연대	몇대	왕명	역사 내용 연대
		38대 원성왕의 증손자, 조부는 원성왕의 맏아들인 혜충태자 김인겸.			38대 원성왕의 증손자, 조부는 원성왕의 셋째아들인 김예영.
제43대	희강왕僖康王	836 - 838	제44대	민애왕閔哀王	838 - 839
		38대 원성왕의 증손자, 조부는 원성왕의 셋째아들인 김예영이며, 제43대 희강왕의 사촌임. (관련인물 : 장보고)			45대 신무왕의 맏아들.
제45대	신무왕神武王	839 - 839	제46대	문성왕文聖王	839 - 857
		45대 신무왕의 이복동생.			43대 희강왕의 손자이자 제47대 헌안왕의 사위.
제47대	헌안왕憲安王	857 - 861	제48대	경문왕景文王	861 - 875

261	신라왕조초상화				⑨
몇대	왕명	역사 내용 연대	몇대	왕명	역사 내용 연대
		48대 경문왕의 맏아들.			48대 경문왕의 둘째 아들.
제49대	**헌강왕**憲康王	875 - 886	제50대	**정강왕**定康王	886 - 887
		48대 경문왕의 딸로 신라시대 마지막 여왕.			49대 헌강왕의 서자. 후백제와 후고구려의 공격에 시달림.
제51대	**진성여왕**眞聖女王	887 - 897	제52대	**효공왕**효공왕	897 - 912
		8대 아달라왕의 먼 후손(박씨). 916년 견훤에게 대야성을 공격당함.			53대 신덕왕의 아들(박씨). 신라 국력이 크게 쇠퇴하여 경주를 중심으로 한 주변 지역만 다스리게 됨.
제53대	**신덕왕**神德王	912 - 917	제54대	**경명왕**景明王	917 - 924

262	신라왕조초상화				⑩
몇대	왕명	역사 내용 연대	몇대	왕명	역사 내용 연대
		54대 경명왕의 동생(박씨). 927년 포석정에서 연회를 하다가 견훤의 습격을 받고 스스로 목숨을 끊음.			신라의 마지막 왕(김씨), 견훤에 의해 왕위에 오름. 경순왕 9년에 자진하여 고려 태조에게 항복함.
제55대	**경애왕**景哀王	924 - 927	제56대	**경순왕**敬順王	927 - 935

출처:[네이버 지식백과] 신라 왕 계보 - B.C.57 ~ A.D.935, 삼국사기 기준 (역대 왕 계보, NAVER Corp.)

우리나라 古代國家와 執權者들 서기2018년 현재				
國名=나라이름	王數	나라建國年代~亡한年代		存續期間
古朝鮮	47	기원전2333~기원전108		2,225
新羅	56	기원전57~935		992
高句麗	28	기원전37~668		705
百濟	32	기원전18~660		681
伽耶	10	42~562		490
渤海	15	698~926		227
高麗	34	918~1392		474
朝鮮	27	1392~1897		518
王 合計	249			
大韓民國大統領	11	919~2018	건국일을 하나로 정하지 못하고 있다.	99
		1948~2018		70
支配者總數	260명			

263	2.고구려왕조초상화				①
몇대	왕명	역사 내용 연대	몇대	왕명	역사 내용 연대
		고구려의 시조.			1대 동명성왕의 맏아들. 유리왕 22년, 수도를 졸본에서 국내성으로 옮김.
제1대	**동명성왕**東明聖王	B.C. 37 - B.C. 19	제2대	**유리명왕**瑠璃明王	B.C. 19 - A.D. 18
		2대 유리왕의 셋째 아들. <광개토대왕릉 비문>에 '나라의 기틀을 다진 왕'으로 기록되어 있음.			3대 대무신왕의 동생 (삼국사기 기록).
제3대	**대무신왕**神武神王	18-44	제4대	**민중왕**閔中王	44-48
		3대 대무신왕의 맏아들. 성품이 포악하고 정사를 돌보지 않음. 신하 두로에게 피살됨.			2대 유리왕의 손자. 옥저 정복. 중앙 집권 체제를 정비하여 고대 국가를 완성함(왕위세습확립).
제5대	**모본왕**慕本王	48-53	제6대	**태조왕**太祖王	53-146

264	고구려왕조초상화				②
몇대	왕명	역사 내용 연대	몇대	왕명	역사 내용 연대
		6대 태조왕의 동생. 왕의 횡포가 심해 백성들의 원성을 들었음. 차대왕 20년에 명림답부에게 살해됨.			6대 태조왕의 막내동생. 77세에 즉위함.
제7대	차대왕次大王	146-165	제8대	신대왕新大王	165-179
		8대 신대왕의 둘째 아들. 왕위의 부자 상속을 확립함. 을파소를 등용함. 진대법을 실시하여 빈민구휼책을 마련함으로써 왕권을 강화해나감.			9대 고국천왕의 동생. 도읍을 환도성으로 옮김.
제9대	고국천왕故國川王	179-197	제10대	산상왕山上王	197-227
		10대 산상왕의 아들. 위나라와의 전쟁으로 환도성이 함락되었으나, 위기를 극복함.			11대 동천왕의 맏아들.
제11대	동천왕東川王	227-248	제12대	중천왕中川王	248-270

265	고구려왕조초상화				③
몇대	왕명	역사 내용 연대	몇대	왕명	역사 내용 연대
		12대 중천왕의 둘째 아들. 286년 반란을 도모한 동생 일우와 소발을 처단함.			13대 서천왕의 아들. 동생 돌고(미천왕의 아버지)를 죽임. 계속된 흉년에도 화려한 궁실을 지으려 함. 결국 국상 창조리에 의해 폐위됨.
제13대	서천왕西川王	270-292	제14대	봉상왕烽上王	292-300
		13대 서천왕의 손자. 봉상왕을 피해 숨어서 소금장수를 하다가 국상 창조리에 의해 왕으로 옹립. 낙랑군 멸망시킴. 대동강 유역을 확보함.			15대 미천왕의 아들. 백제 근초고왕 군과 평양성에서 싸우다가 전사함.
제15대	미천왕美川王	300-3	제16대	고국원왕故國原王	331-371
		16대 고국원왕의 맏아들. 율령 반포, 불교 수용, 태학 설립 등을 통해 국가 체제를 정비함. 삼국 중 가장 먼저 중앙 집권 체계를 갖춤.			17대 소수림왕의 동생. 재위기간은 광개토왕릉비에 근거함.
제17대	소수림왕小獸林王	371-384	제18대	고국양왕故國壤王	384-391

266	고구려왕조초상화				④
몇대	왕명	역사 내용 연대	몇대	왕명	역사 내용 연대
		18대 고국양왕의 아들. 백제 공격으로 한강 이북 지역을 차지하고, 신라에 침입한 왜를 격퇴함(신라에 대한 영향력 강화). 재위기간은 광개토왕릉비에 근거함.			19대 광개토대왕의 맏아들. 평양으로 천도하고, 적극적인 남진정책을 추진함. 남한강 유역까지 진출 후 충주고구려비를 세움. 재위기간은 광개토왕릉비에 근거함.
제19대	광개토대왕廣開土大王	391-412	제20대	장수왕長壽王	412-491
		20대 장수왕의 손자.			21대 문자왕의 맏아들.
제21대	문자왕文咨王	492-519	제22대	안장왕安臧王	519-531
		22대 안장왕의 동생. 왕의 후사를 둘러싼 귀족세력들의 무력충돌 속에서 세상을 떠남.			23대 안원왕의 맏아들. 신라·백제에게 한강 유역을 잃음.
제23대	안원왕安原王	531-545	제24대	양원왕陽原王	545-559

267	고구려왕조초상화				⑤
몇대	왕명	역사 내용 연대	몇대	왕명	역사 내용 연대
		24대 양원왕의 맏아들. 586년 평양 대성산성에서 장안성으로 궁을 옮김.			25대 평원왕의 맏아들. 을지문덕을 시켜 살수에서 수나라군을 섬멸함.
제25대	**평원왕**平原王	559-590	제26대	**영양왕**嬰陽王	590-618
		26대 영양왕의 이복동생. 천리장성을 쌓기 시작하면서 연개소문에게 감독을 맡김. 연개소문에 의해 비참하게 죽음.			고구려 마지막 왕. 연개소문의 추대로 왕위에 오름. 나당연합군의 침공으로 평양성이 함락되고 결국 고구려는 멸망함.
제27대	**영류왕**榮留王	618-642	제28대	**보장왕**寶藏王	642-668
	고구려명장高句麗名將)				
		수나라침입을 몰아냄.			
	을지문덕乙支文德			연개소문淵蓋蘇文	

268	3.백제왕조초상화				①
몇대	왕명	역사 내용 연대	몇대	왕명	역사 내용 연대
		고구려의 셋째 왕자인 온조, 백제를 세우다.			1대 온조왕의 맏아들.
제1대	**온조왕**溫祚王	B.C 18년~ A.D 28년	제2대	**다루왕**多婁王	A.D 28년~77년
		2대 다루왕의 맏아들  도미부인都彌婦人) 백제 가루왕 때 도미의부인 열부			3대 기루왕의 맏아들
제3대	**가루왕**可婁王	77-128	제4대	**개루왕**蓋婁王	128-166
		4대 개루왕의 맏아들			5대 초고왕의 맏아들
제5대	**초고왕**肖古王	166-214	제6대	**구수왕**仇首王	214-234

269	백제왕조초상화				②
몇대	왕명	역사 내용 연대	몇대	왕명	역사 내용 연대
		6대 구수왕의 맏아들. 나이가 어려 정사를 감당하지 못하여 곧 폐위됨.			4대 개루왕의 둘째 아들(삼국사기 기록). 삼국 중 가장 먼저 한강 유역을 차지함. 율령 반포, 관리 등급 마련(6좌평) 등 중앙 집권 체제를 정비하여 고대 국가의 기틀을 마련함
제7대	**사반왕**沙伴王	234-234	제8대	**고이왕**古爾王	234-286
		8대 고이왕의 맏아들			9대 책계왕의 맏아들. 분서왕 7년에 낙랑의 태수가 보낸 자객에게 살해됨.
제9대	**책계왕**責稽王	286-298	제10대	**분서왕**汾西王	298-304
		6대 구수왕의 둘째 아들(삼국사기 기록)			10대 분서왕의 맏아들. 고이왕계의 마지막 백제왕
제11대	**비류왕**比流王	304-344	제12대	**계왕**계왕	344-346

270	백제왕조초상화				③
몇대	왕명	역사 내용 연대	몇대	왕명	역사 내용 연대
		11대 비류왕의 둘째 아들. 백제의 전성기를 이룩한 왕. 왕위의 부자 상속을 확립함. 고구려 고국원왕을 전사 시킴. 가야/왜와는 교류하는 반면 고구려/신라는 견제함			13대 근초고왕의 맏아들
제13대	근초고왕近肖古王	346-375	제14대	근구수왕近仇首王	375-384
		14대 근구수왕의 맏아들. 불교를 수용하여 백성의 사상을 통합하고 왕권을 강화함.			14대 근구수왕의 둘째 아들. 392년 광개토대왕이 이끄는 고구려군에 패하여 많은 영토를 잃음.
제15대	침류왕枕流王	384-385	제16대	진사왕辰斯王	385-392
		15대 침류왕의 맏아들. 396년, 광개토대왕이 이끄는 고구려군에 크게 패함.			17대 아신왕의 맏아들. 상좌평(백제의 최고 관직)을 처음 설치함.
제17대	아신왕阿莘王	392-405	제18대	진지왕眞智王	405-420

271	백제왕조초상화				④
몇대	왕명	역사 내용 연대	몇대	왕명	역사 내용 연대
		18대 전지왕의 맏아들. 고구려를 견제하기 위해 중국 송나라와 외교관계를 맺음.			19대 구이신왕의 맏아들(제18대 전지왕의 서자라는 설도 있음). 고구려를 견제하기 위해 신라, 왜, 중국 송나라 등과 우호관계를 형성함
제19대	구이신왕久爾辛王	420-427	제20대	비유왕毗有王	427-455
		20대 비유왕의 맏아들. 475년 고구려 장수왕에게 한강유역 일대를 빼앗기고 목숨을 잃음.			21대 개로왕의 맏아들. 웅진으로 도읍을 옮김. 병관좌평 해구에 의해 목숨을 잃음.
제21대	개로왕蓋鹵王	455-475	제22대	문주왕文周王	475-477
		22대 문주왕의 맏아들. 13세의 어린 나이에 즉위, 15세에 죽음.			22대 문주왕의 동생인 곤지의 아들. 신라 왕실과 혼인 관계를 맺어 고구려 남진 정책에 대항함. 신진세력 등용.
제23대	삼근왕三斤王	477-479	제24대	동성왕東城王	479-501

272	백제왕조초상화				⑤
몇대	왕명	역사 내용 연대	몇대	왕명	역사 내용 연대
		24대 동성왕의 둘째 아들. 고구려에 적극적으로 맞서며 백제를 안정시키기 위해 애쓴 왕. 지방에 22담로를 설치하고 왕족을 파견하는 등 중앙집권체제를 강화함.			25대 무령왕의 아들. 사비성(지금의 부여)으로 도읍을 옮기고 백제 부흥을 이끈 왕. 554년 신라 진흥왕과의 격전에서 전사함. 이로써 나제동맹관계는 결렬됨
제25대	**무령왕**武寧王	501-523	제26대	**성왕**聖王	523-554
		26대 성왕의 맏아들			26대 성왕의 둘째 아들. 즉위하고 이듬해에 죽음.
제27대	**위덕왕**威德王	554-598	제28대	**혜왕**惠王	598-599
		28대 혜왕의 맏아들(삼국사기 기록). 즉위하고 이듬해에 죽음.			29대 법왕의 아들. [삼국유사]에 무왕과 관련된 서동설화가 전해짐.
제29대	**법왕**法王	599-600	제30대	**무왕**武王	600-641

273	백제왕조초상화				⑥
몇대	왕명	역사 내용 연대	몇대	왕명	역사 내용 연대
		30대 무왕의 맏아들. 백제의 마지막 왕. 의자왕 초기에는 대야성전투 등 신라에 적극적 공세를 취함. 그러나 660년 나당연합군의 공격으로 백제가 멸망함.			
제31대	의자왕義慈王	641-660	제32대	풍왕豐王	661~663
	백제명장百濟名將)				

	계백장군 階伯將軍	출생 미상~660			

274	4.가야(가락)왕조초상화				①
몇대	왕명	역사 내용 연대	몇대	왕명	역사 내용 연대
		42년 알에서 낳아서 바로 왕에 오름, 아유타국(인도의 한 국가)공주 허황옥과 결혼함 			수로왕의 아들 모친 허황옥
제1대	수로왕首露王	42~199	제2대	거등왕居登王)	199~259
		거등왕의 아들			마품왕의 아들
제3대	마품왕麻品王)	259~291	제4대	거질미왕居叱彌王)	291~346
		거질마왕의 아들			이사품왕의 아들,금토왕金吐王) ,김질金叱)왕비 용녀의 사람들을 관리로 등용하여 시끄러웠다, 후에 왕비를 귀양 보내고 백성을 편안히 다스렸다,
제5대	이시품왕伊尸品王)	346~407	제6대	좌지왕坐知王)	407~421

275	가야(가락)왕조초상화				②
몇대	왕명	역사 내용 연대	몇대	왕명	역사 내용 연대
		좌지왕의아들			취희왕의 아들
제7대	취희왕(吹希王)	421~451	제8대	질지왕(銍知王)	451~492
		고이왕 아들			겸지왕 의아들 신라 진흥왕이 처들어가자 영토를 바치고 신라로 귀순하였다.  구형왕비
제9대	겸지왕(鉗知王)	492~521	제10대	구형왕(仇衡王)	521~593
	5.발해왕조초상화				①
		발해를 건국한 대조영			1대 고왕 대조영의 아들. 중국 당나라와 대립함
제1대	고왕高王	698-719	제2대	무왕武王	719-737

276	발해왕조초상화				②
몇대	왕명	역사 내용 연대	몇대	왕명	역사 내용 연대
		2대 무왕의 아들. 당과 친선관계를 맺고 당의 문물을 받아들임.			즉위한지 1년도 채 되지 않아 죽임을 당함.
제3대	**문왕**文王	737-793	제4대	**대원의**廢王	793-793
		3대 문왕의 손자			3대 문왕의 막내아들
제5대	**성왕**成王	793-794	제6대	**강왕**康王	794-809
		6대 강왕의 아들			6대 강왕의 아들이자 정왕의 동생
제7대	**정왕**定王	809-812	제8대	**희왕**僖王	812-817

277	발해왕조초상화				③
몇대	왕명	역사 내용 연대	몇대	왕명	역사 내용 연대
		6대 강왕의 아들이자 정왕/희왕의 동생			1대 고왕의 동생인 대야발의 4대손. 발해를 중흥시킨 군주로 해동성국이라는 칭호를 얻음.
제9대	**간왕**簡王	817-818	제10대	**선왕**宣王	818-830
		10대 선왕의 손자			11대 대이진의 동생
제11대	**대이진**=순진彝震)	830-857	제12대	**대건황**大虔晃)	857-871
		12대 대건황의아들			
제13대	**대현석**	871-894	제14대	**대위해**景王	894-906

278	발해왕조초상화				④
몇대	왕명	역사 내용 연대	몇대	왕명	역사 내용 연대
		발해의 마지막 왕			
제15대	**대인선**哀王	906-926			
			몇대	왕명	역사 내용 연대

279	6.고려왕조초상화 ①				①
몇대	왕명	역사 내용 연대	몇대	왕명	역사 내용 연대
		왕건, 고려 건국 고려의 시조. 북진정책. 혼인관계를 통해 호적세력을 포섭함(왕권 안정)후삼국 시대를 통일하여, 한반도의 재통일을 이룩한 고려의 창업주 태조 왕건. 분열과 혼란의 시기에서 탁월한 정치적 식견으로 나라를 세우고, 통일 전쟁을 수행하였다.			태조 왕건의 맏아들. 이복동생들과 왕위다툼에 시달림고려의 제2대 왕(재위 943~945). 태조 왕건의 맏아들로 즉위 후, 이복동생 요·소와 왕규의 왕권 다툼 속에서 곤란을 겪었다. 자는 승건(承乾), 휘(諱)는 무(武), 시호는 의공(義恭)이다. 태조 왕건(王建)
제1대	**태조왕건**太祖王建)	918~943	제2대	**혜종**惠宗	943~945
		1대 태조 왕건의 아들이자 혜종의 이복동생. 서경(평양)으로 수도를 옮기려고 했으나 실패함. 재위기간은 4년고려 시대의 제3대 왕(재위 945~949). 정적을 제거하며 왕위에 올랐다. 서경으로 천도하려 했으나 개경 세력의 반발과 백성의 원성으로 실패하였다. 거란 침입에 대비하기 위해 광군을 조직했으며 불교 중흥에			1대 태조 왕건의 아들이자 정종의 동생. 왕권 강화를 위해 노비 안검법을 제정하고, 과거 제도를 실시함광종_고려왕조의 기틀 마련광종은 고려 4대 왕으로 고려 왕조의 기반을 세운 왕으로 평가받고 있다. 고려 태조의 왕건의 아들로서 왕위에 올라 태조와 혜종, 정종이 이루지 못한 공신세력을 약화시키고 왕권을 강화하여 고려왕조가 500년간 지속하는 데 큰 업적을 남겼다.
제3대	**정종**定宗)	945~949	제4대	**광종**光宗)	949~975
		4대 광종의 맏아들. 976년 전시과 제정, 6년간 재위함고려의 제5대 왕(재위 975~981). 광종의 장남. 어머니는 대목왕후 황보씨. 즉위해 전시과를 제정했다. 뒤에 정치를 등한시하고 음탕한 생활에 빠져 소인과 사귀기를 좋아하고, 군자를 멀리하였다. 휘(諱) 유(伷).			1대 태조 왕건의 손자. 유교를 정치이념으로 채택(최승로의 시무28조 수용), 중앙집권적 국가운영체계의 기틀을 세운 왕고려 제6대 왕(재위 981~997). 내치·외교에 많은 치적을 남겼다. 내치 중에서는 관제개혁을 들 수 있고 유교를 국가의 지도원리로 삼아 중앙집권적 봉건제도를 확립했다. 요나라 군대가 침입하자 서희를.
제5대	**경종**景宗)	975~981	제6대	**성종**成宗	981~997
건국					

280	고려왕조초상화 ②				②
몇대	왕명	역사 내용 연대	몇대	왕명	역사 내용 연대
		5대 경종의 맏아들. 전시과를 개정하고 학문을 장려함고려 제7대 왕(재위 997~1009). 경종의 맏아들. 관리 봉급제도인 전시과를 개정하고 학문을 장려하는 등 치적이 많았다. 이름 송(誦). 자 효신(孝伸). 시호 선양(宣讓). 경종(景宗)의 맏아들이며, 어머니는			1대 태조 왕건의 손자. 거란군의 침략을 블력(佛力)으로 물리치기 위해 대장경(6천여권)을 제작함. 관련사건: 강감찬의 귀주대첩992(성종 11)~1031(현종 22). 고려 제8대 왕. 재위 1009~1031. [개설] 이름은 왕순(王詢). 자는 안세(安世). 아버지는 태조(太祖)의 여덟 째 아들인 안종(安宗)욱(郁)이다. 어머니는
제7대	목종穆宗	997~9009	제8대	현종顯宗	1009~1031
		8대 현종의 맏아들. 국자감시를 실시함. 현종 때 시작한 국사 편찬사업을 완성함.고려 제9대 왕(재위 1031~1034). 압록강 구부터 동해안의 도련포까지 천리장성을 축성하게 하여 동여진인과 거란인들의 투항이 속출하였다. 국자감시를 실시하고 현종 때 시작한 국사 편찬사업을 완성하였다			8대 현종의 둘째 아들. 1044년 천리장성을 완성함. 노비종모법과 장자상속법을 제정함.고려 시대 제10대 왕(재위 1034~1046). 거란 침입 이후 북방 민족의 침입에 대비하여 1044년 천리장성을 완성시켰다. 예성강의 병선 180척으로 군수물자를 유반하여 서북계 주진의 창고에 보관하게 하는 등.
제9대	덕종德宗	1031~1034	제10대	정종定宗	1034~1046
		8대 현종의 셋째 아들. 고려시대 중 가장 찬란한 문화황금기를 이룩한 왕.고려의 제11대 왕(재위 1046~1083). 법률 제정으로 내치에 힘썼다. 불교를 신봉했고, 유학도 장려하였다. 동여진의 침입을 토벌했고, 송나라의 선진문화를 수입했다. 고려시대 중 가장 찬란한 문화황금기를			11대 문종의 맏아들. 재위 3개월만에 죽음 고려 제12대 왕. 자 의공(義恭). 휘 훈(勳). 시호 선혜(宣惠). 문종(文宗)의 장자. 인예태후(仁睿太后) 이씨 소생. 1054년(문종 8) 왕태자에 책립되었고, 1083년 문종이 죽자 즉위하였으나 그해에 죽었다. 능은
제11대	문종文宗	1046~1083	제12대	순종順宗	1083

281	고려왕조초상화 ③				③
몇대	왕명	역사 내용 연대	몇대	왕명	역사 내용 연
		11대 문종의 둘째 아들. 송나라의 제도를 받아들임고려의 제13대 왕(재위 1083~1094). 군비를 강화하여 요나라의 침입에 대비하였으며 송나라의 제도를 받아들였다. 유학을 장려하였으나, 불교 또한 신봉하여 국청사를 짓는 등 토목공사를 일으켜 백성들이..			13대 선종의 맏아들. 즉위 1년만에 왕위를 숙부(숙종)에게 물려줌고려시대의 제14대 왕(재위 1094~1095). 즉위 후 이자의의 난이 있었으나 곧 평정하였다. 신병으로 왕위를 숙부 계림공(鷄林公) 희(熙: 숙종)에게 물려준 뒤, 후궁에서 지내다가 14세에 요절하였다. 휘(諱) 욱(昱)...
제13대	**선종**宣宗	1083~1094	제14대	**헌종**憲宗	1094~1095
		11대 문종의 11대 문종의 셋째 아들. 주전관을 두고 주화인 은병을 만들어 통용하게 함셋째 아들. 주전관을 두고 주화인 은병을 만들어 통용하게 함			11대 문종의 셋째 아들. 주전관을 두고 주화인 은병을 만들어 통용하게 함15대 숙종의 맏아들. 국학에 양현고라는 장학재단 설립하는 등 학문 진흥에 힘씀고려 제16대 왕(재위 1105~1122). 윤관(尹瓘)에게 여진(女眞)을 경략하게 하여 함흥평야에 9성을 쌓았다. 학교를 세우고 국학(國學)에 양현고(養賢庫)를 설치하는 등 학문을 진흥시켰다. 휘(諱) 우(俁). 자
제15대	**숙종**肅宗	1095~1105	제16대	**예종**睿宗	1105~1122
		16대 예종의 맏아들. 김부식에게 명하여 [삼국사기]를 편찬하게 함. 관련사건: 이자겸의 난, 묘청의 난 고려 제17대 왕(재위 1122~1146). 이자겸이 난을 일으키자 반란을 평정하고 이자겸을 귀양보냈다. 서경에서 묘청이 난을 일으켰으나 김부식을 서경 정토대장으로 삼아 이를 평정했다. 주 · 현에 학교를.			17대 인종의 맏아들. 정중부, 이의방 등이 무신정변을 일으켜 폐위됨고려의 제18대 왕(재위 1146~1170). 1170년 정중부 · 이의방 등이 난을 일으켜 폐위되었으며, 거제도로 쫓겨났다. 1173년(명종 3) 김보당의 복위운동이 실패하자 계림에 유폐되었다가 살해되었다. 휘 현(晛). 자
제17대	**인종**仁宗	1122~1146	제18대	**의종**毅宗	1146~1170

282	고려왕조초상화 ④				④
몇대	왕명	역사 내용 연대	몇대	왕명	역사 내용 연대
		7대 인종의 셋째 아들.정권을 장악한 무신 최충헌에 의해 폐위됨고려의 제19대 임금(재위1170~1197)으로 1170년 무신정변 이후 정중부 등에 의해 왕위에 올랐으나, 1197년 최충헌에 의해 폐위되었다.성(姓)은 왕王), 이름(名)은 호晧)이다. 초명初名)은 흔昕)이며 자		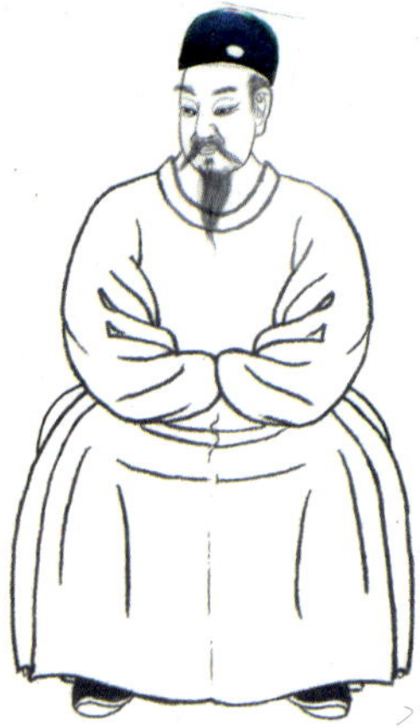	17대 인종의 다섯째 아들. 최충헌이 실권을 잡았으며, 만적의 난 등 민란이 잇달아 일어남고려 제20대 왕(재위1197~1204). 1154년 평량후에 책봉되었다가 1197년 최충헌이 명종을 폐함으로써 뒤를 이어 옹립되었다. 휘탁晫). 초명 민旼). 자 지화至華). 시호 정효靖孝). 인종의 다섯째 아들.
제19대	명종明宗)	1170~1197	제20대	신종神宗)	1197~1204
	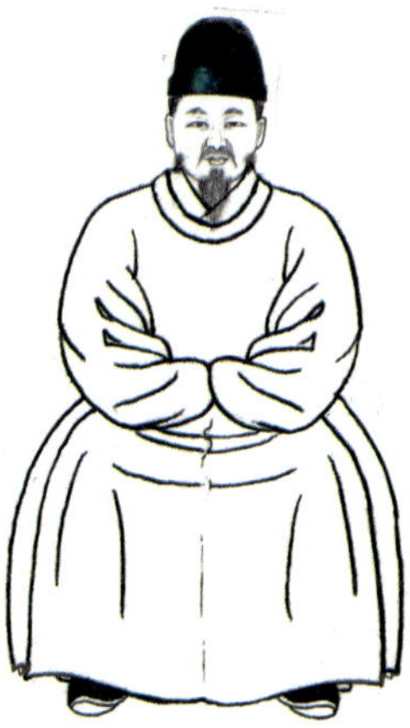	20대 신종의 맏아들. 최충헌을 죽이려다 실패하여 폐위됨 고려 제21대 왕(재위 1204~1211). 왕 즉위의 공으로 권신權臣) 최충헌을 문하시중門下侍中) ·진강군개국후晋康郡開國侯)에 봉했으나 횡포가 심하자 그를 죽이려다 실패.			19대 명종의 맏아들. 1197년 최충헌에게 쫓겨 강화도로 갔다가 1211년 최충헌에 의해 왕위에 오름고려 제22대 왕(재위 1211~1213). 1197년 최충헌에게 쫓겨 강화도로 갔다. 소환된 후 희종熙宗)을 폐한 최충헌에게 옹립되어 왕위에 올랐다. 자 대수大華). 이름 숙璹)·정貞)·오祦). 시호 원효元孝).
제21대	희종熙宗)	1204~1211	제22대	강종康宗)	1211~1213
		22대 강종의 맏아들. 몽골의 침입으로 강화로 천도하며 28년간 항쟁함.1192년명종22)~1259년(고종46) 고려 23대 왕(재위 1213~1259). 이름은 철皞), 초명은 진瞋), 질晊), 자는 대명大命), 천우天祐)이다. 강종의 맏아들, 어머니 원덕태후元德太后) 유씨의			23대 고종의 맏아들. 친몽정책과 개경환도를 추진하다가 임연에게 폐위(1269), 4개월 만에 복위함. 개경환도(1270) 후, 이에 반기를 든 삼별초의 항쟁 일어남.고려 제24대 왕(재위 1260~1274). 개경환도를 선언하자 삼별초의 항쟁이 일어났으며 여원麗元) 연합군에 의해 평정되었다. 원나라에서 매빙사妹聘使)가 오자 결혼도감을 설치, 원성을 샀다. 자 일신日新).
제23대	고종高宗)	1213~1259	제24대	원종元宗)	1259~1274

282	고려왕조초상화 ⑤				⑤
몇대	왕명	역사 내용 연대	몇대	왕명	역사 내용 연대
		24대 원종의 맏아들. 고려왕이면서, 원나라의 사위로 살아간 왕.여몽 연합군의 일본 정벌 고려 25대 왕인 충렬왕은 고려왕이면서, 원 세조 쿠빌라이의 사위였다. 원나라의 부마가 된 첫 번째 왕으로, 충(忠)자로 시작하는 고려왕실의 계보를 열었다. 원 세조의 요청으로 일본 정벌을 위한 동로군을 2차에 걸쳐 파견했다.			25대 충렬왕의 아들. 한국사 최초의 혼혈왕. 개혁을 시도하였으나, 원의 간섭과 권문세족의 반발로 성과를 거두지 못함 한국사 최초의 혼혈왕충렬왕과 원세조 쿠빌라이 칸의 딸 사이에서 태어난 충선왕. 한국사 최초의 혼혈왕이었던 그는 재위 기간 동안 고려보다 원에 더 오래 있었던 반쪽짜리 왕이었다
제25대	충렬왕忠烈王	1274~1298, 1296~1308	제26대	충선왕忠宣王	1308~1313
		26대 충선왕의 둘째 아들. 심양왕 고(충선왕의 조카)와의 정권다툼에 시달림.고려 제 27대 왕. 1313년 왕위에 올랐으나 심양왕 고(暠)가 왕위를 노리고 그를 헐뜯어, 5년간 연경에 체류해야 했다. 1325년 귀국하였으나 눈과 귀가 멀어 정사를 못 돌본다는 조적 일당의 거짓 고발 때문에...			27대 충숙왕의 맏아들. 방탕한 행동으로 원나라에 의해 폐위되었다가 복위됨방탕한 행동을 일삼았던 원 간섭기의 고려 왕 충혜왕은 주색을 일삼으며 방탕한 행동을 하다가 원나라에 의해 폐위된 고려의 임금이다. 패륜으로 오명을 남긴 그이지만, 한국 상업사에서는 매우 특별한 인물이었다.
제27대	충숙왕忠肅王	1313~1330, 1332~1339	제28대	충혜왕忠惠王	1330~1332 1339~1344
		충혜왕의 아들. 8세에 즉위해 12세에 죽음. 어머니인 덕녕공주가 섭정을 함.고려 제 29대 왕(재위 1344~1348). 1344년 8세의 나이로 즉위하였으므로 어머니 덕녕공주가 섭정을 했다. 보흥고 · 내승 · 응방 등을 철폐하고 서연(書筵)을 열었다. 또한 권신들이 독점하였던 녹과전(祿科田)을			28대 충혜왕의 서자. 12세에 원나라로부터 왕으로 책봉되었으나 3년만에 폐위됨고려 제 30대 왕(재위 1349~1351). 1349년 충목왕을 이어 왕으로 책봉되었다. 외척들의 세도 정치와 왜구의 잦은 침입으로 국정이 문란해지자 충목왕의 후계자로 함께 물망에 올랐던 강릉대군에게 민심이.
제29대	충목왕忠穆王	1344~1348	제30대	충정왕忠定王	1349~1351

283	고려왕조초상화 ⑥				⑥
몇대	왕명	역사 내용 연대	몇대	왕명	역사 내용 연대
		27대 충숙왕의 둘째 아들. 고려 재건을 위해 개혁과 반원정책을 단행하였으나, 권문세족 반발, 공민왕 시해로 개혁 중단됨.고려 재건을 위한 개혁 단행고려 말기 어지러운 국내외 정세에서 반원의 기치를 내걸고 나라를 재건하기 위해 많은 노력을 한 공민왕을 한마디로 표현하면 개혁군주이다.			공민왕이 시해되자 10세의 어린 나이로 즉위. 이성계의 위화도회군 후 폐위되어 강화도로 추방됨고려의 제32대 왕(재위 1374~1388). 성은 왕(王), 이름[諱]은 우(禑)이다. 어렸을 때의 이름은 모니노(牟尼奴)이며 왕위에 오르기 전에는 강녕대군(江寧大君)으로 불렸다. 뒷날 여흥군(驪興郡, 지금의 경기도
제31대	공민왕恭愍王	1351~1374	제32대	우왕禑王	1374~1388
		32대 우왕의 아들. 9세에 즉위, 이성계에 의해 폐위됨 고려의 제33대 왕(재위 1388~1389). 이성계의 위화도회군 후 아버지인 우왕이 강화도로 추방되자 9살의 나이로 왕위에 올랐다. 토지제도를 바로 잡고 전선법(銓選法)을 복구하기도 했다. 이성계에 의해 폐위된 후.			신종의 7대손. 고려의 마지막 왕.1345(충목왕 1)~1394(태조 3). 고려 제34대 왕. 재위 1389~1392. [개설] 이름은 요(瑤). 신종(神宗)의 7대손으로 정원부원군(定原府院君) 균(鈞)의 아들이며, 어머니는 국대비 왕씨.
제33대	창왕昌王	1388~1389	제34대	공양왕恭讓王	1389~1392

284	7.조선왕조초상화 ①				①
몇대	왕명	역사 내용 연대	몇대	왕명	역사 내용 연대
		고려 우군도통사로서 요동정벌을 위해 북진하다가 위화도에서 회군하여 막강한 권력을 잡았다. 전제개혁을 단행하여 신진세력의 경제적 토대를 구축한 뒤 조선왕조를 개창하였다. 도읍을 한양으로 옮겨 초기 국가의 기틀을 다졌다			조선 제2대 왕(재위 1398~1400). 제1차 왕자의 난이 수습된 뒤 왕위에 올랐으며, 재임 2년 후 보위를 이방원에게 양위하였고 상왕으로 물러났다. [출생과 세자 책봉] 자 광원(光遠), 휘(諱) 경(曔), 초명 방과(芳果).
제1대	**태조이성계**太祖李成桂	1392~1398,(6년	제2대	**정종**正宗	1398~1400,(2년
		1대 태조의 다섯째 아들. 왕권을 강화하기 위해 사병을 없애고 관직 제도를 개혁함.태종 이방원_새로운 왕조의 기틀 마련 태종은 새 왕조 개창기에 많은 공을 세웠음에도 불구하고 정도전 등에 의해서 견제되었다. 제1차 왕자의 난을 계기로 재기에 성공, 그러나 왕위에 오르는 과정이나 왕위에 오른 뒤 계속된 피의 숙청을 단행하였다.			3대 태종의 셋째 아들. 훈민정음을 창제함. 정치, 사회, 경제, 문화, 과학, 음악 등 전 분야를 발전시켜 조선의 황금시대를 연 성군.세종대왕_훈민정음 창제 '성군' 또는 '대왕'이라는 호칭이 붙는 세종은 우리 역사에서 가장 존경 받는 인물이다. 당대에 이미 '해동요순'이라 불렸으며, 초인·신화화 되었다. 세종은 우리 역사상 가장 훌륭한 유교 정치와 찬란한 민족문화를 꽃 피웠다.
제3대	**태종**太宗	1400~1418,(18년	제4대	**세종**世宗	1418~1450,(32년
		4대 세종의 맏아들. 성품이 온화하고 학문을 좋아한 왕.1414(태종 14)~1452(문종 2). 조선 제5대 왕. 재위 1450~1452. 본관은 전주(全州). 이름은 향(珦), 자는 휘지(輝之). 세종의 맏아들이며, 어머니는 소헌왕후 심씨(昭憲王后沈氏)이다.			5대 문종의 아들. 정치적 야심에 희생된 비운의 소년 국왕정치적 야심에 희생된 비운의 소년 국왕조선의 제6대 국왕인 단종(端宗, 1441~1457, 재위 1452~1455). 한국사 전체에서 가장 비극적인 운명의 국왕. 조선이 개창된 지 꼭 60년 만에 11세의 어린 나이로 등극한 국왕은 권력의 공백이 빚어낸 투쟁의 희생양이 되었다
제5대	**문종**文宗	1450~1452,(2년	제6대	**단종**端宗	1452~1455,(3년

285	조선왕조초상화 ②				②
몇대	왕명	역사 내용 연대	몇대	왕명	역사 내용 연대
		4대 세종의 둘째 아들(수양대군). 계유정난을 일으키고 조카인 단종의 왕위를 찬탈함.계유정난 수양대군으로 더 많이 알려진 조선 7대왕 세조. 그에 대한 역사의 평가는 엇갈린다. 어린 조카인 단종의 왕위를 찬탈하고 수많은 신하를 죽인 피의 군주이면서, 부친인 세종의 위업을 계승한 치적군주의 이미지도 함께 가지고 있기 때문이다		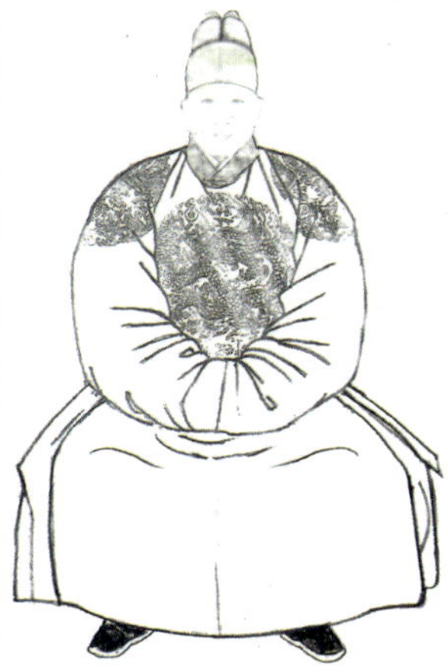	7대 세조의 둘째 아들. 재위 13개월 만에 죽음.조선 제8대 왕(재위 1468~1469)으로 재위 13개월 만에 죽었다. 재위 중 직전수조법(職田收租法)을 제정하여 둔전(屯田)의 민경(民耕)을 허락하였다. 휘(諱) 황(晄). 자 명조(明照.
제7대	**세조**世祖	1455~1468,(13.	제8대	**예종**睿宗	1468,1469,(1.
		7대 세조의 손자. 조선의 기본 법전인 경국대전을 완성함. 조선 전기의 문물제도를 완성시켰다는 평가를 받음.조선 제9대 왕(재위 1469~1494). 휘(諱)는 혈(娎), 시호(謚號)는 성종강정인문헌무흠성공효대왕成宗康靖仁文憲武欽聖恭孝大王)이다. 세조의 장남인 의경세자(懿敬世子) 이장.			9대 성종의 맏아들이자 폐비 윤씨의 아들. 조선 최초의 반정으로 폐위됨. 조선 제10대의 왕(재위 1494~1506). 많은 신진 사류를 죽이는 무오사화를 일으키고 생모 윤씨의 폐비에 찬성했던 윤필상 등 수십명을 살해하였다. 또한 경연을 없애고 사간원을일삼있다.
제9대	**성종**成宗	1469~1494,(25	제10대	**연산군**燕山君	1494~1506,(12,
		제9대 성종의 둘째 아들이자 연산군의 이복동생.관련어: 조광조, 기묘사화1488(성종19)~1544(중종39). 조선 제11대 왕. [개설] 재위 1506~1544. 본관은 전주(全州)이다. 이름은 역(懌)이다. 자는 낙천(樂天)이다. 성종의 둘째 아들로, 어머니는 정현왕후			11대 중종의 맏아들. 성품이 온화하고 효심이 깊었던 왕, 재위 8개월만에 사망함.1515(중종 10)~1545(인종 1). 조선 제12대 왕. [개설] 본관은 전주(全州)이다. 이름은 호(岵)이다. 자는 천윤(天胤)이다. 중종의 맏아들로 어머니는 영돈녕부사 윤여필(尹汝弼)의 딸
제11대	중종中宗	1506~1544,(38	제12대	인종仁宗	1544~1545,(1,

286	조선왕조초상화 ③				③
몇대	왕명	역사 내용 연대	몇대	왕명	역사 내용 연대
		1대 중종의 둘째 아들. 12세에 즉위. 관련사건: 을사사화 1534(중종29)~1567(명종 22). 조선 제13대 왕. [개설] 재위 1545~1567. 본관은 전주(全州). 이름은 환(峘), 자는 대양(對陽). 중종의 둘째 아들로 인종의 아우이고, 어머니는 영돈녕부사.			11대 중종의 손자. 당쟁과 왜군의 침입에 휩싸인 왕. 사림의 중앙정계 진출이 활발해짐. 붕당 형성.1552년(명종 7)~1608년(선조 41). 조선 제14대 왕. [내용] 재위 1567~1608. 본관은 전주(全州). 초명은 균(鈞), 뒤에 연(昖)으로 개명하였다. 1552년 11월 11일 한성(漢城) 인달방(仁達坊)에서..
제13대	명종明宗	1545~1567,(22	제14대	선조宣祖	1567~1608,(41
		14대 선조의 둘째 아들. 조선 중기의 격동기에 실리외교를 택한 군주. 대동법을 실시함.에서는 실리외교를 선택하였다. 이런 그의 정치적 태도는 결국 인조반정으로 축출되기에 이르렀고 끝내 묘호조차 갖지 못한 군주가 되었다.광해군(光海君, 1575~1641)은 재위기간(1608~1623) 동안 자신의 왕위를 위협하는 정적들을 대상으로 수 차례 옥사를 일으켰고, 외교			14대 선조의 손자. 반정으로 왕위에 올라 삼전도 굴욕을 겪은 왕. 인조반정도덕적 가치를 내세우며 성공한 인조반정이었지만, 인조의 치세를 보면 그의 왕위등극과 함께 백성의 고난이 시작. 물론 인조 또한 마음 편히 왕위에 있었던 것은 아니다
제15대	광해군光海君	1608~1623,(15	제16대	인조仁祖	1623~1649,(26
		16대 인조의 둘째 아들. 북벌을 국시로 내세웠으나, 북벌의 기회를 얻지는 못함 효종_북벌을 국시로 내세운 군주효종은 인조의 둘째 아들로 인조반정 이후 봉림대군에 봉해졌고, 소현세자 급서 후 조선의 17대 왕이 되었다. 정통성의 약점을 안은 효종은 북벌을 추진해 왕권을 강화하고자 하였다			17대 효종의 아들. 남인과 서인의 당쟁(예송논쟁)이 계속되어 국력이 쇠퇴해짐 1641(인조19)~1674(현종 15). 조선 제18대 왕. [개설] 재위 1659~1674. 본관은 전주(全州)이다. 이름은 연(棩)이다. 자는 경직(景直)이다. 효종의 맏아들로 어머니는 우의정 장유(張維)..
제17대	효종孝宗	1649~1659,(10	제18대	현종顯宗	1659~1674,(15,

287	조선왕조초상화 ④				④
몇대	왕명	역사 내용 연대	몇대	왕명	역사 내용 연대
		18대 현종의 아들. 대동법을 전국에 실시함. 당쟁과 궁중암투가 극에 달함. 관련인물: 인현왕후, 희빈 장씨, 숙빈 최씨숙종_환국 정치의 명암조선 후기 당쟁의 격화 속에서 그는 왕권 강화를 위해 세차례 환국을 주도했으며 여러 업적을 남겼다.19대 숙종과 희빈 장씨의 아들. 노론과 소론 당쟁의 절정기.			1688(숙종14)~1724(경종 4). 조선 제20대 왕. [개설] 재위 1720~1724. 본관은 전주(全州). 이름은 윤(昀), 자는 휘서(輝瑞). 숙종의 맏아들로, 어머니는 희빈 장씨(禧嬪張氏)이다. 비(妃)
제19대	숙종肅宗	1674~1720,(46,	제20대	경종景宗	1720~1724,(4.
	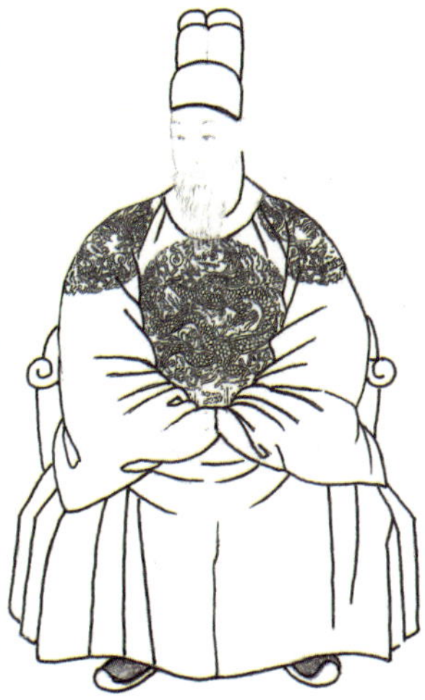	조선의 제21대 왕. 과열된 붕당의 대립을 완화하는 탕평정책을 시행하였으며 균역법을 시행하고 청계천 준설, 신문고 설치 등을 통해 민생 정치를 폈다. 문화를 부흥시키고 많은 책을 간행하였으며 사치를 근절시켜 모든 방면에서 조선후기		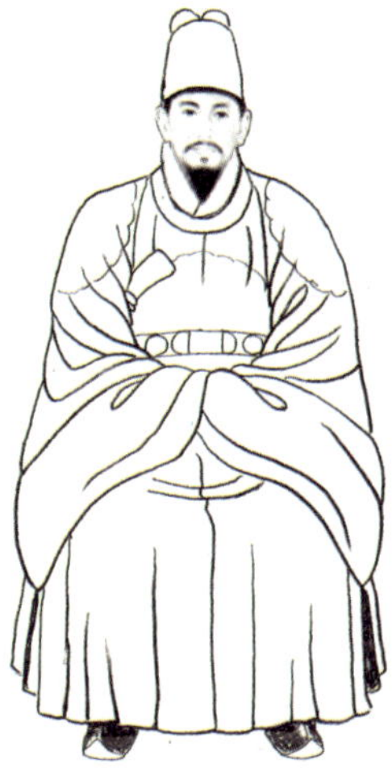	21대 영조의 손자이자 사도세자의 아들. 탕평책을 계승하고 인재를 고루 등용함. 조선 후기 문화의 황금기를 이루었다고 평가됨조선 후기의 개혁과 대통합 실현 조선의 제22대왕 정조는 지난한 여정을 거쳐 왕위에 올라, 갖가지 개혁 정책 및 탕평을 통해 대통합을 추진하였다. 그러나 그의 갑작스러운 죽음으로 그가 재위기간에 추진했던 각종 정책은 대부분 폐기되었다
제21대	영조英祖	1724~1776,(52	제22대	정조正祖	1776~1800,(24
		22대 정조의 둘째 아들. 11세에 즉위. 김조순 등 안동 김씨가 세도정치를 하던 시대로 백성들의 생활이 매우 힘들었음. 1811년 홍경래의 난 발생함. 조선의 제23대(재위 1800~1834). 김조순 및 외가 인물들의 권력 강화에 맞서 선왕의 여러 정책을 모범으로 국정을 주도하려고 노력하였다. 암행어사 파견, 《만기요람》 편찬.			23대 순조의 손자. 8세에 즉위. 안동 김씨와 풍양 조씨의 권력 투쟁에 휘말림.1827(순조 27)~1849(헌종 15). 조선 제24대 왕. [개설] 재위 1834~1849. 본관은 전주(全州)이다. 이름은 환(奐)이다. 자는 문응(文應)이다. 호는 원헌(元軒)이다. 순조의 손자이다
제23대	순조純祖	1800~1834,(34	제24대	헌종(憲宗	1834~1849,(15

288	조선왕조초상화 ⑤				⑤
몇대	왕명	역사 내용 연대	몇대	왕명	역사 내용 연대
		22대 정조의 동생인 은언군의 손자. 1844년 강화도에 유배되었다가 19세 나이로 즉위.1831(순조 31)~1863(철종 14). 조선 제25대 왕. [개설] 재위 1849~1863. 본관은 전주(全州)이다. 이름은 이변(李昪)이다. 초명은 이원범(李元範)이다. 자는 도승(道升), 호는 대용재..			흥선대원군의 둘째 아들. 12세에 즉위. 조선 제26대 왕이자 대한제국 제1대 황제.고종_대한제국을 탄생시킨 조선의 26대 왕조선왕조가 거의 수명이 다해 갈 무렵에 왕이 된 고종 또한 역사적 평가가 인색한 왕 가운데 하나다. 망국의 책임이 그에게 있기 때문일 것이다. 그는 과연 구국의 황제인가? 아니면 망국의 황제인가?
제25대	철종哲宗	1849~1863,(14	제26대	고종高宗	1863~1907,(44
		26대 고종의 둘째 아들. 조선의 마지막 국왕1874(고종 11)~1926. 조선 제27대 왕. 재위 1907~1910. [개설] 이름은 척(坧), 자는 군방(君邦), 호는 정헌(正軒). 1874년 2월 창덕궁의 관물헌(觀物軒)에서 고종과 명성황후(明成皇后)의			고종부친. 고종섭정攝政)
제27대	순종順宗	1907~1910,(3		흥선대원군興宣大院君	1820~1898

제대	영친왕英親王				

289					⑥
몇대	왕명	역사 내용 연대	몇대	왕명	역사 내용 연대

290	8.우리나라 역대대통령 및 정치인					①

김구金九김창수	이승만李承晩	허정許政	윤보선尹潽善	장면張勉	박정희朴正熙	최규하崔圭夏
황해도해주	①황해도평산	부산광역시	④충남아산	인천광역시	⑤~⑨ 경북구미	⑩강원도원주
1876,8,29~ 1949,6,26,	1875,3,26~ 1965,7,19	1896~1988	1897,8,26,~ 1990,7,18,	생명1899~1966	1917,11,14~ 1979,10,26,	1919,7,16,~ 2006,10,22,
1944~임시정부 주석	재임1948~1960	재1960,6~1960,8	재임1960~1962	1956~부통령 1960~국무총리	재임1963~1979	재임1979~1980
독립운동가상해임 시정부주석 안두희에게저격됨	1대 대통령4,19혁 명으로 하야	4,19혁명으로 이 승만하야 후 허정 과도수반	5,1,6 군사쿠데타 정변 후 하야함.	부통령당선 내각제국무총리	5,16 쿠데타 국민 투표유신독재장기 정권 선출대통령 김재규에게 저격됨	박정희 타살 후 대통령

전두환全斗煥	노태우盧泰愚	김영삼金泳三	김대중金大中	노무현盧武鉉	이명박李明博	박근혜朴槿惠
⑪~⑫경남합천	⑬ 대구광역시	⑭경남거제	⑮전남신안	⑯ 경남김해	⑰ 일본	⑱대구광역시
생멸1931~	생멸1932~	1927,12,20 ~2015,11,22	1924,1,6~ 2009,8,18	1946,9.1.~ 2009,5,23.	1941,12,19~	생멸1952,2,2~
재임1980~1988	재임1988~1993	재임1993~1998	재임1998~2003	재임2003~2008	재임2008~2013	2013~
군사쿠데타통일 주체선출 대통령 비리재산축적	전두환과 쿠데타 국민투표대통령 비리재산축적	민주화투쟁 국민투표대통령	민주화투쟁 국민투표대통령 노벨평화상 받음	국민투표대통령 국회에서탄핵 헌법재판소 부결됨 검찰조사중 자살	국민투표대통령 2020,10,29일 다스실소유자 대법원17년형확정	국민투표대통령 국회에서 탄핵 헌법재판소인용됨 임기다못채움

문재인文在寅						
⑲경남거제						
1953,1,24						
2017,5,9						
국민투표대통령						

북한 정권 권력자

김일성金日成	김정일金正日	김정은金正恩				
1912,5,15,~1994, 7,8평안남도	1942,2,16~ 2011,12,17	생멸1984,1,8,~				
1950~1972	1998~					
조선주석	조선국방위원회 위원장김일성子	조선노동당제1비 서김정일子				

291	제6장. 1.미국역대대통령				291①		
대	성명		재임	대	성명		재임
1	조지 워싱턴(George Washington)		1789~1797	24	그로버 클리블랜드(Grover Cleveland)		1893~1897
	1732~1799	무소속			1837~1908	민주당	
2	존 애덤스(John Adams)		1797~1801	25	윌리엄 매킨리(William McKinley)		1897~1901
	1735~1826	연방당			1843~1901	공화당	
3	토머스 제퍼슨(Thomas Jefferson)		1801~1809	26	시어도어루습벨트(TheodoreRoosevelt)		1901~1909
	1743~1826	공화당			1858~1919	(매킨리 사망으로 계승) 공화당	
4	제임스 매디슨(James Madison)		1809~1817	27	윌리엄하워드태프트(William HowardTaft)		1909~1913
	1751~1836	공화당			1857~1930	공화당	
5	제임스 먼로(James Monroe)		1817~1825	28	우드로 윌슨(WoodrowWilson)		1913~1921
	1758~1831	공화당			1856~1924	민주당	
6	존퀸시 애덤스(John Quincy Adams)		1825~1829	29	워런 하딩(Warren G. Harding)		1921~1923
	767~18481	공화당			1865~1923	공화당	
7	엔드루 잭슨(Andrew Jackson)		1829~1837	30	캘빈 쿨리지(Calvin Coolidge)		1923~1929
	1767~1845	민주당			1872~1933	공화당	
8	마틴 밴 뷰런(Martin Van Buren)		1837~1841	31	허버트 후버(Herbert C. Hoover)		1929~1933
	1782~1862	민주당			1874~1964	공화당	
9	윌리엄 해리슨(William Henry Harrison)		1841~1841	32	프랭클린 루스벨트(Franklin D. Roosevelt)		1933~1945
	1773~1841	휘그당			1882~1945	민주당	
10	존 타일러(John Tyler)		1841~1845	33	해리 트루먼(Harry S. Truman)		1945~1953
	1790~1862	(해리슨 사망으로 계승) 민주당 후에 공화당			1884~1972	민주당	
11	제임스 포크(James Knox Polk)		1845~1849	34	드와이트 아이젠하워(DwightD. Eisenhower)		1953~1961
	1795~1849	민주당			1890～1969	공화당	
12	재커리 테일러(Zachary Taylor)		1849~1850	35	존 케네디(John F. Kennedy)		1961~1963
	1784~1850	휘그당			1917~1963	민주당	
13	밀러드 필모어(Millard Fillmore)		1850~1853	36	린든 존슨(Lyndon B. Johnson)		1963~1969
	1800~1874	(테일러 사망으로 계승) 휘그당			1908~1973	(케네디 사망으로 계승) 민주당	
14	프랭클린 퍼어스(Franklin Pierce)		1853~1857	37	리처드 닉슨(Richard Milhous Nixon)		1969~1974
	1804~1869	민주당			1913~1994	공화당	
15	제임스 뷰캐넌(James Buchanan)		1857~1861	38	제럴드 포드(Gerald R. Ford)		1974~1977
	1791~1868	민주당			1913~2006	(닉슨 사임으로 계승) 공화당	
16	에이브러햄 링컨(Abraham Lincoln)		1861~1865	39	지미 카터(Jimmy Carter)		1977~1981
	1809~1865	공화당			1924~	민주당	
17	앤드루 존슨(Andrew Johnson)		1865~1869	40	로널드 레이건(Ronald Reagan)		1981~1989
	1808~1875	(링컨 사망으로 계승) 공화당			1911~2004	공화당	
18	율리시스 그랜트(Ulysses S. Grant)		1869~1877	41	조지 부시(George Bush)		1989~1993
	1822~1885	공화당			1924~2018	공화당	
19	러더퍼드 헤이즈(RutherfordB. Hayes)		1877~1881	42	빌 클린턴(Willam J. Clinton)		1993~2001
	1822~1893	공화당			1946~	민주당	
20	제임스 가필드(James A. Garfield)		1881~1881	43	조지 부시 2세(George W. BushJr.)		2001~2009
	1831~1881	공화당			1946~	공화당	
21	체스터 아서(Chester A. Arthur)		1881~1885	44	버락 오바마(Barack Hussein Obama)		2009~2017
	1830~1886	(가필드 사망으로 계승) 공화당			1961~	민주당	
22	그로버 클리블랜드(Grover Cleveland)		1885~1889	45	도널드 트럼프 (Donald John Trump		2017~
	1837~1908	민주당			1946,~	공화당	
23	벤저민 해리슨(Benjamin Harrison)		1889~1893	46			
	1833~1901	공화당					

292	2.미국역대대통령 및 유명인	②

조지 워싱턴	존 에덤스	토마스 제퍼슨	제임스 메디슨	제임스 로	조퀸시 에덤스	앤드류 잭슨
生1732,2,22~ 死1797,12,14	生1735,3,10~ 死1826,7,4,	生1743,4.13.~ 死1826,7,483세死	生1751,3,16~ 死1836,6,28死	生1758,4,28~ 死1831,7,4	生1767,7,11~ 死1848,2,23	생1767,3,15~ 死1845,6,8,
재위1788~1797 7년11개월5일	1797~1801	1801~1809	1809~1817	재위1817~1825	1825~1829	1829~1837
미국초대대통령	미국제2대대통령	미국제 3대대통령	미국제 4대대통령	미국제5 대대통령	미국제6 대대통령	미국제 7대대통령

1783년의 파리 조약으로 미국은 대영제국으로부터 분리되어 독립하게 되었다.

마틴 밴뷰런	윌리엄 헤리슨	존 타일러	제임스 포크	제커리 테일러	밀러드 필모어	프랭클린 피어스
生1837,3,~ 死1841,3.	생1773,2,9~ 사1841,4,4,	생1790,3,29~ 사1862,1,18	생1795,11,2,~ 사1849,6,15.	생1784,11,24,~ 사1850,7,9,	생1800,1,7,~ 1874,3,8,,	생1804,11,23,~ 1869,10,8,
1837~1841	1841~1841	1841~1845	1845~1849	1849~1850	1850~1853	1853~1857
미국제 8대대통령	미국제9 대대통령	미국제10대대통령	미국제11대대통령	미국제12대대통령	미국제13대대통령	미국제14대대통령

제임스 뷰캐넌	에이브러햄 링컨	앤드류 존슨	율리시스 그랜트	러더퍼드 헤이즈	제임스 가필드	체스터 아서
생1791,4,23,~ 사1868,6,1,	생1809,2,12,~ 사1865,4,15,저격	생1808,12,29,~ 사1875,7,31.	생1822,4,27, 사1885,7,23,	생1822,10,4,~ 1893,1,17.	생1831,11,19,~ 사1881,9,19,저격	생1829,10,5,~ 1886,11,18,
1857~1861	재임1861~1865	1861~1869	1869~1877	1877~1881	1881~1881	1881~1885~승계
미국제15대대통령	미국제16대대통령	미국제17대대통령	미국제18대대통령	미국제19대대통령	미국제20대대통령	미국제21대대통령

그로버 클리블랜드	벤저민 해리스	그로버 클리블랜드	윌리엄 매킨리	시어도어 루스벨트	윌리엄 하워드 태프트	우드로 윌슨
생1837,3,18,~ 사1908,6,24.	생1833,8,20,~ 사1901,3,13,	생1947.3,18.~ 사1903,6,24,	생1843,1,29,~ 사1903,9,14,	생1858,10,27,~ 사1919,1,6,	생1857,9,15,~ 사1930,3,8.	생1856,12,28,~ 사1924,
1885~1889	1889~1893	1893~1897	1897~1901	1901~1909	1909~1913	임기1913~1921
미국제22대대통령	미국제23대대통령	미국제24대대통령	미국제25대대통령	미국제26대대통령	미국제27대대통령	미국제28대대통령

워런 하딩	캘빈 쿨리지	허버트 후버	프랭클린 루스벨트	해리 트루먼	드와이트 아이젠하워	존 케네디
생1865,11,2,~ 사1923,8,2,	생1872,7,4,~ 사1933,1,5,	생1874,8,10.~ 사1964,10,20,	생1882,1,30~ 사1945,4,12,	생1884,5,8,~ 사1972,12,26,	생1890,10,14,~ 사1969,3,18,	생1917,5,29.~ 1963,11,22,저격
임기1921~1923	1923~1929	1929~1933	1933~1945	1945~1953한국전	1953~1961한국전	1961~1963
미국제29대대통령	미국제30대대통령	미국제31대대통령	미국제32대대통령	미국제33대대통령	미국제34대대통령	미국제35대대통령

미국 제33대 대통령 트루만 일본 국왕 히로히토로 로 부터 전쟁에 항복받았고 ,한국전쟁 당시 미국 대통령 이었다.

293	미국역대 대통령 및 유명인					③

린든 존슨	리처드 닉슨	제널드 포드	지미 카터	로널드 레이건	조지 부시	빌 클린턴
생1908,8,27.~ 사1973,1,22,	생1913,1,9,~ 1994,4,22,	생1913,7,14,~ 1006,12,26,	생1924,10,1, 사	생1911,2,6, 사2004,6,5,	생1924,6,12,~ 사	생1946,8,19,~ 사
1963~1969	1969~1974	1974~1977	1977~1981	1981~1989	1989~1993	1993~2001
미국제36대 대통령	미국제37대 대통령	미국제38대 대통령	미국제39대 대통령	미국제40대 대통령	미국제41대 대통령	미국제42대 대통령

조지 부시 2세	벅락 오바마	도널드 트럼프	조 바이든			
생1946,7,6,~ 사	생1961,8,4,~ 사	생1946,6,14,~ 사	1942,11,20~ 사			
2001~2009	2009~2016	2016~2020	2021~			
미국제43대 대통령	미국제44대 대통령	미국제45대 대동령	미국제46대 내통령			
			2020.11, 12.현재 당선인이다 트럼프가 선거결과 승복하지 않는다.			
출처 [네이버 지식백과] 고구려 왕 계보 - B.C.37 ~ A.D.668 (역대 왕 계보, NAVER Corp.)[네이버 지식백과]미국 역대 대통령						

북주北周)557~581. 우문씨宇文氏)		
1	효민제	557
2	세종	558~560
3	고조	560~578
4	선제	578~579
5	정제	579~581

수隋)581~618. 양씨楊氏)		
1	문제	581~604
2	양제	604~618
3	공제(월왕)	618~619
4	공제(대왕)	618

당唐)618~907. 이씨李氏)		
1	고조	618~626
2	태종	626~649
3	고종	649~683
4	중종	683~684
5	예종	684~690
6	현종	712~756
7	숙종	756~762
8	대종	762~779
9	덕종	779~805
10	순종	805
11	현종	805~820
12	목종	820~824
13	경종	824~826
14	문종	826~840
15	무종	840~846
16	선종	846~859
17	의종	859~873
18	희종	873~888
19	소종	888~904
20	애종	904~907

북송北宋)960~1127. 조씨趙氏)		
1	태조	960~976
2	태종	976~997
3	진종	997~1022
4	인종	1022~1063
5	영종	1063~1067
6	신종	1067~1085
7	철종	1085~1100
8	휘종	1100~1125
9	흠종	1125~1127

남송南宋)1127~1279. 조씨趙氏)		
1	고종	1127~1162
2	효종	1162~1189
3	광종	1189~1194
4	영종	1194~1224
5	이종	1224~1264
6	탁종	1264~1274
7	공종	1274~1276
8	단종	1276~1278
9	상흥제	1278~1279

몽골제국206~1370. 보르지기드씨)		
1	칭기스칸	1206~1227
2	오고타이	1229~1241
3	구유크	1246~1248
4	몽케	1251~1259
5	쿠빌라이	1260~1294
6	성종	1294~1307
7	무종	1307~1311
8	인종	1311~1320
9	영종	1320~1323
10	태정제	1323~1328
11	천순제	1328
12	명종	1328~1329
13	문종	1329~1332
14	영종	1332
15	순제	1332~1370

명明)1368~1644. 주씨朱氏)		
1	홍무제	1368~1398
2	혜제	1398~1402
3	영락제	1402~1424
4	홍희제	1424~1425
5	선덕제	1425~1435
6	정통제	1435~1449
7	경통제	1449~1456
8	천순제	1457~1464
9	성화제	1464~1487
10	홍치제	1487~1505
11	정덕제	1505~1521
12	가정제	1521~1566
13	융경제	1566~1572
14	만력제	1572~1620
15	태창제	1620
16	천계제	1620~1627
17	숭정제	1627~1644

청淸)1616~1912. 아이신지오로씨		
1	태조(누루하치)	1616~1626
2	태종	1626~1643
3	순치제	1643~1661
4	강희제	1661~1722
5	옹정제	1722~1735
6	건륭제	1735~1795
7	가경제	1795~1820
8	도광제	1820~1850
9	함풍제	1850~1861
10	동치제	1861~1874
11	광서제	1874~1908
12	선통제	1908~1912

중화민국.1911~1949		
1	손문	
2	위안스카이	
3	장제스	

중화 인민 공화국 1949~현재		
1	모택동	1949~1959
2	유소기	1959~1969
3	동필무	1969~1975
4	송경령	1981.5
5	등소평	1983~1990
6	이선념	1983~1988
7	양상곤	1988~1993
8	강택민	1993~2003
9	호금도	2003~현재

295	2.중국역대왕조초상화					②

진시황陳始皇)	태종이세민	홍무제洪武帝)	영락제永樂帝)	호희제	선덕제宣德帝)	정통제正統帝)
기원전 247,7~210,9,10	생599,1,23~ 사649,7,10	생1328,10,21~ 사1398,6,24,	생60,5,2,~ 사1424,8.12			생1427,11,29,~ 사1464,2,23,
221~210,9,10	626,9,4,~ 649,7,10	재위1368,6,30~ 1398,6,24,	1402,7,17,~ 1424,8,12.	1424~1425	1425~1436	1435,2,7,~ 1464,9,1.
진陳)황제	당唐) 황제	명1明)태조	명明)제3대황제	명明)제4대황제	명明)제5대황제	명제6대황제

홍치제洪治帝)	가정제嘉靖帝)	융경제隆慶帝)	만력제萬曆帝)	숭정제崇禎帝)	순치제順治帝):	강희대제康熙大帝)
생1470,7,30,~ 사1505,6,8,	생1507,9,16,~ 사1567,1,23.	생1537,9,16,~ 사1572,1,23.	1563,9,4,~ 1620,8,18,	1611,2,6,~1 644,4,25,	1638,3,15,~ 1661,2,5,	1654,5,4,~ 1722,12,20
1487,9,22,~ 1505,1,8,	1521,5,27,~ 1567,1,23.	1521,5,27, 1567,1,23,	1572,7,19~ 1612,8,18,	1627,10,2,~ 1622,4,25,	1644,10,30,~ 1661,2—5,	1661,2,7,~ 1722,12,20.
명제10대황제	명제12대황제	명제13대황제	명제14대황제	명제17대황제	제1대황제	제2대황제

건륭제乾隆帝)	광서제光緒帝)	누르하치努爾哈赤),청나라창건	숭덕제崇德帝)	순치제順治帝	성조강희聖祖康熙帝	세종世宗雍正帝
1711,9,25,~ 1799,2,7,89세	1871,8,14,~ 1908,11,14,	1559~1626, 9,30,사68망	1592,~1643,향52 세망	1638,~1661향24세 망	1654,5,4,~1722,1 2,20,향69세	1678,12,13,~ 1735,10,8,향58
1735,10,18,~ 1796,2,8,	1875,2,14~ 1908,11,14.	1616~1626	재1626~1643	1626~1643	재1661~1722	1722~1735
제4대황제중 가장 장수	제9대황제	제1대 태조	제2대황제	제3대황제	제4대황제	제5대황제
						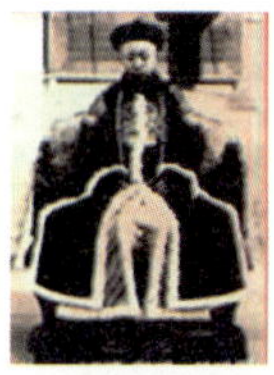
고종건륭제 高宗乾隆帝	인종仁宗가경제(嘉慶帝)묘호인종	宣宗도광제道光帝	문종文宗함풍제 咸豐帝	목종穆宗동치제 同治帝	덕종德宗광서제 光緒帝	공종恭宗선통제宣統帝
1711,9,25,~1799, 2,7,향89세	1760,~ 1820,향61세	1782,9,16,~ 1850,2,25,향69세	1831,7,17,~ 1861,8,22,향31세	1856,4,27, 1874,1,12향19세	1871,8,14,~1908,1 1,14,향38세	1906,2,7,~1967, 10,17,향62세
재위1735~1795	재위1796~1820	재우1720~1850	재위18201850	재우1851~1874	재위1874~1906	재위1906~1912
제6대황제	제7대황제	제8대황제	제9대황제	제10대황제	제11대황제	제12대황제

	서태후	아들 제10대 동치제가 죽자 황자 아닌 신분으로 큰 모자이고, 이모인 서태후가 섭정하기 시작하여 광서제도 섭정함 청淸) 말기 서태후의 전횡에 시달렸다.
	푸이	1912년 쑨문孫文). 중화민국 건국으로 청나라 멸망(당시 7세). 5번 결혼하였으나 후손이 없다. 1959년 모택동 때 사면되어 베이징 식물원 정원사로 일하였다고 함.

296	3.중국역대정권통치자					③

쑨원孫文	마오쩌둥毛澤東	쭈덕朱德	저우은라인周恩來	유사오치劉小奇	덩샤오핑鄧小平	화구어평華國鋒
1866,11,12,~ 1925,3,12,	생1893,12,24~ 사1976,9,9	생1886,12,1,~ 사1976,1,6,	생1898,3,5,~ 사1976,1.8.	생멸1898~1969	1904,8,19.~ 1997,2,19	생1921,~ 사2008
1912,1,1,~ 1912,3,10,	1954~1959	1959,~1965	1866.11.12.~	1959~1968	1978.1083,	1978~1983
중국대만국부 제1대임시대총통	중국국가1기주석	중국 인민대 상임위회 위원장	중국정무원총리	중국국가주석	정치협상회의주석	중국공산당대표
제1기(1954~1959) 국가주석 마오쩌둥. 전국인민대표대회위원장 유샤오치. 국무원총리 주은래. **제2기(1959~1965)** 국가주석 유샤오치. 전국인대위원장 주덕. 국무원총리 쪼은라이(주은래). **제3기(1965~1975)**국가주석 류샤오치(유소기).전국인대위원장 주덕.국무원총리 쪼은라이(주은래).						

예젠잉마劍英	후야오방胡醮邦	짜오즈양趙紫陽	장쩌민江澤民	유사오치劉小奇	리시넨니엔 李先念	馬蘭夫
생1997~1986	생 사1989,4,15,	생	생1926,~	생1898~1969	생1909~사1992,	생
1983~		1983,~1988,	1993~2003	1959~1968	1983,6,18,~ 1988,	983,6,18,~ 1988,
군사위부주석	중국국가주석	중국국가주석	중국국가주석	중국국가주석	중국국가주석	중국국가부주석
제4기(1975~1978) 국가주석 공석. 전국인대위원장 주덕. 국무원총리 주은래. **제5기(1978~1983)** 국가주석 공석. 전국인대위원장 예쪤잉(엽검영). 국무원총리 화궈평華國峰). 제5계명예주석 송경령. **제6기(1983~1988)** 국가주석 이선염. 전국인대위원장 팽쪈. 국무원총리 조자양.						

宋慶齡	평쪈彭眞	짜오즈양趙紫陽	양샹쿤楊尙昆	王震	모리萬里	후진타오胡錦도
생1892,1,27, 사 1981,7.29.	생1902~사1997	생1919~사2005	생1907,~사1998,	생	생1916,~	생1942~
1981,~1983, 제18차대회	1983,~ 1988,	1983,6,18,~ 1988,	1988,4,8,,~ 1993,	1988,4,8,,~ 1993,	1988.4,8.~ 1993,	2003~2013
명예주석 新中國國家歷導人	전국인대상입위원장	군사위원회부주석 천안문사태사형	중국국가주석	중국국가부주석	전국인대상입위원장	중국국가주석
제7기(1988~1993) 국가주석 양상곤. 전국인대상입위원장 만리. 국무원총리 리펑(이봉). **제8기(1993~1998)**국가주석 강택민. 전국인대상입위원장 교석 .국무원총리 이봉 **제9기(1998~2003)** 국가주석 강택민. 중국인대상입위원장 이봉. 국무원총리 주용기. **제10기(2003~2013)** 국가주석 후진타오. 전국인대상입위원장 우방궈(오방국). 국무원 총리 원자바오. 명예주석 송경령은 손문의 아내이기도 하다.						

리펑李鵬	qiáo shí 喬石	쭈롱지朱鎔基	獸慶紅	원자바오溫家寶	우방구어吳邦國	시진핑習近平
생1928,~	생1924,~	생1928,~	생	생1942,~	생1941,~	생1953,6,1,~
1988,~ 1993,	1993,~1998	1998,~2003,	2003,3,15,~	2003,3,15,~	2003,	재임2013~
중국국무총리	전국인대상입위원장	중국국무원총리	중국부주석	중국국무원총리	전국인대상입위원장	중국국가주석
제11기(2013~) 국가주석 시진핑. 국무원총리 리커창.						

297

4.타이완(대만)역대총통

①

쑨원孫文)	장제스將개石	장개석과 송미령	리종런	장제스(장개석)	징징궈將經國	리덩후이李登輝
1866,11,12,~ 1925,3,12,	생1887,10,31~ 사1975,4,5.	중국의근대사 3여인 첫째송애령 둘째송경령 셋째송미령		생1887,10,31~ 사1975,1,21.	1910,4,27~ 1988,1,13,	1923,1,15~
1912,1,1,~ 1912,3,10,	1948~1949,		1949~1950	복귀 1950~1975	1978~1988	1988~1996
중국대만국부 제1대임시대총통	대만제1대~5대총통		대만총통대행	대만제1~5대총통	대만제6~7대총통	대만제8~9대총통
첫째 송경령은 대부호 콩샹시와 결혼. 둘째 경령은 중국혁명가 쑨원과 결혼. 셋째 미령은 대만총통 장제스의 부인이었다.						

천수이볜陳水扁	마잉주馬英九	차이잉원蔡英文				
1950,10,12~						
2000~2008	2008~2016	2016~				
대만제10~11대총통	대만제12~13대총통	대만제14대~15대총통				

5.러시아정권실력자

①

①통일대 래닌	②스타린	말렌코프	흐루시초프	브레주네프	안드로포프	체르넨코
1870~1924	1900~1988	1902~1988	1894~1971	1906~1982	1914~1984	1911~1985
1917~1922	1953~19535	1953~1955	1955~1965	1964~1982	1982~1984	1984~1985
소련제1대공산당서기장창설자	소련제2대공산당서기장	소련제3대공산당서기장	소련제4대공산당서기장	소련제5대공산당서기장	소련제6대공산당서기장	소련제7대공산당서기장

고르바초프	보리스엘친	푸틴	메드베데프	푸틴		
1931~	1931~2007	1952~	1965~	1952~		
1990~1991	1991~1999	2000~2008	2008~2012	2012~		
공산당서기장, 소련초대대통령	러시아제1~2대대통령	러시아제3~4대대통령	러시아제5대대통령	러시아제6대대통령		

298	제8장. 1.일본천황계보日本天皇系譜)								①
대	한글한자	일본발음	전前)은 기원전을 말함 B,C 라고도 표기함. 년,월,일		대	한글한자	일본발음	전前)은 기원전을 말함 B,C. 라고도 표기함	
1	신무왕 神武王	진무텐노		前660.1,1,~ 前585, 3,11	21	웅략왕 雄略王	유라쿠		456,11,13~479, 8, 7
2	수정왕 綏靖王	스이제이		前581,1,8~ 前549, 5,10	22	청녕왕 清寧王	세이네이		480,1,15~ 484,1,16
3	안녕왕 安寧王	안네이		前549,7,3,~ 前511,12,6,	23	현종왕 顕宗王	겐소		485,1,1~ 487,4,25
4	의덕왕 懿德王	이토쿠		前510,2,4~ 前477, 9, 8	24	인현왕 仁賢王	닌켄		488,1,5~ 498, 8, 8
5	효소왕 孝昭王	고쇼		前475,1,9~ 前393, 8, 5	25	무열왕 武烈王	부레츠		498,12, 506,12, 8日
6	효안왕 孝安王	고안		前392,1,7~ 前291, 1, 9	26	계본왕 継体王	게이타이		507, 2,4~ 531, 2, 7
7	효령왕 孝靈王	고레이		前290,1,12~前215, 2, 8	27	안한왕 安閑王	안칸		531,2,7~ 535,12,17
8	효원왕 孝元王	고겐		前214年1,4~前158, 9, 2	28	선화왕 宣化王	센카	불교 공인	535,12,~ 539, 2,10
9	개화왕 開化王	가이카		前158,11,12~前98, 4, 9	아스카시대				
10	숭신왕 崇神王	스진			29	흠명왕 欽明王	긴메이		539,12, 5~571, 4
11	수인왕 垂仁王	스이닌		前291, 2~ 70, 7,14	30	민달왕 敏達王	비타츠		572,4,3~ 585,8,15
12	경행왕 景行王	게이코		71,7,11~ 130,11, 7	31	용명왕 用明王	요메이		585,9,5~ 587,4, 9
13	성무왕 成務王	세이무		131,, 5~ 190, 6,11	32	숭준왕 崇峻王	스슌		587,8,2~ 592,11, 3
14	중애왕 仲哀王	쥬아이		192,1,11~ 200, 2, 6	33	추고왕 推古王	스이코		592,12,8~628,3, 7
야마토정권(고훈시대古墳時代)					34	서명왕 舒明王	죠메이		629,1,4~ 641,10, 9
15	응신왕 応神王	오진		270,1,1~ 310, 2,15	35	황극왕 皇極王	고교쿠		642,1,15~645, 6,14
16	인덕왕 仁德王	닌토쿠		313年	36	효덕왕 孝德王	고토쿠		642,6,14~ 654,10,10
17	리중왕 履中王	리츄		400,2,1~ 405, 3,15	37	제명왕 斉明王	사이메이		655,1,3~ 661, 7,24
18	반정왕 反正王	한제이		406,1, 2~ 410, 1,23	38	천지왕 天智王	텐지		661,7,24~671,12, 3
19	윤공왕 允恭王	인교		412,12,~ 453, 1,14	39	홍문왕 弘文王	고분		671,12,5~672, 7,23
20	안강왕 安康王	안코		453,12	40	천무왕 天武王	텐무		673, 2,27
㊟	아스카시대: 7세기 전반을 중심으로 하는 일본의 역사시대. 불교미술이 눈부시게 발전했던 시대. 한국과 중국의 제도·문물 등을 수입하여 국내의 제반체제를 혁신하고 아스카문화를 개화시킨 시대이다. 백제문명의 연장이라고 할 만큼 백제로부터 건축, 조각, 회화 등의 대부분이 백제의 학자, 승려, 백제유민 등에 의하여 전수되었다.								

299	일본천황계보日本天皇系譜)				②				
41	지통왕 持統王	지토		686, 9, 9~697, 8, 1	61	주성왕 朱雀王	스자쿠		930, 9,22~946, 4,20
42	문무왕 文武王	몬무		697, 8, 1~707, 6,15	62	촌상왕 村上王	무라카미		946, 4,20~967, 5,25
43	원명왕 元明王	겐메이		707, 7,17 ~715, 9, 2	63	랭천왕 泉日王	레이제이		967, 5,25~969, 8,13
	나라시대								
44	원정왕 元正王	겐쇼		715,9, 2 ~724, 2,4	64	엔융왕 円融王	엔유		969, 8,13~984, 8,27
45	성무왕 聖武王	쇼무		724,2, 4 ~749, 7, 2	65	화산왕 花山王	가잔		984, 8,27~986, 6,23
46	효겸왕 孝謙王	고켄		749, 7, 2 ~758,8, 1	66	일상왕 一条王	이치죠		986, 6,23~1011, 6,13
47	순인왕 淳仁王	쥰닌	아와지폐제메이지3년추증	758年 8,1 ~764,10, 9	67	삼상왕 三条王	산죠		1011, 6,13 1016, 1,29
48	칭덕왕 称徳王	쇼토쿠		764,10, 9 ~770, 8, 4	68	후일상왕 後一条王	고이치죠		1016,1,29~1036, 4,17
49	광인왕 光仁王	고닌		770,10,1~781, 4, 3	69	후주성왕 後朱雀王	고스자쿠		1036,4,17~1045, 1,16
	헤이안시대								
50	환무왕 桓武王	간무	이칭기시와라천황나가오카쿄쿄로천도헤이안쿄로천도	781,4,3~806, 3,17	70	후랭천왕 冷泉王	고레이제이		1045,1,16~1068, 4,19
51	평성왕 平城王	헤이제이	이칭, 나라奈良)천황	806,3,17~809, 4, 1	71	후삼상왕 後三条王	고산죠		1068,4,19~1072,12,8日
52	차아왕 嵯峨王	사가		809, 4,1 ~823, 4,16	72	백하왕 白河王	시라카와		10722, 8~1086,11,26
53	순화왕 淳和王	쥰나	이칭, 사이인西院)의 제帝)	823, 4,16~833, 2,28	73	굴하왕 堀河王	ㅎ리카와		1086,11,26~107,7,19
54	인명왕 仁明王	닌묘	이칭후카쿠사深草천황	833, 2,28 ~850, 3,21	74	조익왕 鳥羽王	토바		1107,7,19~1123,1,28
55	문덕왕 文徳王	몬토쿠	이칭, 다무리田邑의帝	850, 3,21 ~858, 8,27	75	숭덕왕 崇徳王	스토쿠		1123,1,28~1141,12,7
56	청화왕 清和王	세이와	이칭미즈노水尾천황	858,11,7~876,11,29	76	근위왕 近衛王	고노에		1141,12,7~ 1155,7,23
57	양성왕 陽成王	요제이		876,11,29~884, 2, 4	77	후백하왕 後白河王	고시라카와		1155,7,24~ 1158,8,11
58	광효왕 光孝王	고코	이칭고마츠小松천황	884,2, 5~887, 8,26日	78	이상왕 二条王	니죠		1158,8,11~ 1165,6,25
59	우다왕 宇多王	우다	신적으로신분격하후에황족으로복귀후즉위	887, 8,26~897, 7, 3	79	육상왕 六条王	로쿠죠		1165,6,25~1168,2,19
60	제호왕 醍醐王	다이고	출생당시臣籍이었다후에 황족으로 복귀후즉위	897	80	고창왕 高倉王	다카쿠라		1168,2,19~1180,2,21
㊖	나라시대: 710년. 겐메이왕의 나라 천도 이후, 794년 간무왕의 헤이안쿄 천도까지 7대의 왕이 통치한 70여년 동안의 시대. 백제 유민의 유입과 견당사의 파견 등으로 백제와 대륙문화의 영향이 강하게 나타난 시기이다. 그런 반면 거국적인 조사조불造寺造佛)의 대사업은 국민생활을 도탄에 빠뜨리고 국가재정을 파탄시키는 계기가 되기도 하였다. 율령시대의 최성기. 중앙집권적 정치제도 완성.								

300	일본천황계보日本天皇系譜)								③
81	안덕왕 安德王	안토쿠	고토바천황과 재위기간이 부중복 겐페이전쟁	1180,2,21~1185, 3,24	北朝2	광명왕 光明王	코묘		1352,8,17~1371,3,23
82	후조익왕 後鳥羽王	고토바	안토쿠천황과 재위기간 일부중복 가마쿠라 바쿠후 성립	1183,8,20~1198, 1,11	北朝3	숭광왕 崇光王	스코		1368,3,11~1383,10,
가마쿠라시대					北朝4	후광엄왕 後光嚴王	고코곤		1371,3,23~1382,4,11
83	토어문왕 土御門王	쓰치미카도		1198,1,11~1210,11,25	北朝5	후만축왕 後円融王	고엔유		1383,10~1392,10,5
84	순덕왕 順德王	쥰토쿠		1210,11,25~1221,4,20	100	후소송왕 後小松王	고코마쯔		1382,4,11~1412,8,29
85	중공왕 仲恭王	츄코	쿠죠폐제, 역대 최단기 재위메이지3년 추증	1221,4,20~1221,7, 9	무로마치시대				
86	후굴하왕 後堀河王	고호리카와		1221,7, 9~1232,10, 4	101	칭광왕 称光王	쇼코		1412,8,29~1428,7,20
87	사상왕 四条王	시죠		1232,10 4~1242,1, 9	102	후화원왕 後花園王	고하나조노		1428,7,28~1464,7,19
88	후차아왕 後嵯峨王	고사가		1242,1,9~1246,1,29	103	후토어문왕 後土御門王	고츠치미카도		1464,7,19~1500,9,28
89	후침초왕 後深草王	고후카쿠사		1246,1,29~1259,11,26	104	후백원왕 後柏原王	고카시와바라		1500,10,25~1526,4,7
90	구산왕 亀山王	가메야마		1259,11,26~1274,1,26	105	후내량왕 後奈良王	고나라		1526,4,29~1557,9,5
91	후우다왕 後宇多王	고우다	여몽연합군의 일본원정	1274,1,26~1287,,10,21	106	정친정왕 正親町王	오기마치	무로마치 바쿠후멸망	1557,10,27~1586,11,7
92	복견왕 伏見王	후시미		1287,10,21~1298,7,22	107	후양성왕 後陽成王	고요제이	임진왜란 에도바쿠후 성립	1586,11,7~1611,3,27
					애도시대				
93	후복견왕 後伏見王	고후시미		1298,7,22~1301,1,22	108	후수미왕 後水尾王	고미즈노오		1611,3,27~1629,11,8
94	후이상왕 後二条王	고니조		1301,1,22~1308,8,25	109	명정왕 明正王	메이쇼		1629,11,8~1643,10,3
95	화원왕 花園王	하나조노		1308,8,26~1318,2,26	110	후광명왕 後光明王	고코묘		1643,10,3~1654,9,20
96	후제호왕 後醍醐王	고다이고	가마쿠라 바쿠후 멸망, 남조창건 무로마치 바쿠후 성립	1318,2,26~1336, 8,15	111	후천서왕 後천西王	고사이		1654,11,28~1663,1,26
북조시대					112	령원왕 霊元王	레이겐		1663,1,26~1687,3,21
97	후촌상왕 後村上王	고무라카미		1331,9,20~1333,5,25	113	동산왕 東山王	히가시야마		1687,3,21~1709,6,21
98	장경왕 長慶王	쵸케이		1336,8,15~1348,10,27	114	중어문왕 中御門王	나카미카도		1709,6,21~1735, 3,21
99	후구산왕 後亀山王	고카메야마		1339,8,15~1368,3,11	115	앵정왕 桜町王	사쿠라마치		1735,3,21~1747,5,2
北朝1	광암왕 光厳王	코곤		1348,10,27~1351,11,7	116	도원왕 桃園王	고모모조노		1747,5,2~1762,7,12
북조2	고묘光明	1336,8,15~1348,1027			119	고카쿠光格	1779,11,25~1817,3,22		
북조3	스코崇光	1348,1027~1351,11,7			120	닌고仁孝	1817,3,22~1846,2,6		
북조4	고코곤後光嚴	1352,8,17~1371,3,23			121	고메이孝明	1846,2,13~1866,12,25		
북조5	고엔유 後園融	1371,3,23~1382,4,11							
북조6 100	고코마츠後小松	1382,4,11~1392,10,5	고카메야마 천황퇴위, 남조멸망. 남조시대 종결		122	메이지明治	1867,1,9~1912,7,30		

301	일본천황계보日本天皇系譜)							④
117	후앵정왕 後桜町王	고사쿠라마치		1762,7,27~1770,11,24	북조1	고곤光嚴	1331,9,20~1333,5,25	
118	후도원왕 後桃園	모모조노		1770,11,24~1779,11,9	북조2	고묘光明	1336,8,15~1348,1027	
119	광격왕 光格王	고카구		1779,11,25~1817,3,22	북조3	스코崇光	1348,1027~1351,11,7	
120	인효왕 仁孝王	닌코		1817,3,22~1846, 2, 6	북조4	고코곤 後光嚴	1352,8,17~1371,3,23	
121	효명왕 孝明王	고메이		1846,2,13~1866,12,25	북조5	고엔유 後園融	1371,3,23~1382,4,11	
메이지시대								
122	명치왕 明治王	메이지	에도바쿠후 멸망	1867,1,9~1912, 7,30	북조6 100	고코마츠後小松	1382,4,11~1392,10,5 ~1412,8,29	
123	대정왕 大正王	다이쇼		1912,7,30~1926,12,25	123	다이쇼大正	1912,7,30~1926,12,25	
124	소화왕 昭和王	쇼와		1926,12,25~1989,1,7	124	쇼와昭和	1926,12,25~1989,1,7	
125	명인 明仁	아카히토		1989,	125	아카히토 明仁	1989,1,7~	
126	평성왕 平成王	헤이세이		2019,	126	헤이세이 平成		
127								

302	2.일본역대왕초상화					⑤

진무	스이제이	안네이	이토쿠	고쇼	고안	고레이
기원전660,1,1~ 기전 585,3,11	기전581,1,8~ 기전549,5,10	기전549,7,3~ 기전511,12,6,	기전510,2~ 기전477,9,8.	기전475,1,9~ 기전393,8,5.	기전392,1,7~ 기전291,1,9	기전290,1,12~ 기전215,2,8.
제1대천황	제2대천황	제3대천황	제4대천황	제5대천황	제6대천황	제7대천황
※ "기전" 은 기원전을 줄여서 표기한 것임.						

고겐	카이카	스진	스이닌	케이코	세이무	주아이
기전214,1,14~ 기전158,9,2.	기전158,11,12~ 기전98,4,9.	기전97,1,13~ 기전30,12,5,	기전29,1,2~ 70,7,14	71.7.11~ 130,11,7,	131,1,5~ 190,6,11.	192,1,11~ 200,2,6.
제8대천황	제9대천황	제10대천황	제11대천황	제12대천황	제13대천황	제14대천황
	야마토정권 고훈시대					

진구	오진	닌토쿠	유랴쿠			
201,,~269,4,17	270,1,1~ 310,2,15	313.1.3~ 399,1,6.	456,11,13~ 479,8,7.			
섭정	제15대천황	제16대천황	제21대천황			
아스카시대						

요메이	스이코	고교쿠	고교쿠	덴지	덴무	지토
585,9.5~ 587,4,9	592,12,8~ 628,3,7,	642,1,15~ 645,6,14.	655,1,3~ 661,7,24	661,7,24~ 671,12,3	673,2,27~ 686,9,9.	686,9,9~ 697,8,1,
제31대천황	제33대천황	제35대천황	제37대천황 재집권	제38대천황	제40대천황	제41대천황

몬무	겐메이					
697,8,1~ 707,6,15	707,7,17~ 715,9,2					
제42대천황	제43대천황					
	나라시대					

303	일본역대왕초상화					⑥
헤이안시대						

간무	사가	몬토쿠	세이와	요제이	곡코천	우다
781,4,3~ 806,3,17	809,4,1~ 823,4,16.	850,3,21~ 858,8,27	858,11,7~ 879,11,29	879,11,29~ 884,2,4,	884,2,5~ 887,8,26,	887,8,26~ 897,7,3.
제50대천황	제52대천황	제55대천황	제56대천황	제57대천황	제58대천황	제대천황

다이고	무라카미	카자인	이치죠인	산죠인	토바인	스토쿠인
897,7,3~ 930,9,22,	946,4,20~ 967,5,25	984,8,27~ 986,6,23	986,6,23~ 1011,6,13,	1011,6,13~ 1016,1,29	1107,7,19~ 1123,1,28.	1123,1,28~ 1141,12,7.
제60대천황	제62대천황	제65대천황	제66대천황	제67대천황	제74대천황	제대천황

고시라카	니죠인	타카쿠카	안토쿠	고토바인		
1155,7,24~ 1158,8,11	1158,8,11~ 1165,6,25	1168,2,19~ 1185,2,21	1180,2,21~ 1185,3,24,	1183,8,20~ 1198,1,11		
제77대천황	제78대천황	제80대천황	제81대천황	제대천황	제대천황	제대천황
가마쿠라 시대						

츠치미카	쥰토쿠인	고타카쿠라	고호리카	시죠인	고사가인	카메야마
1198,1,11~ 1210,11,25,	12,11,25~ 1221,4,20		1221,7,9~ 1232,10,4,	~1242,1,20	1242,1,20~ 1246,1,29	1259,11,26~ 1274,1,26
제83대천황	제84대천황	추존	제86대천황	제87대천황	제88대천황	제90대천황

고우다인	후시미인	고후시미인	고니조인	하나조라인	고다이고인	
~1274,1,26	1287.10,21~ 1298,7,22	1298722~ 1301,1,22,	1301,1,22~1308,8 ,25	1308,8,26~ 1318,2,26	1318,2,26~ 1339,8,15	
제91대천황	제92대천황	제93대천황	제94대천황	제95대천황	제96대천황	제대천황

304	일본역대왕초상화					⑦
북조						

코고인	코묘인	고코곤인	고엔유인	고코마츠		
1331,9,20~ 1333,5,25	1336,8,15~ 1348,10,27	1352,8,17~ 1371,3,23,	1371,3,23~ 1382,4,11,	1382,4,11~ 1392,10,5,		
북조1	북조2	북조3	북조4	북조6		
무로마치시대						

고무라카미인	고카메야마인	고코마츠인	고하나조노인	고나라인	오기마치인	요우코우인
1339,8,15~ 1368,3,11,	1383,10,~ 1392,10,5,	1382,4,11~ 1392,10,5.	1428,7,28~ 1468,7,20,	1525,4,29~ 1557,9,5.	1557,10,27~ 1586,11,7,	
제97대천황	제99대천황	제100대천황	제102대천황	제105대천황	제대천황	추존

고요제이인						
1586,11,7~ 1611,3,27						
제107황제						
에도시대						

고미즈노오인	고쿄묘인	고사이인	레이겐인	히가시야마인	사쿠라마치인	모모조노인
1611,3,27~ 1629,11,8.	1643,10,3~ 1654,9,20.	1654,11,28~ 1663,1,26	1663,1,26~ 1687,3,21	1687,3,21~ 1709,6,21	1735,3,21~ 1747,5,2,	1747,5,2~ 1762,7,12.
제108대황제	제110대황제	제111대황제	제112대황제	제113대황제	제115대황제	제16대황제

고사쿠라마치인	고모모조노인	고카쿠	닌코	고메이		
1762,7,27~ 1770,11,24.	1770,11,24~ 1779,11,9,	1779,11,25~ 1817,3,22,	1817,3,22~ 1846,2,6,	1846,2,13~ 1866,12,25,		
제117대황제	제118대황제	제119대황제	제120대황제	제121대황제		

쇼와昭和)	헤이세이平成)	고메이	다이쇼	쇼와	헤이세이	
124대천황	125대천황	1867,1,9~ 1912,7,30,22:43	1912,7,30~ 1926,12,15,1,25	1926,12,25~ 1989,1,7,6:33	1989,1,7~	

305	3.근대일본정치지도자					⑧
		124대천황	125대천황			

가타야마데츠 片山哲	호소카와모리히로 細川護熙	무라야마	하시	오부치게	모리	고이즈미
1947~1948	1993~1994	1994,~1996	1996~1998	1998~2000	2000~2001	2001~2006
제46대총리		일본제81대총리	제82~83대총리	제84대총리	제85~86대총리	제87~89대총리

아베신타로 安倍晋太朗	아베신조	후쿠다야	아소다로	하토야마	간나오토	노다요시
생1924,4,29~ 사1991,5,15,	1954,9,21,~					
1987~	2006~2007	2007~2008	2006~2009	2009~2010	2010~2011	2011~
자민당간사장 아베신조부친	제90대총리	제91대총리	제92대총리	제93대총리	제94대총리	제95대총리

아베신조	스가 요시히데					
1954,9,21,~	1948,12,6,					
2012~2016	2020.9. 제99대총리					

306	제9장.　1.영국역대수상英國歷代首相)						①

①로버트 월폴	②스펜서 컴튼	③헨리 펠럼	④토마스 펠럼-홀리스	⑤윌리엄 캐번디시	⑥존 스튜어트	⑦조지그렌빌	⑧찰스 왓슨-윈트워스
1676~1745 1721~1742	1673~1743 1742~1743,6	1694~1754 1743~1754,3	1693~1754,3,16 1756,11,16 1757,7,2~1762, 5,26	1720~1764, 1756,11,16~ 1757,6,25	1713~1792 1762,5,26~ 1763,4,8	1712,~1770 1763,4,16 1765,7,3	1730~1782 1765,7,13 1782,3,27-7.1
	휘그당	휘그당	휘그당	휘그당	토리당	휘그당	휘그당

⑨윌리엄 피트 (대피트	⑩오거스투스 피츠로이	⑪프레드릭 노스	⑫윌리엄 패티	⑬윌리엄 캐번디시-벤딩크	⑭윌리엄피트 (소피트	⑮헨리 에딩턴	⑯윌리엄 그렌빌
1708~1778 1766,7,30 1768,10,14	1735~1811 1768,10,14 1770,1,23	1732~1792 1770,1,28 1782,3,22	1737~1805 1782,7,4 1784,4,2	1738~1809 1783,4,2-12,19 1807,3,31- 1809,10,4	1759~1806 1783,12,19 1801,3,19- 1804,5,10-1806	1757~1844 1801,3,17 1804,5,10	1759~1834 1806,2,11 1807,3,31
휘그당	휘그당	토리당	휘그당	휘그당	토리당	토리당	

⑰스펜서 퍼시벌	⑱로버트 젠킨슨	⑲조지캐닝	⑳프래드릭 존로빈슨	㉑아서웰즐리	㉒찰스 그레이	㉓윌리엄램	㉔로버트 필
1762~1812 1809,0,4- 1812,5,11	1770~1828 1812,6,8 1827,4,9	1770~1827 1812,6,8 1827,8,8	1782~1859 1827,8,31 1828,1,21	1769~1852 1828,1,22 1830,11,16 1834,11,4	1764~1845 1830,11,22 1834,7,9	1779~1848 1834,7,11,14 1835,4,18 1841,8,30	1788~1850 1834,12,10 1835,4,8.181,8 ,30-1846,6,29
토리당		토리당	토리당	토리당	휘그당	휘그당	보수당

㉕존러셀	㉘에드워드 스미스-스텐리	㉗조지 해밀턴-고든	㉘헨리 존템플	㉙벤자민 디즈레일리	㉚윌리엄 글래드스턴	㉛로버트 게스코인-세실	㉜아치벨드 프림로즈
1792~1878 1846,6,30-1852 ,2,21-1865,10, 29-1866,6,26	1799~1869 1852,2,23-12,1 71858,2,20- 1859,6,11	1784~1860 1852,12,19- 1855,1,30	1784~1865 1855,2,6-1858, 2,19-1859,6,12 -1865,10,18	1804~1881 1868,2,27-12,1 1874,2,20-1880 ,4,21	1809~1898 1868,12,3-1874 ,2,17-1880,4,2 3-1885,6,9,- 1 8 8 6 2 , 1 - 7.20-1892,8,15 -184,3,2	1830~1903 1885,6,23-1996 ,1892,811,1895 ,6,25-1902,7,1 1	1847~1929 1894,3,5-1895, 6,22
							자유당

307	2.독일연방공화국(서독과 통일 이후) 대통령·수상연표		①
구분	이름	소속정당	연대
대통령	호이스(TheodorHeuss)	자유 민주당	1949. 9. 13~1959. 9. 12
	뤼프케(HeinrichLübke)	기독교 민주 연합	1959. 9. 13~1969. 6. 30
	하이네만(GustavHeinemann)	사회 민주당	1969. 7. 1~1974. 6. 30 엔
재통일 이후 통일 독일의 대통령	셸(WalterScheel)	자유 민주당	1974. 7. 1~1979. 6. 30
	카르스텐스(KarlCarstens)	기독교 민주 연합	1979. 7. 1~1984. 6. 30
수상	바이제커(RichardvonWeizäcker)	기독교 민주 연합	1984. 7. 1~1990. 10. 3
	바이제커(RichardvonWeizäcker)	기독교 민주 연합	1990. 10. 3~1994. 6. 30
	헤르조크(RomanHerzog)	기독교 민주 연합	1994. 7. 1~1999. 6. 30
재통일 이후 통일 독일의 수상	라우(JohannesRau)	사회 민주당	1999. 7. 1~2004. 6. 30
	쾰러(HorstKöhler)		2004. 7. 1~현재 일사, 2005. 4. 28., 미래엔)
	아데나워(KonradAdenauer)	기독교 민주 연합	1949. 9. 15~1963. 10. 15
	에르하르트(LudwigErhard)	기독교 민주 연합	1963. 10. 16~1966. 11. 30
	키징어(KurtGeorgKiesinger)	기독교 민주 연합	1966. 12. 1~1969. 10. 20
	브란트(WillyBrandt)	사회 민주당	1969. 10. 21~1974. 5. 7
	슈미트(HelmutSchmidt)	사회 민주당	1974. 5. 16~1982. 10. 1
	콜(HelmutKohl)	기독교 민주 연합	1982. 10. 1~1990. 10. 3 일사, 2005. 4. 28., 미래엔)
	콜(HelmutKohl)	기독교 민주 연합	1990. 10. 3~1998. 10. 26
	슈뢰더(GerhardSchröder)	사회 민주당	1998. 10. 27~2005. 11.
	앙겔라 메르켈 (AngelaMerkel)	기독교 민주 연합	2005. 11.~현재
			[네이버 지식백과](독일사, 2005. 4. 28., 미래엔

308	3.다국의 유명인								①

한국승려 백운 직지심체요절	독일요하네스구댄베르크	영국 아이작 뉴턴	독일 마르틴 루터	영국 찰스 다윈	영국 윌리엄 세익스피어	이탈리아 크리스토퍼 콜럼버스	독일 칼 마르크스	미국 알버트 아인슈타인	폴란드니콜라우스코페르니쿠스
1377~	1397~ 1468,2,3	1842,12,25~ 1727,3,20.	1483,11,10 ~1546,2,18	1809,~ 1882	1564,4,26~ 1616,4,23	1451,~ 1506,5,21	1818,5,5~ 1883,3,14	1879,3,14~ 1955,4,18	1473,2,19~ 1543,5,24
세계 최초의 금속활자 인쇄본	금속활자 인쇄술 발명자는 아니고	영국의 천재 물리학자. 만유인력의 법칙을 발견하고 수학자로써 미적분학을 개척함	부패한 기독교에 대항해 95개조를 발표하고 종교개혁을 일으킴	진화론 창시 지금까지 신의 창조론을 뒤엎는 과학적 방법으로 생물의 유전을 이해함	영국의 대문호, 로미오와 줄리엣, 햄릿, 리어왕, 베니스의 상인 등 작품 다수	인도를 찾으러 서쪽으로 항해하다 지금의 아메리카 대륙을 발견(?) 아메리카는 발견된게 아니라 원래 있었던 것임	사회주의 이론 창시자	우주 역학의 기초가 되는 상대성 이론 발표	현대 우주 개념에 혁명을 가져다 온 천문학자

이탈리아 갈릴레오 갈릴레이	이탈리아 레오나르도 다빈치	오스트리아 지그문트 프로이트	프랑스 루이 파스퇴르	미국 토마스 에디슨	미국 토머스 제퍼슨	독일 아돌프 히틀러	인도 마하트마 간디	영국 존 로크	이탈리아 부오나로티 미켈란젤로
1564,~ 1642	1452~ 1519	1856,5,6~1939,83세사망	1822,12,27 ~1895,9,28	1847,2,11~ 1931,10,18	1910~1962	1889,4,20~ 1945,4,30	1869 ~1848,1.	1588~1679	1475,3,6~ 1564,2,18
현대 과학의 과학적 방법론에 기초를 다진 과학자. 그래도 지구는 돈다	르네상스를 대표하는 천재적 화가, 과학자, 사상가, 기술자.	정신분석학의 창시자	질병과 미생물의 연관관계를 밝힘	발명왕. 대표적인 발명품 전구	미국의 독립선언서를 작성. 자유의 대표자. 미국 3대 대통령	독일 나치당의 총통으로 유럽을 전쟁에 몰아넣음 유대인 학살, 잘못된 민족우월주의자	비폭력저항으로 인도를 독립시킴.	계몽철학과 경험 철학의 원조	조각가, 화가 천지창조 다비드상, 피에타 등 다수

독일 루트비히 판 베토벤	미국 헨리 포드	독일 요한 세바스찬 바흐	프랑스 보나파르트 나폴레옹	오스트리아 볼프강 아마데우스 모차르트	영국 제임스 와트	미국 아브라함 링컨	몽골 징기스칸	미국 조지 워싱턴	스코틀랜드 아담 스미스
1770~1827	1863,7,30 ~1947,4,7	1685~ 1750	1748~1825	1756,1,27~ 1791,12,5	1736,1,19~ 1819,8,25	1809~1865	1162~1227, 8,25	1789~1797	1732~1790
역사상 가장 위대한 작곡가로 지명되는 고전파 음악의 완성 음악의 성인이라고 불림	자동차 대량 양산 체제를 구축하여 미국의 산업혁명 주도 자동차왕 자동차 회사 포드사 설립	오늘날의 음악의 아버지. 바로크 음악 작곡자	군인, 정치가, 정복자, 프랑스 황제. 유럽을 지배하고 근데 시민국가를 만듬	천재 작곡가	기계기술자. 증기기관을 고안하여 산업혁명을 주도함	노예해방을 이룬 미국의 대통령	역사상 인류 최대의 영토를 가진 몽골 제국 완성	미국의 독립전쟁을 승리로 이끌고 미합중국 초대 대통령에 오름.	정치와 경제를 잇는 정치경제론 확립. 국부론 저자

[출처] 천년을 빛낸 세계100인의 위인들 (50위~1위)-스압주의1작성자응가님

109	4.태국역대총리						①

①대피야 마노파공 니대탑달 披耶・玛奴巴功・尼蒂塔达	②피야 파봉풍파유합새납 披耶・帕凤・丰派育哈色纳	③⑪난피문송감 銮披汶・颂堪	④⑦⑩ 관 아파왕 宽・阿派旺	⑤타위 문야 혁 他威・汶耶革	⑥사니 파모 社尼・巴莫	⑧비리 파농영 比里・帕侬荣	⑨난담룽나와사와 銮探隆・那瓦沙瓦

⑫파특 사랍신 波特・沙拉辛	⑬⑮타농길적가종 他侬・吉滴卡宗	⑭사립 타나력 沙立・他那叻	⑯ 위 키 백 과 의 산야 탐삭 항목	⑱극립 파모 克立・巴莫	⑳타녕개위천 他宁・盖威迁	㉑강살 차마남 江萨・差玛南	㉒병 정소랍난 炳・廷素拉暖

㉓차채춘합왕 差猜・春哈旺	㉔아남반아랍춘 阿南・班雅拉春	㉕소흠달갑파윤 蘇欽達・甲巴允	㉖미채뇌초반 米猜・雷初攀	㉘추안릭파이 천 립파 川・立派	㉙반한 서파아차 班汉・西巴阿差	㉚차와립 영채유 差瓦立・永猜裕	㉜㉞달신흠나와 達新・欽那瓦

㉝총리칫차이 완사팃	㉟소랍육 주랍난 素拉育・朱拉暖	㊱사마순달위 沙马・顺达卫	㊲송 왕사와 颂猜・旺沙瓦	㊳차와랍참위랍공 差瓦拉・参威拉恭	㊴아피실위차기와 阿披實・威差奇瓦	㊵화락 흠나와 英樂・欽那瓦	

참고로 卡자는 중국에서 카드 카자로 많이 쓴다.

웨차치와 -> 아피실 위차기와 (阿披實·威差奇瓦) [출처]역대태국 총리들의 중국식 이름. 작성자 무스타디오.

310	5.다국위인多國偉人)								①

미국 라이트형제	이탈리아 단테	영국 프랜시스 베이컨	프랑스 볼테르	영국 알렉산더 플레밍	소련 블라디미르 레닌	프랑스 장자크 루소	미국 마틴 루터킹	프랑스 데카르트	미국 제임스 왓슨, 영국 프렌시스 크릭
1867~1871	1265~1321	1909~1992	1918~	1881~1955	1870,4,10 ~ 1924,1,21	1712,6,28 ~ 1778,11,	1804~1864	1596~1650	1928~왓슨 1961~크릭
비행기 발명	신곡-을 지은 이탈리아 최고의 작가。시인	과학의 새로운 방법을 제시。경험주의 방법론	프랑스대혁명을 일으키게 한 자유주의 계몽사상가	몸에 해를 입히지 않고 살균효과를 내는 페니실린	소련에 공산주의 혁명을 일으킨 마르크스 신봉자	자연주의 계몽사상가。프랑스 혁명의 철학적 토	자유와 평등을 외친 흑인인권운동가	근대 철학의 아버지。합리주의 철학자。	DNA의 이중나선구조를 밝혀낸 유전학자

미국 마가렛 생어	소련, 러시아 미하일 고르바	영국 메리 울스턴크래프트	미국 찰스 베비지	이탈리아 니콜로 마키아벨리	영국 윌리엄 1세	영국 알렉산더 그레이엄 벨	중국 마오쩌둥	오스트리아 멘델	미국 빌 게이츠
1883~ 1966	1931,3, 2~	1759~1797	1777~1855	1469,5,3~ 1527,6,22	1027~ 1087,9,9,	1847,3,3, ~ 1922,8.21	1893~1975	1822~1884	1955,10,28~
여성개혁가 다산과 빈곤이 산모사망률을 높인다고 보고 산아제한 정책을 주장	러시아 사회주의 체제를 개혁함으로써 동서냉전시대를 끝마침 러시아 초대 대통령	국 최초의 여성인권가。여성의 참정권을 확립	컴퓨터의 전신인 미분해석기계를 발명 컴퓨터의 아버지	군주의 처세를 쓴 제왕학 군주론 저자 근대정치의 철학적 근간이 됨	현대 영국건설의 토대를 이룩한 노르만 왕조 1세 집권적 봉건국가 완성	전화기 발명가。하지만 그레이의 아이디어를 빼아특허를 냈다는 의혹과 미국의 발명가 무치가 특허를	대장정작전。으로 장제스와의 내전에서 승리하고 중국인민공화국 초대 주석에 오름。중국을 공산주의 국가로	성직자였으나 완두콩실험을 통해 유전의 법칙을 발견함	컴퓨터를 대중화。마이크로소프트사를 차려 윈도우를 개발

한국 세종대왕		한국이순신							
1397~1450		1545~ 1598							
한글 훈민정음창제 유교정치 기틀마련 불교시책		조선의장군으로임진왜란에서삼도수군통제사로 수군을이끌고왜군을 물리치는데큰공을세워 세계사에 그이름을 떨쳤다。거북선 창선							
[출처]천년빛낸세계위인들스압주의응가님									

제10장. 1.우리나라 존속연대				①
나라이름國號)	개국년도開國年度)	망국년도亡國年度)	존속기간尊屬其間	
고조선古朝鮮		기원전B,C108년		
신라新羅	기원전B,C 57년	서기西紀)935	992	
고구려高句麗	기원전B,C 37년	서기西紀)668	705	
백제百濟	기원전B,C 18년	서기西紀)663	681	
가락駕洛	서기42년	서기西紀)532	490	
발해渤海	서기699년	서기西紀)818	119	
고려高麗	서기918년	서기西紀)1392	474	
조선朝鮮	서기1392년	서기西紀)1910	518	
조선고종황제	1897년 황제였으나 10년 후 일본의 강압으로 하야 하였다			
한일합방국치의날	서기1910,8,29	1945년8월15일해방	식민상태35년	

해방이후 자주독립을 못하고 미,소 강대국에 의해남북 분단국가로 갈라졌다.미국의 어느 한 나라의 지배하에 두지 않고 소련이 북한지역에 진주하자 그 위 가능한 지역을 자신들의 영향권으로 두어야할 필요를 느낀 미국은 38선을 군사분계선으로 제시소련이 이를 수락하여 미소분할 점령이 이루어진 것이다

대한민국大韓民國 수립樹立	건국일 2333 B.C.(개국일), 1919년 4월 13일(임시정부수립일), 1948년 8월 15일(정부수립일			
	2017년 인구수	51,069,375(2015년)	인구밀도(명/㎢)	509.20(2015년)
	1인당 명목 GDP($	28,739(2014년	홈페이지	http://www.korea.go.kr
	평균수명(세)	82.06(2015년)		
	종교 불교(22.8%), 개신교(18.3%), 천주교(10.9%), 기타(1.1%), 종교없음(46.9%)			

조선민주주의인민공화국 (朝鮮民主主義人民共和國, 영어: Democratic People's Republic of Korea , DPRK), 약칭 **조선** (朝鮮), 북**조선** (北朝鮮), 북한(北韓) 은 동아시아의 한반도 북부에 위치한 국가이며 수도는평양

북조선	서기1946,2,9,	성날 "북한 난독**정권** 수립의 첫걸음"이라면 65년 전 오늘 싱립이 신포된 **북조선** 임시인민위원회(임시인민위)를 거론할 수 있을 것이다. 임시인민위원회는 2월 8-9일간	
	북한의 면적은	12만 2762㎢로	남한의 9만 9912㎢보다 넓어요
	인구수	약 2270만여 명으로	남한의 2분의 1 정도예요

북한에는 2007년 6월 현재 도 9개, 직할시 2개, 특급시 1개, 보통 시 24개가 있어요.[1] 직할시는 북한의 수도인 평양과 경제 특구인 나선, 특급시는 북한 최대의 무역항인 남포예요

한국(韓國) 또는 남한(SouthKorea)이라고도 부르고, 북한에서는 남조선(南朝鮮)이라고 부른다. 남북으로 길게 뻗은 반도와 3,200여 개의 섬으로 이루어져 있다. 북쪽은 압록강과 두만강을 건너 중국의 만주와 러시아의 연해주에 접하고, 동쪽과 남쪽은 동해와 남해를 건너 일본에 면하며, 서쪽은 서해를 사이에 두고 중국 본토에 면한다. 중국, 일본 등과 함께 동아시아에 속한다. 행정구역은 1개 특별시(서울특별시), 1개의 특별자치시(세종특별자치시), 6개 광역시(부산광역시, 인천광역시, 대전광역시, 대구광역시, 광주광역시, 울산광역시) , 1개의 특별자치도(제주특별자치도), 8개 도로 이루어져 있다. 분단국가로, 6·25전쟁 후인 1953년 휴전협정 체결 후 북한과 휴전 상태가 계속되고 있다
[네이버 지식백과]대한민국 [Republic of Korea, 大韓民國] (두산백과)

312	우리나라연표 大韓民國年表	②

존속국명 存續國名	존속국가연대存續國家年代)	존속期間)
고조선古朝鮮	기원전 2333~108년	
진辰	기원전 4세기~기원전2세기	
삼한三韓)	진한辰韓). 사로국~신라新羅)	
	마한馬韓).백제百濟)	
	변한弁韓)가야加耶)	
부여夫餘)	기원전2세기~494년	
옥저沃沮)	기원전2세기~기원후5세기	
동예東濊)	기원전3세기~기원전3세기	
가야加耶)	기원전변한~562년	562년
신라新羅)	紀元前57~935	992
고구려 高句麗	紀元前37~668	705
백제百濟)	紀元前18~660	678
발해渤海)	698~926	228
태봉泰封)	901~918	17
후백제後百濟)	900~936	36
고려高麗)	918~1392	474
조선朝鮮)	1392~1897	505
대한제국 大韓帝國)	1897~1910	13
일제강점기 日帝强占期	1910~1945	35
미소군정기 美蘇軍政期	1945~1948	3
상해임시정부 上海臨時政府	1919~	
대한민국 大韓民國)	1948~	현제
북한북한	1948~	아지

	중국연표 中國年表	①

하夏)	紀元前21세기~17	
상商)	紀元前11~11	
주周)	紀元前1050~256	
서주西周)	紀元前1045~771	275
동주東周)	紀元前1046~256	215
춘추전국 春秋戰國	紀元前771~221	549
춘추시대 春秋時代	紀元前770~403	367
전국시대 戰國時代	紀元前403~221	182
진진)	紀元前221~207	14
전한前漢)	紀元前106~9	215
신新)	9~23	14
후한後漢)	25~220	195
삼국시대 三國時代	220~280	60
서진西秦)	265~316	51
십육국시대 十六國時代	316~439	123
동진동진)	317~420	169
남북시대 南北時代	439~589	150
수隋)	581~618	37
당唐)	618~907	289
무주武周)	690~705	15
오대십국시대 五代十國時代	907~960	53
요遼)	916~1125	209
송宋)	960~1279	319
금金)	1115~1234	119
원元)	1271~1368	97
명明)	1368~1644	279
청淸)	1616~1912	296
중화민국 中華民國	1912~현재	
중화인민공화국 中和人民共和國	1949현재	

313 **요약 1919년 3월 1일 3·1운동을 기하여 민족대표 33인이 대한 독립을 내외에 선언한 글.** ①

독립운동이 계획된 당초에는 건의서 형식으로 일본정부에 대하여 한국의 독립을 요구하기로 발의되었으나, 건의서는 민족자결의 의미가 없기 때문에 강력한 독립의 의지와 그 당위성을 내외에 선포할 독립선언서로 해야 한다는 최린(崔麟)의 주장에 따라 독립선언서를 작성하게 되었다. 그해 2월 초, 최린·송진우(宋鎭禹)·현상윤(玄相允)·최남선(崔南善) 등은 협의를 했고, 선언서의 초안은 최남선이 작성하였다.

손병희(孫秉熙)는 독립선언서 작성의 대원칙을 세웠는데, 이는 ① 평화적이고 온건하며 감정에 흐르지 않을 것, ② 동양의 평화를 위하여 조선의 독립이 필요하며, ③ 민족자결과 자주독립의 전통정신을 바탕으로 정의(正義)와 인도(人道)에 입각한 운동을 강조한다는 등이다.

최남선은 일본 경찰의 눈을 피하기 위해 광문회(光文會) 임규(林圭)의 일본인 부인의 안방에서 약 3주일 만에 이를 작성하여 최린에게 전달하였고, 최린은 손병희 등의 동의를 얻어 2월 27일까지 민족대표 33인의 서명을 끝마쳤다. 선언서 뒷부분에 첨가된 공약 삼장(公約三章)은 한용운(韓龍雲)이 따로 작성한 것으로 전한다. 선언서의 원고는 오세창(吳世昌)에 의해 천도교(天道敎)에서 경영하는 보성인쇄소 사장 이종일(李鍾一)에게 넘겨져 2월 27일 오후 6시경부터 10시까지 2만 1000장을 인쇄하였다. 인쇄된 선언서는 경운동(慶雲洞)에 있는 천도교당으로 옮겨지고 28일 아침부터 전국의 배포 담당자에게 전달되어, 3월 1일 서울을 비롯한 전국의 주요도시에서 일제히 선포 및 배포 되었다.

한편, 민족대표들은 3월 1일 아침 인사동(仁寺洞)의 태화관(泰和館)에 모여 독립선언서 100장을 탁상에 펴놓고 찾아오는 사람에게 열람하게 하였으며 오후 2시 정각이 되자 한용운이 일어나 이를 낭독한 다음 일동이 대한독립만세를 삼창하고 축배를 들었다. 이날 같은 시각인 오후 2시 탑동(파고다) 공원에서는 각급 학교 학생 ·시민 약 5,000명이 모여 정재용(鄭在鎔)이 선언서를 낭독하였다.

[3·1독립선언서 원문 일부]

[원문] 吾等은 玆에 我朝鮮의 獨立國임과 朝鮮人의 自主民임을 宣言하노라.
此로써 世界萬邦에 告하야 人類平等의 大義를 克明하며, 此로써 子孫萬代에 誥하야 民族自存의 正權을 永有케 하노라.(중략)

[뜻] 우리는 이에 우리 조선이 독립한 나라임과 조선 사람이 자주적인 민족임을 선언한다.
이로써 세계 만국에 알리어 인류 평등의 큰 도의를 분명 히 하는 바이며, 이로써 자손만대에 깨우쳐 일러 민족의 독자적 생존의 정당한 권리를 영원히 누려 가지게 하는 바이다.

[원문]舊時代의 遺物인 侵略主義, 强權主義의 犧牲을 作하야 有史以來累千年에 처음으로 異民族箝制의 痛苦를 嘗한지 今에 十年을 過한지라. 我生存權의 剝喪됨이 무릇 幾何며, 心靈上發展의 障碍됨이 무릇 幾何ㅣ며, 民族的 尊榮의 毁損됨이 무릇 幾何ㅣ 며, 新銳와 獨創으로써 世界文化의 大潮流에 寄與補裨할 機緣 을 遺失함이 무릇 幾何ㅣ뇨. (중략)

[뜻]낡은 시대의 유물인 침략주의 강권주의에 희생 되어, 역사 있은 지 몇 천년만에 처음으로 딴 민족의 압제에 뼈아픈 괴로움을 당한지 이미 10년을 지났으니, 그 동안 우리의 생존권을 빼앗겨 잃은 것이 그 얼마이며, 정신상 발전에 장애를 받은 것이 그 얼마이며, 민족의 존엄과 영예에 손상을 입은 것이 그 얼마이며, 새롭고 날카로운 기운과 독창력으로써 세계 문화에 이바지하고 보탤 기회를 잃은 것이 그 얼마나 될 것이냐?

[원문] 吾等이 玆에 奮起하도다. 良心이 我와 同存하며 眞理가 我와 幷進 하는도다.
男女老少 업시 陰鬱한 古巢로서 活潑히 起來하야 萬彙군象으로 더부러 欣快한 復活을 成遂하게 되도다.
千百世祖靈이 吾等을 陰佑하며 全世界氣運이 吾等을 外護하나니,着手가 곳 成功이라.
다만, 前頭의 光明으로驀進할 따름인뎌. (후략)

[뜻] 우리는 이에 떨쳐 일어나도다, 양심이 우리와 함께 있으며, 진리가 우리와 함께 나아가는 도다.
남녀노소 없이 어둡고 답답한 옛 보금자리로부터 활발히 일어나 삼라만상과 함께 기쁘고 유쾌한 부활을 이루어 내게 되도다.
먼 조상의 신령이 보이지 않는 가운데 우리를 돕고, 온 세계의 새 형세가 우리를 밖에서 보호하고 있으니 시작이 곧 성공이다.
다만 앞길의 광명을 향하여 힘차게 곧장 나아갈 뿐이로다.
네이버 지식백과]3·1독립선언서 [三一獨立宣言書] (두산백과)

1945년 5월 15일 정부수립과 함께 대한민국 국가로 불리게 되었다.	출처: 두산 백과 인터넷 글 그대로 옮김

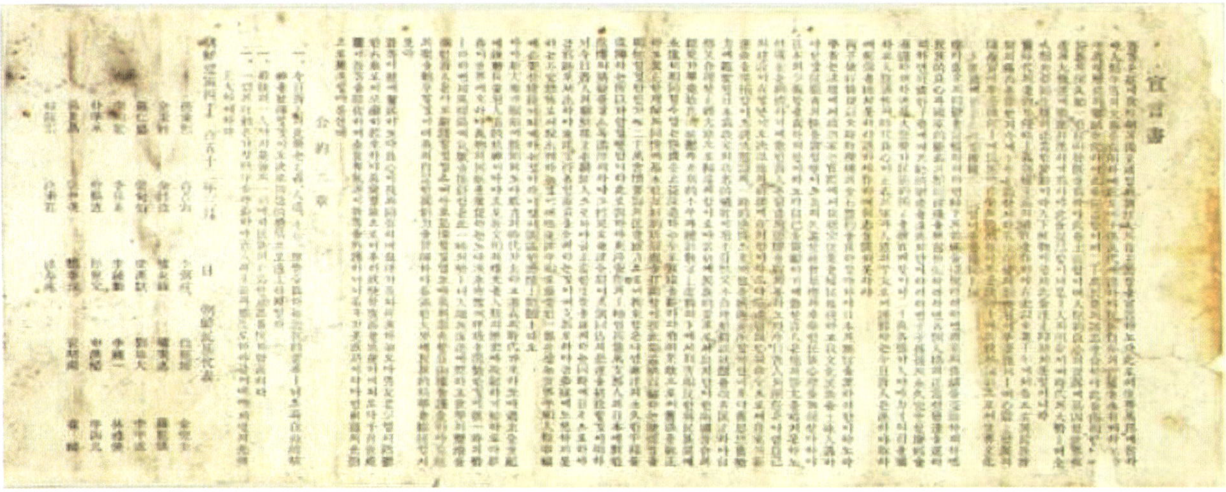

민족대표 33인

단기4252년서기1919년3월1일 독립선언 민족대표33인 명단					
1	손병희孫秉熙	충북청주출생천도교지도자	17	이명룡李明龍	평북월산
2	한용운韓龍雲	충남홍성 승려	18	김병조金秉祚	평북정주
3	백용성白龍城	전남남원 승려	19	정춘수鄭春洙	충북청주
4	오세창오세창	서울출생 서필가	20	신홍식申洪植	충북청주
5	나용환羅龍煥	평남성천	21	임예환林禮煥	평남 중화출생
6	이종훈李鐘勳	경기광주	22	나인협羅仁協	평남성천출생
7	홍병기洪秉箕	경기여주	23	홍기조洪基兆	평남용강출생
8	이승훈李昇薰	평북정주	24	박준승朴準承	전북임실
9	박희도朴熙道	황해도해주	25	양한묵梁漢默	전남해남
10	이갑성李甲成	대구	26	권병덕權秉悳	충북청원
11	오화영吳華英	서울목사	27	김완규金完圭	서울
12	신석구申錫九	충북청주	28	이종일李鍾一	충남태안
13	박동완朴東完	경기 양평	29	최린崔麟	함남함흥
14	길선주吉善宙	평남안주 목사	30	최성모崔聖模	서울
15	유여대劉如大	평북의주	31	이필주李弼柱	경기고양
16	양전백梁甸伯	평북선천 목사	32	김창준金昌俊	평안남도 강서

315	단기4252년서기1919년3월1일독림선언민족대표33인 명단 및 사진								③

손병희 孫秉熙	백용성 白龍城	한용운 韓龍雲	오세창 吳世昌	나용환 羅龍換	이종훈 李鐘勳	이승훈 李承薰	박희도 朴熙道	이갑성 李甲成	오화영 吳華英
1861,4,8, 1922,5,19 .	1864,5,8. 1940,2,24 .	1879,8,29 . 1944,6,29. .	1864,7,15 1953,4,16	1863, 1936,	1856,3,2, 1931,5,2.	1864,3,25 . 1930,5,9.	1889,8.11 1952,9.25	1886, 1981,	1880, 1950.
청주,천도교독립운동가	승려독립운동가	승려시인 동립운동가	서울 민족대표중	평안남도 성천	경기도광주출생	교육자 독립운동가	황해도해주	대구	서울
				민족대표33인			민족대표33인	민족대표33인	민족대표33인

신석구 申錫九	박동완 朴東完	길선주 吉善宙	유여대 劉如大	양전백 梁甸伯	이명룡 李明龍	김병조 金秉祚	정춘수 鄭春洙	임예환 林禮煥	신홍식 申洪植
1875, 1950	1883, 1941,	1869. 1935,	1878,11,26 1937,1,13	1869, 1933,	1873, 1956	1877,1,10 1950	1875,2,11 1951,10,27	1865, 1949	1872,3,1 1939,3,18
충북청주	서울	평남안주	평북의주	평북선천	평북정주	평북 정주	충북청주 친일행각	펴암중화	충북청주

나인협 羅仁協	홍기조 洪基兆	홍병기 洪秉箕	박준승 朴準承	양한묵 梁漢默	권병덕 權秉悳	김완규 金完圭	이종일 李鍾一	최린崔麟	최성모 崔聖模
1872, 1951,	1886, 1938,	1949~ 1963	1865.11,24 1927,3,24	1862,4,29 1919,5,26	1867, 1944,	1876, 1949,	1858,11,6 1925,8,31	1878, 1958	1874, 1937,
평남평양	평안남도 용강	경기여주	전북임실	전남해남	충북청원	서울	충남태안	함경도 후친일반민족행위	서울

이필주 李弼柱	김창준 金昌俊	권동진 權東鎭							
1869,12,22 1942,4,21	1889, 1959,	1861,12,15 1947,3,9							
서울정동	평안남도 강서	청주							

단기4252년서기1919년3월1일 독림선언 민족대표33인 명단

1	손병희孫秉熙	충북청주출생천도교지도자	17	이명룡李明龍	평북월산
2	한용운韓龍雲	충남홍성 승려	18	김병조金秉祚	평북정주
3	백용성白龍城	전남남원 승려	19	정춘수鄭春洙	충북청주
4	오세창오세창	서울출생 서필가	20	신홍식申洪植	충북청주
5	나용환羅龍煥	평남성천	21	임예환林禮煥	평남 중화출생
6	이종훈李鐘勳	경기광주	22	나인협羅仁協	평남성천출생
7	홍병기洪秉箕	경기여주	23	홍기조洪基兆	평남용강출생
8	이승훈李昇薰	평북정주	24	박준승朴準承	전북임실
9	박희도朴熙道	황해도해주	25	양한묵梁漢默	전남해남
10	이갑성李甲成	대구	26	권병덕權秉悳	충북청원
11	오화영吳華英	서울목사	27	김완규金完圭	서울
12	신석구申錫九	충북청주	28	이종일李鍾一	충남태안
13	박동완朴東完	경기 양평	29	최린崔麟	함남함흥
14	길선주吉善宙	평남안주 목사	30	최성모崔聖模	서울
15	유여대劉如大	평북의주	31	이필주李弼柱	경기고양
16	양전백梁甸伯	평북선천 목사	32	김창준金昌俊	평안남도 강서
			33	권동진權東鎭	경기포천출생

316	**요약 1919년 3월 1일 3.1운동을 기하여 민족대표 33인이 대한 독립을 내외에 선언한 글.**

독립운동이 계획된 당초에는 건의서 형식으로 일본정부에 대하여 한국의 독립을 요구하기로 발의되었으나, 건의서는 민족자결의 의미가 없기 때문에 강력한 독립의 의지와 그 당위성을 내외에 선포할 독립선언서로 해야 한다는 최린(崔麟)의 주장에 따라 독립선언서를 작성하게 되었다. 그해 2월 초, 최린 · 송진우(宋鎭禹) · 현상윤(玄相允) · 최남선(崔南善) 등은 협의를 했고, 선언서의 초안은 최남선이 작성하였다.

손병희(孫秉熙)는 독립선언서 작성의 대원칙을 세웠는데, 이는 ① 평화적이고 온건하며 감정에 흐르지 않을 것, ② 동양의 평화를 위하여 조선의 독립이 필요하며, ③ 민족자결과 자주독립의 전통정신을 바탕으로 정의(正義)와 인도(人道)에 입각한 운동을 강조한다는 등이다.

최남선은 일본 경찰의 눈을 피하기 위해 광문회(光文會) 임규(林圭)의 일본인 부인의 안방에서 약 3주일 만에 이를 작성하여 최린에게 전달하였고, 최린은 손병희 등의 동의를 얻어 2월 27일까지 민족대표 33인의 서명을 끝마쳤다. 선언서 뒷부분에 첨가된 공약 삼장(公約三章)은 한용운(韓龍雲)이 따로 작성한 것으로 전한다. 선언서의 원고는 오세창(吳世昌)에 의해 천도교(天道教)에서 경영하는 보성인쇄소 사장 이종일(李鍾一)에게 넘겨져 2월 27일 오후 6시경부터 10시까지 2만 1000장을 인쇄하였다. 인쇄된 선언서는 경운동(慶雲洞)에 있는 천도교당으로 옮겨지고 28일 아침부터 전국의 배포 담당자에게 전달되어, 3월 1일 서울을 비롯한 전국의 주요도시에서 일제히 선포 및 배포 되었다.

한편, 민족대표들은 3월 1일 아침 인사동(仁寺洞)의 태화관(泰和館)에 모여 독립선언서 100장을 탁상에 펴놓고 찾아오는 사람에게 열람하게 하였으며 오후 2시 정각이 되자 한용운이 일어나 이를 낭독한 다음 일동이 대한독립만세를 삼창하고 축배를 들었다. 이날 같은 시각인 오후 2시 탑동(파고다) 공원에서는 각급 학교 학생 · 시민 약 5,000명이 모여 정재용(鄭在鎔)이 선언서를 낭독하였다.

[3 · 1독립선언서 원문 일부]

[원문] 吾等은 玆에 我朝鮮의 獨立國임과 朝鮮人의 自主民임을 宣言하노라.
此로써 世界萬邦에 告하야 人類平等의 大義를 克明하며, 此로써 子孫萬代에 誥하야 民族自存의 正權을 永有케 하노라.(중략)

[뜻] 우리는 이에 우리 조선이 독립한 나라임과 조선 사람이 자주적인 민족임을 선언한다.
이로써 세계 만국에 알리어 인류 평등의 큰 도의를 분명 히 하는 바이며, 이로써 자손만대에 깨우쳐 일러 민족의 독자적 생존의 정당한 권리를 영원히 누려 가지게 하는 바이다.

[원문]舊時代의 遺物인 侵略主義, 强權主義의 犧牲을 作하야 有史以來累千年에 처음으로 異民族箝制의 痛苦를 嘗한지 今에 十年을 過한지라. 我生存權의 剝喪됨이 무릇 幾何며, 心靈上發展의 障碍됨이 무릇 幾何ㅣ며, 民族的 尊榮의 毁損됨이 무릇 幾何ㅣ 며, 新銳와 獨創으로써 世界文化의 大潮流에 寄與補裨할 機緣 을 遺失함이 무릇 幾何ㅣ뇨. (중략)

[뜻]낡은 시대의 유물인 침략주의 강권주의에 희생 되어, 역사 있은 지 몇 천년만에 처음으로 딴 민족의 압제에 뼈아픈 괴로움을 당한지 이미 10년을 지났으니, 그 동안 우리의 생존권을 빼앗겨 잃은 것이 그 얼마이며, 정신상 발전에 장애를 받은 것이 그 얼마이며, 민족의 존엄과 영예에 손상을 입은 것이 그 얼마이며, 새롭고 날카로운 기운과 독창력으로써 세계 문화에 이바지하고 보탤 기회를 잃은 것이 그 얼마나 될 것이냐?

[원문] 吾等이 玆에 奮起하도다. 良心이 我와 同存하며 眞理가 我와 幷進 하는도다.
男女老少 업시 陰鬱한 古巢로서 活潑히 起來하야 萬彙군象으로 더부러 欣快한 復活을 成遂하게 되도다.
千百世祖靈이 吾等을 陰佑하며 全世界氣運이 吾等을 外護하나니,着手가 곳 成功이라.
다만, 前頭의 光明으로驀進할 따름인뎌. (후략)

[뜻] 우리는 이에 떨쳐 일어나도다, 양심이 우리와 함께 있으며, 진리가 우리와 함께 나아가는 도다.
남녀노소 없이 어둡고 답답한 옛 보금자리로부터 활발히 일어나 삼라만상과 함께 기쁘고 유쾌한 부활을 이루어 내게 되도다.
먼 조상의 신령이 보이지 않는 가운데 우리를 돕고, 온 세계의 새 형세가 우리를 밖에서 보호하고 있으니 시작이 곧 성공이다.
다만 앞길의 광명을 향하여 힘차게 곧장 나아갈 뿐이로다.
네이버 지식백과]3 · 1독립선언서 [三一獨立宣言書] (두산백과)

1945년 5월 15일 정부수립과 함께대한민국 국가로 불리게 되었다.	출처: 두산 백과 인터넷 글 그대로 옮김

대한민국 3년 1월1일 임시정부 반 임시의정원 신년축하식기념 제경

1945년 12월 3일 임시정부요인 귀국기념 사진. 오른쪽에서 4번째가 선생. <출처: wikipedia>

1945년 12월3일 임시정부요인 귀국기념 사진.

1947년 5월 20일 밤. 미소공위가 열린 덕수궁 가든파티에 참석한 좌우합작대표들. 오른쪽부터 여운형, 김규식, 왼쪽부터 허헌, 소련측 수석 스티코프. 한 가운데는 미 하지 중장의 통역관 이인묵. <출처: wikipedia>

1947년 5월 20일 밤.미소공동위원회가 열린 덕수궁 가든파티에 참석한 좌우합작대표들. 오른쪽부터 여운형.김규식.왼쪽부터 허헌.소련측 수석 스티코프.중앙 미국 하지중장의 통역관 이인묵.

▲민족대표 33인

민족대표33인 26인

1946년 대종교 총본사의 서울 환국을 기념해 찍은 사진.

1946년 대종교 총본사 환국 기념

▲민족대표 33인

민족대표33인

<출처: wikipedia>

김규식부주석 :본래 우리의 독립은 평화회의나 모종의 유력한 단체로부터 승인을 받던지, 첩지(帖紙)를 내어 주듯 할 것이 아니오. 우리의 최고기관으로부터 각 단체 또는 전 민족의 합심과 준비 여하에 달렸나니, 이것이 있으면 우리에게 독립이 있고, 그렇지 않으면 우리에게는 파멸이 있을 따름이오. 고로 금일 우리 민족은 그 멸취(滅取)의 기로에 서 있는 것이오 1921년 1월 상해 환영회 석상에서의 연설 중에서

윤봉길이직은 우리가 힘이 약하여 외세의 지배를 면치 못하고 있지만 세계 대세에 의하여 나라의 독립은 머지않아 꼭 실현되리라 믿어마지 않으며, 대한 남아로서 할 일을 하고 미련 없어 떠나가오

318	대한민국임시정부 의정원 의원명단	⑤

6) 제6차 임시의정원(1919년 8월 18일)

고일청	김병조	김석황	김성근	김정묵	김진우	김태연	김홍서	나용균	백남규
서재철	손정도	여운형	오의선	유경환	유정근	유흥식	이규갑	이규호	이원익
이정규	이춘숙	이필규	장붕	정인과	조동호	조완구	최근우	현정건	황진남

회기중 해임의원 : 강태동(함경도), 김보연(황해도), 김창숙(경상도), 김철(전라도), 서재철(충청도), 손두환(황해도), 송세호(강원도), 신익희(경기도), 신채호(충청도), 윤현진(경상도), 이규호(경상도), 이기룡(경기도), 이희경(평안도), 임봉래(함경도), 최창식(경기도), 현정건(경상도), 황공호(중령)

7) 1920년 1월 20일 현재 임시의정원 일람표

계봉우	고일청	김 갑	김병조	김석황	김성근	김인전	김정묵	김진우	김태연
중령	평안	경상	평안	황해	함경	전라)	경상	강원)	황해
김홍서	나용균	류경환	박건병	백남규	서병호	손정도	여운형	오재선	유예균
평안	전라	경상	강원)	경상	황해	평안	경기	경기	중령
유흥식	유정근	이규갑	이원익	이정규	이춘숙	이필규	장붕	정인과	조동호
충청	충청	충청	평안	충청	함경	강원	경기	미령	충청
조완구	최근우	황진남	황학수						
경기	경기	미령	충청						

8) 제7회 임시의정원(1920년 1월 24일)

상임위원회 제1과(법제) : 이춘숙, 나용균, 류경환, 고일청, 홍도,
제2과(내무외무) : 여운형,서병호,김병조,김홍서,이필규
제3과(재무) : 김인전, 김태연, 장붕, 손영직, 최근우
제4과(군무) : 왕삼덕, 황학수, 김성근, 안현경, 오윤환
제5과(교통) : 계봉우, 김석황, 황진남, 김종상, 염봉근
제6과(예산결산) : 김인전, 김태연, 장붕, 손영직, 최근우
제7과(청원징계) : 현순, 유정근, 김진우, 이원익, 정인과
제8과(교육실업) : 현순, 유정근, 김진우, 이원익, 정인과
부의장 선거 : 이춘숙 당선.
의원자격상실 : 오의선, 이규갑, 이정규, 유흥식, 김정묵, 김갑, 박건병
신도의원 : 김원식, 박선(평안도), 신익희(경기), 윤기섭(서간도),
윤보선,윤현진(경상도),이규홍(경상도),이유필(평안도),이진산 (서간도),이한근(경상도),최창식(경기), 홍의종

9) 제8회 임시의정원(1921년 2월 28일 개원)

강명옥(신), 계봉우(결), 김갑수(결), 김용철(신), 김원식, 김인전(부의장 당선, 사임), 김진상(신), 김진우, 김철(신), 김태연, 김홍서, 나용균, 박선(결), 박찬익(신), 서병호, 손영직, 손정도, 신영, 신익희, 신현창 (신), 안공근(신), 안현경(결), 양기하(신), 오윤환(결), 왕삼덕(결), 유경환(결), 유예균, 유정근(결), 윤기섭, 윤현진, 이광수 (신,결), 이규홍, 이원익, 이유필, 이종욱(결), 이춘숙(결), 이필규, 이한근(결), 이희경(신), 장붕, 정광호(신), 정인과(결), 정영준(신), 정태희(신), 조동호(결), 조상섭(신, 후임 부의장), 조완구, 최근우(결), 최창식, 현순(결), 홍도(결), 홍진(의장 당선) (가나다순, 결 : 결석의원, 신 : 신도의원)
신도의원 자격심사위원 : 윤기섭, 이원익, 이유필
전원위원장 : 홍진, 조완구

10) 제9회 임시의정원(1921년 9월 25일 개원)

상임위원회 조직
제2과 (내무 · 외무) : 장붕, 김홍서, 이유필, 신익희, 김용철
제6과 (예산 · 결산) : 김인전, 양기하, 박찬익, 이원익, 정태희
제7과 (청원 · 징계) : 김태연, 조완구, 윤기섭, 김용원, 김원식

11) 제10회임시의정원(1922년2,8개원, 2,11 출석의원15인)

전원위원장 : 김인전
특별심사위원 구성 : 홍진, 오영선, 손정도, 안정근, 이유필.
상임위원회 조직

319	대한민국임시정부 의정원 의원명단	⑥

제1과 (법제) : 장붕, 이유필, 정태희, 김용철, 신현창
제2과 (내 · 외무) : 이유필, 신익희, 김인전, 윤기섭, 이필규 제3과 (재무) : 손정도, 김홍서, 김인전, 신현창, 이필규
제4과 (군무) : 양기하, 민충식, 이병주, 강명규, 윤기섭 제5과 (교통) : 조완구, 양기하, 신익희, 민충식, 이유필
제6과 (예산 · 결산) : 윤기섭, 김용철, 이병주, 신현창, 조완구 제7과 (청원 · 징계) : 김구, 신익희, 민충식, 장붕, 정태희 제8과 (교육 · 실업) : 김홍서, 이병주, 김인전, 이유필, 손정도 의장 선출 : 김인전 당선, 부의장 선거 : 조완구 당선 신도의원 : 김구(황해도), 김마리아(경상도), 김용철, 김원식(충청도), 김현구(황해도), 도인권(평안도), 민충식(충청도), 변지명(충청도), 연병호(충청도), 오영선 (경기도), 오희원(황해도), 이병주(경기도), 장붕(하와이), 조소앙(경기도), 차리석(평안도), 최일(황해도), 황중현(경기도). 의원자격상실 : 이원익, 김마리아, 황중현

12) 제11회 임시의정원(1923년 1월 15일 개원)

보선의원 : 김두만(서간도), 김보연(황해도), 김붕준(평안도), 김은상(전라도), 박계천,(전라도), 박진(전라도), 백기준(서간도), 신현창(충청도), 양한구(경상도), 염온동(강원도), 오희원(황해도), 윤기섭(경기도), 이강희(경상도), 이상준(경상도), 이용기(전라도), 임득산(서간도), 정춘일(전라도), 조덕진(경기도), 조동호(충청도), 조희중(경상도), 차리석(평안도), 최석순(평안도), 최일(황해도), 최준(평안도), 최창식(경기도), 허동진(경상도) (가나다순)

============여기까지가 상해시대, --------------------

13) 제24회 임시의정원(1932년 11월 28일 개원)

출석의원 : 김현구, 민소운, 박용철, 염온동, 윤기섭, 이동초, 조세호, 차리석, 홍재형 (가나다순) 상임위원 보선 : 김현구.

14) 제25회 임시의정원(1933년 3월 6일 개원)

출석의원 : 김붕준, 김현구, 민소운, 박진, 염온동, 윤기섭, 조세호, 차리석, 홍재형 (가나다순)

15) 제26회 임시의정원(1933년 10월 3일 개원)

출석의원 : 4인

16) 제27회 임시의정원(1934년 1월 2일 개원)

출석의원 : 김붕준, 김철, 염온동, 윤기섭, 조소앙, 차이석 (가나다순) 신도의원 : 김홍서, 문일민, 박창세, 송병조, 신공제. 양명진, 연병호,장성산, 최동오 (가나다순) 의장선거 : 송병조 당선 국무위원 : 전형위원 : 김철, 윤기섭, 문일민 당선 의원해임 : 박진, 민병길, 김현구, 홍재형, 김구, 엄항섭, 이동녕

17) 제28회 임시의정원(1934년 10월 2일 개원)

출석의원 : 김붕준, 김홍서, 문일민, 박창세, 송병조, 신공제, 양명진, 염온동, 윤기섭, 장성산, 조소앙, 조완구, 차리석 (가나다순)

결석의원 : 연병호 상임위원 : 조완구, 신공제, 문일민

18) 제29회 임시의정원(1935년 10월 19일 개원)

출석의원 : 김붕준, 문일민, 박창세, 송병조(의장), 양명진, 조소앙,
조완구, 차리석(국무위원 겸임) (가나다순)

결석의원 : 박창세, 윤기섭, 김홍서, 신공제, 연병호, 염온동, 장덕로

19) 제30회 임시의정원(1936년 11월 10일 개원)

출석의원 : 12명 신도의원 자격심사위원 : 조완구, 김붕준, 양묵 신도의원 : 김구(미령), 민병길(충청). 안경근(황해), 안공근(황해), 엄항섭(경기), 왕중량(황해), 이동녕(미령), 이시영(경기), 조성환(경기) (가나다순)

20) 제31회 임시의정원(1937년 10월 16일 개원)

참석의원 : 김구, 김붕준, 문일민, 민병길, 송병조(의장), 엄항섭,이동녕, 이시영, 조성환, 조소앙, 조완구, 차리석 (가나다순)

21) 제32회 임시의정원(1939년 10월 16일 개원)

재적의원 : 김구(미령), 김붕준(평안도), 문일민(중령), 민병길(충청도), 박창세(평안도), 송병조(미령), 안경근(황해도), 안공근(황해 도), 양묵(중령), 엄항섭(경기도), 왕중량(황해도), 이동녕(미 령), 이시영(경기도), 조성환(경기도), 조소앙(경기도), 조완 구(경기도), 차리석(평안도) (가나다사임의원 : 안공근(황해 도), 박창세(평안도) 보결의원 : 공진원(함경도), 김학규(중령), 박찬익(중령), 방순희(함경도), 손일민(경상도), 신공제(평안도), 신환(충청도), 안훈(충청도), 유동열(평안도), 이복원(함경도), 이상만(충청도), 이준식(중령), 이청천(중령), 이흥관(함경도), 조시원(경기도), 최동오(평안도), 홍진(충청도), 황학수(충청도) 신도의원 자격심사위원 : 양묵, 조소앙, 엄항섭

22) 제33회 임시의정원(1940년) : 의원명단 제4과(군무) : 김약산, 유동열, 이복원, 이청천, 조성환

23) 제36회 임시의정원(1943년 11월 12일 개원) 의원명단 없음

24) 제37회 임시의정원(1944년 4월 20일 개원) 의원명단 없음

25) 제38회 임시의정원(1945년 2월 28일 개원) 의원명단 없음

26) 제39회 임시의정원(1945년 4월 11일 개원)

신도의원 : 염온동 분과위원 : 제1과(법제) : 김상덕, 안훈, 유림 제2과(내무 . 외무) : 박건병, 엄항섭, 조소앙 제3과(재무 . 예결산) : 문일민, 양우조, 최석순 제4과(군무 . 교통) : 김약산, 유동열, 이청천 제5과(청원 . 징계 . 교육 . 실업) : 신영삼, 조시원, 차리석 27) 제40회 임시의정원(1945년 8월 17일 개원) 의원명단 없음

320	대한민국임시정부 의정원 의원명단	⑦

1) 제1차 임시의정원(1919년 4월 10일) 鄭 惠 瓊 박사(한국 국가기록연구원) 한자토단운

김대지 金大地	김동삼 金東三	김철 金澈	김형우 南亨祐	백남칠 白南七 서기)	선우혁 鮮于爀	도정도 孫貞道 부의장)	신석우 申錫雨	신익희 申翼熙	신채호 申采浩
신철 申鐵	여운형 呂運亨	여운홍 呂運弘	이광 李光	이광수 李光洙 서기)	이동영 李東寧 의장)	이시영 李始榮	이영근 李渶根	이회영 李會榮	조동진 趙東珍
조동우 趙東祜	조성환 曹成煥	조소앙 趙素昻	조완구 趙琬九	진희창 秦熙昌	최근우 崔謹愚	한진교 韓鎭教	현순 玄楯	현장운 玄彰運	가나다순)

2) 제2차 임시의정원(1919년 4월 22일)

고한 高漢	구영필 具榮泌	김갑 金甲	김구 金龜	김대지 金大地	김병조 金秉祚	김보연 金甫淵	김영선 金榮璿	김우진 金宇鎭	김응선 金應繕
김응섭 金應燮	김정목 金鼎穆	김철 金澈	긴현식 金鉉軾	김홍건 金弘權	김홍서 金弘敍	김홍조 金弘祚	남형우 南亨祐	민재호 閔濟鎬	민충식 閔忠植
배형식 裵亨湜	백남규 白南圭	백남규 白南七	서성권 徐成權	선우혁 鮮于爀	손정도 孫貞道	손진형 孫晉衡	신석우 申錫雨	신익희 申翼熙	신채호 申采浩
신철 申鐵	안승원 安承源	양준명 梁濬明	여운형 呂運亨	여운홍 呂運弘	옥성빈 玉成彬	유경환 柳璟煥	유범규 柳範奎	유정근 兪政根	윤원삼 尹愿三
윤현진 尹顯振	이광 李光	이광수 李光洙	이규정 李圭廷	이기용 李起龍	이동영 李東寧	이봉수 李鳳洙	이시영 李始榮	이영근 李渶根	이영찬 李永贊
이춘숙 李春塾	이치준 李致俊	이필규 李駜珪	이희영 李會榮	임승업 林承業	장정노 張正櫓	정원택 鄭元澤	조동진 趙東珍	조동우 趙東祜	조성환 曹成煥,
조소앙 趙素昻	조영진 趙永晋	조완구 趙琬九	조원창 趙元昌	진희찬 秦熙昌	최근우 崔謹愚	최완 崔浣	하기악 韓基岳	한남수 韓南洙	한진교 韓鎭教
현순 玄楯	현장운 玄彰運	홍진의 洪震儀							

3) 제3차 임시의정원(1919년 4월 25일)

고한 高漢	김갑 金甲	김구 金九	김대지 金大地	김동삼 金東三	김병조 金秉祚	김보연 金甫淵	김우진 金宇鎭	김응 金應繕	김응섭 金應燮
김정모 金鼎穆	김철 金澈	김현식 金鉉軾	김홍권 金弘權	김홍서 金弘敍	김홍조 金弘祚	남형우 南亨祐	민재호 閔濟鎬,	민충식 閔忠植	배형 裵亨湜
백남규 白南圭	백남칠 白南七	서병호 徐丙浩	서성권 徐成權	선우혁 鮮于爀	손정도 孫貞道 의장)	신규식 申圭植 부의장)	신석우 申錫雨	신채호 申采浩	신철 申鐵
안승원 安承源	양준명 梁濬明	여운형 呂運亨	옥성빈 玉成彬	유경환 柳璟煥	유범규 柳範奎	유정근 兪政根	윤원삼 尹愿三	윤현진 尹顯振	이광 李光
이광수 李光洙	이규정 李圭廷	이기룡 李起龍	이동영 李東寧	이봉수 李鳳洙	이시영 李始榮	이영근 李渶根	이영찬 李永贊	이춘예 李春塾	이치준 李致俊
이필규 李駜珪	이회영 李會榮	장정노 張正櫓	정원태 鄭元澤	조동진 趙東珍	ㅈ동우 趙東祜	조성환 曹成煥	조소앙 趙素昻	조영보 趙永晋	조완구 趙琬九
조원창 趙元昌	진희진 秦熙昌	최근우 崔謹愚	최완 崔浣	한기악 韓基岳	한남수 韓南洙	한진교 韓鎭教	현순 玄楯	현장운 玄彰運	홍진의 洪震儀

4) 제4차 임시의정원(1919년 4월 30일)

김동형경상도	김정묵경상도	김창숙경상도	백남규경상도	유경환경상도	김병조평안도	손정도평안도 의장	이광수평안도
이기룡경기도	오의선경기도	신석우경기도	정대호경기도	신성충청도 부의장	유정근충청도	이명교충청도	홍진충청도
김철전라도	장병준전라도	한남수전라도	김보연황해도	손두환(황해	이치준황해도	장두환황해도	송세호강원도
이필규강원도	김현식평안도	이원익평안도	이희민평안도	이춘숙(함경도	임봉래(함경도	장도정함경도	한위건함경도
홍도(함경도	황공호(중령						

해임의원 : 이명교(충청도), 이치준황해도), 장병준(전라도), 이광수.김현식평안도)

5) 제5차 임시의정원(1919년 7월 7일)

송세호강원도	이필규강원도	박용각강원도	오의선경기도	신익희경기도	이기룡경기도	최근우경기도	최창식경기도 보결
조완구경기도	신석우경기도	정대호경기도	김갑경상도	김정묵경상도	김창숙경상도	백남규경상도	유경환경상도
윤현진경상도	김두봉경상도 보결, 결석	김동형경상도	김철전라도	나용균전라도	한남수전라도	신채호 충청도, 보결	오익표충청도 보결, 결석
유정근충청도	이규갑충청도, 보결	이정규충청도	조동호충청도	신성충청도	오익표충청도	김보연황해도	김석황 황해도, 보결
손두환황해도	김동평안도	김병조평안도	손정도평안도	김홍서 평안도, 보결	고일청 평안도, 보결	임봉래 함경도	이춘숙 함경도
김성근(함경도)	강태동(함경도	김성근(함경도)	이희경(평안도	이원익평안도	정인과 미령, 보결	황공호(중령	황진남미령,보결

회기중 해임의원 : 김두봉, 김동형(이상 경상도), 박용각강원도), 신석우경기도), 신성충청도), 오익표충청도), 장도정(함경도),
정대호경기도), 조성환(중령), 한남수전라도), 한위건.홍도함경도)

321	대한민국임시정부 의정원 의원명단	⑧

6) 제6차 임시의정원(1919년 8월 18일)

김진우 강원도 보선	이필규(강원도	송세호강원도					
여운형 경기도 보선	오의선경기도	장붕경기도 보선	조완구경기도	최근우경기도	신익희경기도	이기룡경기도	최창식경기도
김갑경상도	김정묵경상도	백남규경상도	백남규경상도	이규호 경상도 보선	김창숙경상도	윤현진경상도	이규호경상도
유경환경상도	현정건경상도	현정건 경상도 보선	나용균전라도	김철전라도	서재철 충청도 보선	유정근충청도	이규갑충청도
이정규충청도	조동호충청도	신채호충청도	서재철충청도	유흥식충청도	고일청평안도	김병조평안도	손정도평안도
김홍서평안도	이원익평안도	이희경평안도	김석황황해도	김태연 황해도 보결	김보연황해도	손두환황해도	김성근함경도
이춘숙함경도	강태동함경도	임봉래함경도	정인과미령, 신임 부의장	황진남미령)	황공호중령		

회기중 해임의원 : 강태동함경도), 김보연황해도)김창숙경상도) 김철전라도) 서재철충청도)손두환황해도) 송세호강원도)신익희경기도)
신채호충청도) 윤현진경상도)이규호경상도) 이기룡경기도)이희경평안도) 임봉래함경도) 최창식경기도), 현정건경상도) 황공호중령)

7) 1920년 1월 20일 현재 임시의정원 일람표

김진우(강원	박건병(강원	이필규(강원	여운형(경기	오재선(경기	장붕(경기	조완구(경기	최근우(경기
김 갑(경상	김정묵(경상	류경환(경상	백남규(경상	김인전(전라	나용균(전라	유흥식(충청	유정근(충청
이규갑(충청	이정규(충청	조동호(충청	황학수(충청	정인과(미령	황진남(미령	계봉우(중령	유예균(중령
고일청(평안	김병조(평안	김홍서(평안	손정도(평안	이원익(평안	김석황(황해	김태연(황해	서병호(황해
김성근(함경	이춘숙(함경						

8) 제7회 임시의정원(1920년 1월 24일)

상임위원회 제1과(법제): 이춘숙,나용균,류경환,고일청,홍도,

제2과(내무외무) : 여운형,서병호,김병조,김홍서,이필규

제3과(재무) : 김인전, 김태연, 장붕, 손영직, 최근우

제4과(군무) : 왕삼덕, 황학수, 김성근, 안현경, 오윤환

제5과(교통) : 계봉우, 김석황, 황진남, 김종상, 염봉근

제6과(예산결산) : 김인전, 김태연, 장붕, 손영직, 최근우

제7과(청원징계) : 현순, 유정근, 김진우, 이원익, 정인과

제8과(교육실업) : 현순, 유정근, 김진우, 이원익, 정인과

부의장 선거 : 이춘숙 당선.

의원자격상실 : 오의선, 이규갑, 이정규, 유흥식, 김정묵, 김갑, 박건병

신도의원 : 김원식, 박선(평안도), 신익희(경기), 윤기섭(서간도),

윤보선,윤현진(경상도),이규홍(경상도),이유필(평안도),이진산 (서간도),이한근(경상도),최창식(경기), 홍의종

9) 제8회 임시의정원(1921년 2월 28일 개원)

강명옥(신	계봉우(결)	김갑수(결	김용철(신	김원식,김인전(부의장당선,사임		김진상(신	김진우
김철(신	김태연, 김홍서, 나용균, 박선(결 박찬익(신			병호, 손영직, 손정도, 신영, 신익희, 신현창(신 안공근(신			
안현경(결	양기하(신	오윤환(결	왕삼덕(결	유경환(결	유예균,유정근(결	윤기섭,윤현진,이광수(신,결	
이규홍, 이원익, 이유필, 이종욱(결		이춘숙(결	이필규, 이한근(결이희경(신		장붕,정광호(신	인과(결	정영준(신
정태희(신	조동호(결	조상섭(신, 후임 부의장		조완구, 최근우(결 최창식		현순(결	홍도(결
홍진(의장 당선							

결석의원, 신 : 신도의원) 신도의원 자격심사위원 : 윤기섭, 이원익, 이유필

전원위원장 : 홍진, 조완구

10) 제9회 임시의정원(1921년 9월 25일 개원)

상임위원회 조직

제2과 (내무 · 외무) : 장붕, 김홍서, 이유필, 신익희, 김용철

제6과 (예산 · 결산) : 김인전, 양기하, 박찬익, 이원익, 정태희

제7과 (청원 · 징계) : 김태연, 조완구, 윤기섭, 김용원, 김원식

11) 제10회임시의정원(1922년2,8개원, 2,11 출석의원15인)

전원위원장 : 김인전	특별심사위원 구성 : 홍진, 오영선, 손정도, 안정근, 이유필.
상임위원회 조직	제1과 (법제) : 장붕, 이유필, 정태희, 김용철, 신현창
제2과 (내·외무) : 이유필, 신익희, 김인전, 윤기섭, 이필규	(재무) : 손정도, 김홍서,김인전, 신현창, 이필규
제4과 (군무) : 양기하, 민충식, 이병주, 강명규, 윤기섭	제5과 (교통) : 조완구, 양기하, 신익희, 민충식, 이유필
제6과 (예산·결산): 윤기섭, 김용철, 이병주, 신현창,조완구	제7과 (청원 · 징계) : 김구, 신익희, 민충식, 장붕, 정태희
제8과 (교육·실업) :김홍서, 이병주,김인전, 이유필, 손정도	의장 선출 : 김인전 당선, 부의장 선거 : 조완구 당선

신도의원 : 김구(황해도), 김마리아(경상도), 김용철, 김원식(충청도), 김현구(황해도), 도인권(평안도)

민충식(충청도), 변지명(충청도), 연병호(충청도), 오영선 (경기도), 오희원(황해도), 이병주(경기도),

붕(하와이), 조소앙(경기도), 차리석(평안도), 최일(황해도), 황중현(경기도)

의원자격상실 : 이원익, 김마리아, 황중현

322	대한민국임시정부 의정원 의원명단	⑨

12) 제11회 임시의정원(1923년 1월 15일 개원)

보선의원 : 김두만(서간도), 김보연(황해도), 김붕준(평안도), 김은상(전라도), 박계천,(전라도), 박진(전라도),
백기준(서간도), 신현창(충청도), 양한구(경상도), 염온동(강원도), 오희원(황해도), 윤기섭(경기도),
이강희(경상도), 이상준(경상도), 이용기(전라도), 임득산(서간도)
정춘일(전라도), 조덕진(경기도), 조동호(충청도), 조희중(경상도), 차리석(평안도), 최석순(평안도)
최일(황해도), 최준(평안도), 최창식(경기도), 허동진(경상도) (가나다순)

============여기까지가 상해시대, --------------------

13) 제24회 임시의정원(1932년 11월 28일 개원)

출석의원 : 김현구, 민소운, 박용철, 염온동, 윤기섭, 이동초, 조세호, 차리석, 홍재형
상임위원 보선 : 김현구.

14) 제25회 임시의정원(1933년 3월 6일 개원)

출석의원 : 김붕준, 김현구, 민소운, 박진, 염온동, 윤기섭, 조세호,차리석, 홍재형 (가나다순)

15) 제26회 임시의정원(1933년 10월 3일 개원) 석의원 : 4인

16) 제27회 임시의정원(1934년 1월 2일 개원)

출석의원 : 김붕준, 김철, 염온동, 윤기섭, 조소앙, 차이석 신도의원 : 김홍서, 문일민, 박창세, 송병조, 신공제. 양명진, 연병호 장성산, 최동오
의장선거 : 송병조 당선 국무위원 : 전형위원 : 김철, 윤기섭, 문일민 당선
의원해임 : 박진,민병길, 김현구, 홍재형, 김구, 엄항섭, 이동녕

17) 제28회 임시의정원(1934년 10월 2일 개원)

출석의원 : 김붕준, 김홍서, 문일민, 박창세, 송병조, 신공제, 양명진, 염온동, 윤기섭, 장성산 조소앙, 조완구, 차리석
결석의원 : 연병호 상임위원 : 조완구, 신공제, 문일민

18) 제29회 임시의정원(1935년 10월 19일 개원)

출석의원 : 김붕준,문일민,박창세,송병조(의장),양명진, 조소앙, 조완구, 차리석(국무위원 겸임)
결석의원 : 박창세, 윤기섭, 김홍서, 신공제, 연병호, 염온동, 장덕로

19) 제30회 임시의정원(1936년 11월 10일 개원)

출석의원 : 12명 신도의원 자격심사위원 : 조완구, 김붕준, 양묵
신도의원 : 김구(미령), 민병길(충청). 안경근(황해), 안공근(황해), 엄항섭(경기),왕중량(황해),이동녕(미령),이시영(경기조성환(경기

20) 제31회 임시의정원(1937년 10월 16일 개원)

참석의원 : 김구, 김붕준, 문일민, 민병길, 송병조(의장), 엄항섭, 이동녕, 이시영, 조성환, 조소앙, 조완구, 차리석 (가나다순)

21) 제32회 임시의정원(1939년 10월 16일 개원)

재적의원 : 김구(미령), 김붕준(평안도), 문일민(중령), 민병길(충청도), 박창세(평안도), 송병조(미령)안경근(황해도), 안공근(황해 도), 양묵(중령), 엄항섭(경기도), 왕중량(황해도), 이동녕(미 령), 이시영(경기도), 조성환(경기도), 조소앙(경기도), 조완 구(경기도), 차리석(평안도)

사임의원 : 안공근(황해 도), 박창세(평안도) 보결의원 : 공진원(함경도), 김학규(중령), 박찬익(중령), 방순희(함경

22) 제33회 임시의정원(1940년) : 의원명단

제4과(군무) : 김약산, 유동열, 이복원, 이청천, 조성환

23) 제36회 임시의정원(1943년 11월 12일 개원) 의원명단 없음

24) 제37회 임시의정원(1944년 4월 20일 개원) 의원명단 없음

25) 제38회 임시의정원(1945년 2월 28일 개원) 의원명단 없음

26) 제39회 임시의정원(1945년 4월 11일 개원

신도의원 : 염온동 과위원 : 제1과(법제) : 김상덕, 안훈, 유림
2과(내무 . 외무) : 박건병, 엄항섭, 조소앙 제3과(재무 . 예결산) : 문일민, 양우조, 최석순
제4과(군무 . 교통) : 김약산, 유동열, 이청천 제5과(청원 . 징계 . 교육 . 실업) : 신영삼, 조시원, 차리석

27) 제40회 임시의정원(1945년 8월 17일 개원) 의원명단 없음

323	대한민국임시정부 의정원 의원명단								⑩
1) 제1차 임시 의정원(1919년 4월 10일)					鄭 惠 瓊 박사(한국 국가기록연구원)				
金大地,	金東三	金澈	南亨祐	白南七 서기	鮮于爀,	孫貞道 부의장	申錫雨	申翼熙	申采浩
申鐵	呂運亨,	呂運弘	李光	李光洙 서기	李東寧 의장	李始榮	李漢根	李會榮	趙東珍
趙東祜	曹成煥	趙素昻	趙琬九	秦熙昌	崔謹愚	韓鎭敎	玄楯	玄彰運	
2) 제2차 임시의정원(1919년 4월 22일)									
高漢	具榮泌	金甲	金龜	金大地	金秉祚	金甫淵	金榮璿	金宇鎭	金應繕
金應燮	金鼎穆	金澈	金鉉軾	金弘權	金弘敍	金弘祚	南亨祐	閔濟鎬	閔忠植
裵亨湜	白南圭	白南七	徐成權	鮮于爀	孫貞道	孫晉衡	申錫雨	申翼熙	申采浩
申鐵	安承源	梁濬明	呂運亨	呂運弘	玉成彬	柳璟煥	柳範奎	兪政根	尹愿三
尹顯振	李光	李光洙	李圭廷	李起龍	李東寧	李鳳洙	李始榮	李漢根	李永贊
李春塾,	李致俊	李駜珪	李會榮,	林承業	張正槍	鄭元澤	趙東珍	趙東祜	曹成煥
趙素昻	趙永晋	趙琬九	趙元昌,	秦熙昌	崔謹愚	崔浣	韓基岳	韓南洙	韓鎭敎
玄楯	玄彰運	洪震儀							
3) 제3차 임시의정원(1919년 4월 25일)									
高漢	金甲	金九	金大地	金東三	金秉祚	金甫淵	金宇鎭	金應繕	金應燮
金鼎穆	金澈	金鉉軾	金弘權	金弘敍	金弘祚	南亨祐	閔濟鎬	閔忠植	裵亨湜,
白南圭	白南七	徐丙浩	徐成權	鮮于爀	孫貞道 의장)	申圭植 부의장)	申錫雨	申翼熙	申采浩
安承源	梁濬明	呂運亨	玉成彬	柳璟煥	柳範奎	兪政根	尹愿三	尹顯振	李光
李光洙	李圭廷	李起龍	李東寧	李鳳洙	李始榮	李漢根	李永贊	李春塾	李致俊,
李駜珪,	李會榮,	張正槍	鄭元澤	趙東珍	趙東祜	曹成煥	趙素昻	趙永晋	趙琬九
趙元昌,	秦熙昌	崔謹愚	崔浣	韓基岳	韓南洙	韓鎭敎	玄楯	玄彰運	洪震儀
4) 제4차 임시의정원(1919년 4월 30일)									
김동형	김병조	김보연	김정묵	김창숙	김철	김현식	박용규	백남규	손두환
경상도	평안도	황해도	경상도	경상도	전라도	평안도	강원도	경상도	손두환황해)
손정도	송세호	신석우	신성부의장	오의선	유경환	유정근	이광수	이기룡	이명교
평안도의장	강원도	경기도	충청도	경기도	경상도	충청도	평안도	경기도	충청도
이원익	이춘숙	이치준	이필규	이희민	임봉래	장도정	장두환	장병준	정대호
평안노	함경도	해황	강원도	평안도	함경도	함경도	황해도	전라도	경기도
조성환중령)	한남수	한위건	홍도	홍진	황공호중령				
중령)	전라도	함경도	함경도	충청도					
해임의원 : 이명교(충청도), 이치준(황해도), 장병준(전라도), 이광수.김현식(평안도)									
5) 제5차 임시의정원(1919년 7월 7일)									
강태동	고일청	김갑	김동조	김두봉보결 결석	김병조	김보연	김석황	김성근	김정묵
함경도	평안도	경상도)	평안도	경상도)	평안도	황해도	황해도	함경도	경상도)
김창숙	김철	김홍서	나용균	백남규	손두환	손정도	송세호	신익희	신채호
경상도)	전라도	평안도	전라도	경상도)	황해도	평안도	강원도)	경기도	충청도
오익표	오의선	유경환	유정근	윤현진	이규갑	이기룡	이원익	이정규	이춘숙
충청도	경기도	경상도)	충청도	경상도)	충청도	경기도	평안도	충청도	함경도
이필규	이희경	임봉래	정인과	조동호	조완구	최근우	최창식	황공호	황진남
강원도)	평안도	함경도	미령, 보결	충청도	경기도	경기도	경기도	중령	미령, 보결
회기중									
회기중 해임의원 :김두봉, 김동형(이상 경상도), 박용각(강원도), 신석우(경기도), 신성(충청도), 오익표(충청도), 장도정(함경도), 정대호(경기도), 조성환(중령), 한남수(전라도), 한위건.홍도(함경도)									

최익현 崔益鉉	유인석 柳麟錫	고영희 高永喜	이상재 李商在	강우규 姜宇奎	이종훈 李鍾勳	노병대 盧炳大	이종일 李鍾一	이완용 李完用	이준李儁
1834.1.14. 1907.1.1.	1842.1.27 1915.1.28	1849.12.16 1916.1.24	1851.10.26 1927.3.29	1855.7.14 1920.11.29	1856.2.19. 1931.5.2.	1856.12.30 1913.7.10	1858.11.6 1925.8.31	1858. 1926.	1859.1.21 1907.7.14
경기포천	강원도춘성	서울	충남서천	평남덕천	경기도광주	경북상주	충남태안	경기도광주	함경남도 북청
항일독립	의병장	친일파, 반민족행위자	독립운동가	총독부폭탄투하.독립운동가	천도교, 독립운동가	의병, 독립운동가	천도교, 독립운동가	친일반민족 행위자	헤이그특사. 독립운동가

박은식 朴殷植	곽낙원 郭樂園	민영환 閔泳煥	권동진 權東鎭	손병희 孫秉熙	유근 柳瑾	양한묵 梁漢默	조성녀 趙瑪利亞	홍범도 洪範圖	애국지사들
1859.9.30 1925.11.1	1859.2.26 19394.26	1861.8.7 105.11.30	1861.12.15 1947.3.9	1861.4.8. 1922.5.19.	1861.9.26 1921.5.20	1862.4.29 1919.5.26	1862.4.8 1927.7.25	1862.8.27 1943.10.25	
황해도해주	황해도장연. 김구선생모친	서울견지동 을사늑약이후 자결	충북괴산	충북청주, 천도교, 교육사업가	경기도용인 언론인, 계몽운동	전남해남	황해해주 안중근모친	평남평양	
임정대통령	독립운동가	독립운동가	독립운동가	독립운동가	독립운동가	독립운동가	독립운동가	독립운동가	애국지사들

나용환 羅龍換	남궁억 南宮檍	나철 羅喆	오기호 吳基鎬	백용성 白龍城	오세창 吳世昌	이승훈 李承薰	서재필 徐載弼	윤치호 尹致昊	구연영 具然英
1863. 1936.	1863.12.17 1939.4.5.	1863.12.2. 1916.8.15	1863. 1916.	1864.5.8. 1940.2.23.	1864.7.15 1953.4.16	1864.3.25. 1930.5.9.	1864.1.7 1851.1.5	1866. 1945.	1864.6.20 1907.8.24
평안남도 성천	서울	전남보성	전남강진	전북장수, 승려	서울	평북정주	전남보성 독립신문	충남아산 친일반민족 행위자	경기도이천
민족대표33인	교육자.언론인	대종교중창	독립운동가	독립운동가	최초의 신문기자	교육가	독립운동가	관료.정치인	그리스도교, 계몽가

윤치호(1864-1945). 당대의 지식인이자 사상가로 애국가 작사가 중 한 명으로 거론되는 인물이지만(안창호 작사설, 윤치호 작사설, 윤치호와 최병헌 합작설 등이 있다). 민족 독립운동을 낭비라고 규정한 친일파이기도 했다.

임예환 林禮煥	박준승 朴準承	권병덕 權秉悳	이회영 李會英	백남규 白南奎	강화석 姜華錫	길선주 吉善宙	이시영 李始榮	이필주 李弼柱	홍병기 洪秉箕
1864.7.18 1948.5.7	1865.11.24 1927.3.24	1867. 1943	1867.3.17 1932.11.17	1884.8.22 1970.2.19	1868. 1929	1869. 1935.	1869.12.3 1953.4.17	1869.11.9 1942.4.21	1869.11.5 1949.1.26
평남중화	전북임실	충북청주 천도교인	서울	충북충주	"부유독습"저자	평남안주 목사	서울저동	서울정동	경기도여주
민족대표33인	독립운동가	독립운동가	독립운동가	한말의병장	교육가	독립운동가	초대부통령	민족대표33인	민족대표33인

이상설 李相卨	문창범 文昌範	양기탁 梁起鐸	이동휘 李東輝	남자현 南慈賢	신홍식 申洪植	나인협 羅仁協	손정도 孫貞道	채찬蔡燦 백광운	이명룡 李明龍
1870.12.7 1917.3.2	1870. 1934.10.10	1871.4.2 1938.4.19	1872. 1935	1872.12.7 1933.8.22	1872.3.1 1939.3.18	1872.10.8 1951.4.16	1872.7.26. 1931.2.19	? 1924.9.21	1873.8.2 195611.12
충북진천덕산 산척리	함북경원	평남평양 국채보상운동	함남단천	경북영양	충북청주	평남성천	평남강서	충북충주	평북철산
독립운동가	독립운동가	언론인, 독립운동가	임정국무총리	여성독립운동 옥고순국	목사, 독립운동가	천도교인 민족대표33인	목사, 독립운동가	한말의병, 독립군	민족대표33인

324	역사의 격동기激動期) 인물人物)들	⑫

조신성 趙信聖	이동휘 李東輝	정춘수 鄭春洙	진희창 秦熙昌	최성모 崔聖模	이승만 李承晩	신석구 申錫九	노백린 盧白麟	조성환 趙成煥	주시경 周時經
1873, 1953,5,5	1873,6,20 1935,1,31	1873,2,12 1953,	1874, 1933.	1874, 1937,	1875,3,26 1965,7,19	1875, 1950	1875,1,10 1926,1,22	1875,7,9 1948,10,7	1876,11,7 1914,7,27
평북의주	함남단천	충북청주 친일행각	서울	서울	황해도평산 제2대대통령	충북청주	황해도송화	서울낙원동	황해도
독립운동가	독립운동가	독립운동가	독립운동가	독립운동가	초대대통령	독립운동가	독립운동가	독립운동가	한글학자

김구金九 김창수金昌洙	장인환 張仁煥	김병조 金秉祚	송병조 宋秉祚	황학수 黃鶴秀	이갑 이갑	안창호 安昌浩	유여대 劉如大	이명하 李命夏	최린崔麟
1876,8,29 1949,6,26	1876,3,10 1930,5,22	1877,1,10 1948.2.25	1877,12,25 1942,2,25	1877,7,20 1953,3,12	1877,5,12 1917,4,24	1878,11,9 1938,3,10	1878,11,26 1937,1,13	1878,1 1921,3,3,	1878, 1958
황해도해주	평남평양	평북정주	평북용천	서울화동	평남숙천	평남강서	평북의주	경기광주	함경도 후친일반민족행위
임정주석	독립운동가	독립운동가	독립운동가	독립운동가	독립운동가	독립운동가	독립운동가	독립운동가	독립운동가

홍순갑 洪淳甲	김동삼 金東三	김필순 金弼淳	이광李光	안중근 安重根	한용운 韓龍雲	이준영 李峻永	신규식 申圭植	안공근 安恭根	김창숙 金昌淑
1896,11,12 1929,10,6	1878,6,23 1937,4,13	1878, 1919	1879, 1966,	1879,9,2 1910,3,26	1879,8,29. 1944,6,29.	1879,1,9 1907,8,1	1880,1,13 1922,9,25	1879,9,2. 1910,3,26	1879,7,10 1962,5,10
전북익산	경북안동	황해도장연	충북청주	황해도해주	충남홍성	충남아산	충북청원	황해도해주	경북성주
독립운동가	독립운동가	독립운동가	녹립운농가	하얼빈역 이토히로부 미저격	승려,시인, 독립운동가	독립운동가	독립운동기	안중근동생 독립운동가	유학자, 독립운동가

양전백 梁甸伯	오화영 吳華英	조지 루이스쇼	신채호 申采浩	윤병구 尹秉求	계봉우 桂奉禹	김규식 金奎植	조완구 趙琬九	윤세복 尹세복
1869,3,10 1933,1,7	1880, 1950.	1880,	1880,11,7 1936,2,21	1880,12,22 1949,6,20	1880,8,1 1959,6,5	1881,1,29 1950,12,10	1881,3,20 1954,10,27	1881, 1960,2,13
평북의주	서울	영국인부 일본인모	충남대덕산내 면도림마을	경기도양주	함남영흥	경남동래	서울계동	경남밀양
독립운동가	민족대표 33인	한국독립위해 무기운반	독립운동가	독립운동가	독립운동가 망명사학자	임정부주석 독립운동가	독립운동가	대종교교주 독립운동가

서일 徐一	어윤희 魚允姬	안정근 安定根	김규식 金奎植	손정도 孫貞道	신팔균 申八均	김한종 金漢鐘	박동완 朴東完	김한종 金漢鍾
1881 1921	1881,6,20 1961,11,19	1882,12,20 1948,3,17	1882,1,15 1931,3,23	1882,7,26 1931,2,19	1882,5,19 1924,7,2	1883,1,14 1921,8,11	1885, 1941,	1883,1,14 1921,8,11
함북경원	충북충주	황해도신천	경기도양주	평남강서	충북진천	충남예산	경기도 포천시	충남예산
독립운동가	독립운동가	안중근동생 독립운동가	독립운동가	독립운동가	군인, 독립운동가	의병운동, 독립운동가	독립운동가	독립운동가

애국지사들

애국지사들

애국지사들

325	역사의 격동기激動期) 인물人物)들								⑬

조만식 趙晩植	김시현 金始顯	전명운 田明雲	우재룡 禹在龍	박찬익 朴贊翊				최준오른쪽),동생최윤왼쪽)	
1883,2,1 1950,10,18	1883, 1966,	1884,6,25, 1947,11,18	1884,1,3 1955,3,3	1884,1,2 1949,3,9				1884, 1970,	
평남강서	경북안동	서울명동	경남창령	경기파주				경주최부자독립자금 광복직후 모든재산사회기증	
독립운동가. 정치가	독립운동가	스티븐스 저격	독립운동가	독립운동가	명성황후明成皇后		애국지사들	독립운동가	독립운동가
		?							
김지섭 金祉燮	박상진 朴尙鎭	이기룡 李起龍	백남규 白南奎	이원익 李元益	안희제 安熙濟	최영무 崔永武	안정근 安定根	이유필 李裕弼	
1884,7,21 1928,2,20	1884 1921	1884,12,7 1921,8,13	1884,8,22 1970,2,19	1885 1963	1885,8,4. 1943,8,3	1885 1952	1885, 1949,	1885,11,28 1945,11,28	
경북안동 의열단활동	경남울산 대한광복회총 사령	경기이천부 발	충북중원	평북선천 임정인사국장	경남의령, 백산상회	경기도여주 북내면오금	황해도신천 안중근의사 동생	평북의주 105인사건	
독립운동가	독립운동가		한말의병장	독립운동가	독립운동가	여주3.1운동	독립운동가	독립운동가	애국지사들
						?			
여운형 呂運亨	이갑성 李甲成	홍기조 洪基兆	김홍서 金弘敍	김철 金澈	김만겸 金萬謙	한진교 韓鎭敎	조소앙 趙素昂	송진우 宋鎭禹	윤기섭 尹琦燮
1886, 1947,7,19	1886, 1981,	1865, 1938,	1886, 1956.	1886,10,15 1934,6,29	1886, 1938	1887, 1973,	1887,4,10 1958,9,10	1887, 1945,	1887,4,4 1959,2,27
경기양평	대구	평안남도 용강출생	평남강서	전남영광	충북옥천	평남중화	경기도파주	전남담양	경기도장단
독립운동가	민족대표33인	독립운동가	독립운동가	독립운동가	사회운동가 독립운동가	해송양행 독립운동가	독립운동가	독립운동가	교육자 독립운동가

홍진洪震	이위종 李瑋鐘	이종건 李鐘乾	김병로 金炳魯	이규갑 李奎甲	지청천 池靑天	홍명희 洪命憙	이윤재 李允宰	김좌진 金佐鎭	박희도 朴熙道
1877,8,27 1946,9,9	1884,1,9, ~?	1887,10,17 1958,5,20	1887,12,15 1964,1,13	1888,11,5. 1970,3,20	1888,1,25 1957,1,15	1888, 1968,	1888,12,24 1943,12,8	1889,11,24 1930,1,24	1889,8.11 1952,9.25
충북영동	서울	경남통영	전북순창	충남아산	서울	충북괴산	경남김해	충남홍성	황해도해주
한성임정 법무차장	고종밀사, 블라디보스토 크항일투쟁	독립군, 독립운동가	초대대법원장	독립운동가	광복군 총사령관	독립운동가	한글학자	청산리전투 독립운동가	독립운동가
	?	?		?					
김창준 金昌俊	김갑 金甲	이춘숙 李春塾	김순애 金淳愛	이규동 李圭東	민충식 閔忠植	김상옥 金相玉	현익철 玄益哲	최남선 崔南善	이종익 이종익
1889, 1959,	1889,1,7 1933,3,14	1889,6,16 1935,3,1	1889,5,12 1976,5,17	1889,3,26. 1950.7,25	1890, 1978,	1889,1,5 1923,1,22	1890, 1938,5,7	1890,4,26 1957,10,10	1890,4,19 1946,3,28
평남강서	부산동래	함남정평	황해도장연	충남보령	서울종로구	서울동대문	평북박천	서울중구	
민족대표33인	독립운동가	독립운동가	김규식부인	독립운동가	독립운동가	독립운동가	독립운동가	시인,친일행각	

최팔용 崔팔용	심훈 沈熏	김도태 金道泰	김대지 金大池	여운홍 呂運弘	안재홍 安在鴻	여행렬 呂行烈	이광수 李光洙	곽중규 郭重奎	이신애 李信愛	최팔용 崔八鎔
1891,7,13. 1922,9,14	1901,,12 1936,9,16	1891,9.11 1956,12,26	1891,10,7 1942,10,26	1891, 1973.	1891,12,30 1965,3,1	1892, 1973,	1892,3,4 1950,10,25	1891, 1950,	1891,1,20 1982,9,27	1891,7,13 1922,9,14
함남홍원 읍남당리	서울노량진	평북정주	경남밀양	경기양평	경기평택	평남중화	평북정주 6,25납북	충북옥천	평북,구성	함남홍원
독립운동가	소설가,시인 독립운동가	조선지리학 회장 독립운동가	독립운동가	임정의원 후에친일	정치인, 사학자	독립운동가	임정의원 후에친일	독립운동가	독립운동가	독립운동가

조동호 趙東祜	안재홍 安在鴻	나석주 羅錫疇	편강렬 片康烈	김마리아 金瑪利亞	조동호 趙東祜	박자혜 朴慈惠	이승복 李昇馥	송계백 宋繼白	김원봉 金元鳳	
1892,8.4 1954,9,11	1891,12,30 1965,3,1	1892,2,4. 1926,12,28	1892,2,28 1929,116	1892,6,18 1944,3,13,	1892, 1954,	1895,12,11 1944,10,16	1895, 1978,10,31	1896, 1920	1898, 1958,	
충북옥천	경기도 평택	황해재령	경북김천	황해도 애국부인회 장	충북옥천	경기고양	충남예산	평남 평원군	경남밀양	
독립운동가	정치,사학자	독립운동가	독립운동가	독립운동가	독립운동가	독립운동가	독립운동가	독립운동가	월북자	애국지사들

일제시대

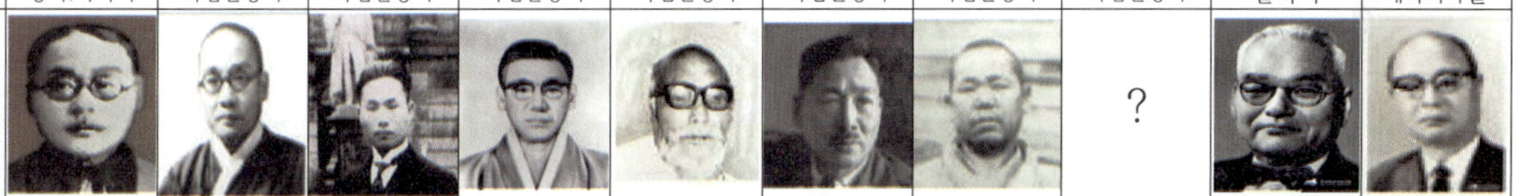

곽재기 郭在驥	정인보 鄭寅普	이극로 李克魯	윤영복 尹永福	김철수 金喆壽	장택상 張澤相	김한종 金漢鐘	진상구 陳相九	신익희 申翼熙	김도연 金度演
1893, ?	1893,6,19 1950,9,7.	1893, 1978,	1893, 193,	1896, 1977,	1893,10,22 1969,8,1	1883,1.14 1921,7.8	1894,3,4 1929,1,2	1894, 1956,5,5	1894,6,16 1967,
청주강외 면상봉리	서울명동	경남의령 한글학자	경남양산	경남양산	경북칠곡 정치인	충남예산	전남담양	경기광주 대통령후보 중졸	경기김포
독립운동가	북한납치	독립운동가	3,1만세운동	독립운동가	일제협력자	독립운동가		정치인 독립운동가	독립운동가 민의원의장

김갑수 金甲洙	조병옥 趙炳玉	이기붕 李起鵬	신석우 申錫雨	이애일라 李愛日羅	최현배 崔鉉培	김도연 金度演	신석우 申錫雨	양근환 梁槿煥	김익상 金益相	박재혁 舶載赫
1894,9,3. 1938,8,16	1894, 1960.	1896,12,20 1960,4,28,	1894, 1953	1894,1,7 1922,9,4	1894,10,19 1970,3,23	1894,6,16 1967,7,19	1895,9,2 1953,3,5	1894,5,9 1950,9,28	1895, 1925,6,6	1895,5,17 1921,5,11
충남서천	충남천안	서울	서울중구	충암아산	경남울산	김포양동 면염창리	서울중구	황해도 연백	경기도 고양	부산출신
	정치인, 독립운동가	민의원의장 부통령, ,4,1,9혁명 子가살해	대한민국 국호제안 독립운동가	이규갑 부부간	국어학자 국어운동가	조선어학회 사건 정치인, 독립운동가	언론인, 독립운동가	정치인, 독립운동가	의열단 독립운동가	의열단 독립운동가

장진홍 張鎭弘	홍순갑 洪淳甲	허정虛政	백정기 白貞基	나창헌 羅昌憲	원필희 元弼喜	양세봉 梁世奉
1895,6,6 1930,7,31 .	1896, 1929,	1896,4,8 1988,9,18	1896,1,19 1934,6,5	1896,1,29 1836,6,26	1896,2,25 1968,8,17	1896,6,5 1934,8,12
경북칠곡	전북익산	경남부산	전북부안	평북희천군 진면행천동	경기도여주 북내면	평북철산,세 리면
독립운동가	독립운동가	정치인, 독립운동가	독립운동가	이승만탄핵 심판위원장 독립운동가	여주3.1운동 독립운동가	독립운동가

1915년 7월 공주학교 단체 사진에는 유관순열사 붉근원.

327	역사의 격동기激動期) 인물人物)들	⑮

장일환 張日煥	최근우	이상정 李相定	한봉철 韓奉哲	홍익범 洪翼範	박순천 朴順天	최용덕 崔用德	윤치영 尹致暎	한기악 韓基岳	정태희 鄭泰熙
1886, 1918,	1897,12,17 1961,8,3.	1896, 1947	1898,3,2 1936,	1897,3,7 1944,12,19	1898,9.10 1983,1,9	1898,11,2 1969,8,15	1898, 1996,	1898, 1941,	1898, 1951,
평양출생	경기도개성	경북대구	경기양평	함남정평	부산동래	서울	서울	강원원성	충북충주
독립운동가	통일운동가 독립운동가	독립운동가	독림운동가	독립운동가	제2,4,5,6,7대 국회의원	공군창설주역	박정희대통령 후보지원	언론인, 독립운동가	목사 독립운동가

조봉암 曺奉岩	장면張勉	임영신 任永信	곽성진 郭性鎭	이범석 李範錫	박헌영 朴憲永	김학규 金學圭	이정렬 李定烈	김상돈 金相敦	이봉창 李奉昌
1898,9.25 1959,7,31	1899,8,28 1966,6,4	1899,11,20 1977,2,17	1899, 1973,	1900,10,20 1972,5,11	1900, 1956,12,5	1900,11,24 1967,9,20	1900, 1962,	1901,6,9 1986,4,30	1901,8,10 1932,10,10
경기강화	인천	충남금산	충남논산 강경읍	서울	충남예산	평남평원	충남당진	황해도재령	히로히토 저격실패
2대민의원 부의장	정치가	여성지도자, 상공부장관	독립운동가	독립운동가	공산주의 운동가	광복군 독립운동가		반민처벌 위원장	독립운동가

(곽성진 사진 자리: ?)

곽중규 郭重奎	권기옥 權基玉	백학수 白學洙	유관순 柳寬順	나석주 羅錫疇	윤현진 尹顯振	이극로 李克魯	장석천 張錫天	이육사 李陸史	조명하 趙明河
1891, 1950,	1901,1,11 1988,4,19	1901,5,16 1969,5,27	1902,12,16 1920,9,28	1892,2,4. 1926,12,28	1892, 1921,	1893, 1978,	1903,2,25 1935,10,18	1904,4,4,~ 1944,1,16	1905,4,8 1928,10,10
충북옥천	평남평양	평북용천	3,1독립만세 충남천안	황해도재령	양산상북면소 토리158	경남의령	전남완도,광주 학생운동	경북안동 시인	황해도송화
의병장	최초여성비행	독립운동가	독립운동가	독립운동가	독립운동가	한글학자	독립운동가	독립운동가	독립운동가

	안익태 安益泰	박마리아 朴瑪利亞	유진호 유진호	유진산 柳珍山	조명하 趙明河	유봉길 尹奉吉	민영구 閔泳玖	김정술 金廷述	이원대 李元大
	1906,12,5, 1965,9.16	1906, 1960,	1906,5,13 1987,8,30	1905,10,18 1974,4,28	1905,4,8 1928,10,10	1908,6,21 1932,12,19	1909, 1976,	1909, 1964,	1911,12,29 1943,6,17
	평양,여관집3 자로출생	강원강능	서울	충남금산	황해도송화	충남예산 시라카와사살	서울	경북구미	경북영천
일제 시대	작곡가, 지휘자	이기붕부인	친일반민족행 위자	제3~9대국회 의원	독립운동가	독립운동가	독립운동가	독립운동가	독립운동가

장경근 張暻根	김일성成柱 金日成	안신영 安申英	신하균 申河均	윤동주 尹東柱	김택주 金澤周	최인규 崔仁圭	지복영 池復英	이수영 李壽榮	
1911,5,18 1978,7,25	1912,4,15 1994,7,8	1902 1975	1918, 1975,	1917,12,30 1945,2,16.	1919,11,28 2006,8,16	1919,3,9 1961,12,21	1920,4,11 2007,4,18	1921, 1972,	
평북용천	평남	충남청양	경기광주	만주국간도성	평북용천	경기광주	서울종로	평북철산	
3,15부정선거 깊이관련	북한국방위원 장	독립운동가	신익희장남	시인 독립운동가	독립운동가	60년대 부정선거 총지휘자	지청천 차녀 독립운동가		일제 시대

참고 자료

東洋年表 1971년1月10日 初版發行
編著者 이 현 종(李鉉淙)
發行處 探求堂
世界百科圖繪大事典 發行處 修德社 編著李在華 1973년 1월
이덕일,《살아있는 한국사 1》, 휴머니스트, 2003년.
국사편찬위원회 1종도서연구개발위원회, 고등학교 국사 (下), 교육부, 1996년.
같이 보기[편집]
한국의 역사
동아시아 근대사 연표

바깥 고리[편집]
두산백과사전 역사 연표
링크 편집

단운 김한옥 이력

호는 단운(丹雲) 음릭1942년 충남 계룡시 에서출생

1961년 혜각 스님을 만나 서울 성북구 팔정사에서 단청시작

1970년 문화재관리국 단청 기능공 시험합격(166호)

1974년 문화재관리국 단청 기술자 시험합격(150호)
조계사대웅전단청

1991년 문경봉암사 대웅전과 선방등 단청

1995년 동국대학교 문화예술대학원 입학

1997년 동국대학교 문화 예술 대학원 수료

2005년 한국 단청 기술자 협회 회장

2005년 사단법인 문화재 기술자 협회 부회장

2005년 문화재 전문위원; 조계사대웅전2차단청

2007년 단청분야 실무자가 직접 단청 도감 저서 발행

2007년 문화재청 전문 위원 단청분야

2008년 북경 유네스코대회 東亞地區木結構彩畵保護國際對會
참가 한국의 단청 기법과 문양에 대하여 강연

2008년 단청 기술자 시험면접관

2008년 중요 무형 문화재 단청장 선출 심의위원

2009년 문화재청 전문위원 단청 불화 분야

2009년 단청도감 2쇄 발행; 수원 봉녕사 대웅전과 전채단청공사

2009년 단청 기술자 시험면접관

2010년 용인 명지대학교 건축과 단청 불화 강의

2010년 중국 베이징 고궁단청공사 시공답사

2011년 문화재청 설계 심사위원

2012년 단청기술자시험면접관

.2013년 한중고대건축불화저서; 단청기술자시험면접관

2014년 단청기술자시험면접관 전국각지300여곳에불사를함

2014년 3월 8일~9월까지 개산조각 진영 11분 직접그림.
1보천태자 2,자장율사 3,성덕대왕 4,도의국사
5,범일국사 6,보조국사 7,나옹 대사8,신미대사
9,서산대사10,사명대사11,경허 선사
10.대웅전 부처님 개금 및 탁자(수미단)옻칠 단청

2015년 문화재청 건축분과전문위원

2016년 5월1일문화재위원

2018년 東亞地區木結構彩畵保護國際對會참석參席)

2019년 경기 부천시보광사 대웅전 단청공사.

2020년 고건축과여담

2020년 한국문인 시조시로 등단

2020년 한국문인 수필등단

2020년 종합문예지 한국문인 운영위원회 이사장

다국연표

2021년 1월 5일 1판 1쇄 발행

저자/김한옥

발행인/이무형
발행처/태학원

신고번호/제406-2012-000070호
주소/경기도 파주시 파주읍 향양말길11-13
전화/031-941-4136
팩스/031-624-4139

가격/ 35,000원

ISBN/978-92832-94-6 93650